国家出版基金项目

NATIONAL PUBLICATION FOUNDATION

中宣部2022年主题出版重点出版物

“十四五”国家重点图书出版规划项目

纪录小康工程

全面建成小康社会

内蒙古变迁志

NEIMENGGU BIANQIANZHI

本书编写组

内蒙古人民出版社

责任编辑：蔺小英　石　煜
封面设计：石笑梦　刘那日苏
版式设计：汪　阳　安立新

图书在版编目（CIP）数据

全面建成小康社会内蒙古变迁志 / 本书编写组 编著 .— 呼和浩特 :
　内蒙古人民出版社，2022.9
（“纪录小康工程”地方丛书）
ISBN 978－7－204－17269－6

I. ①全…　II. ①本…　III. ①小康建设－概况－内蒙古　IV. ① F127.26

中国版本图书馆 CIP 数据核字（2022）第 176588 号

全面建成小康社会内蒙古变迁志

QUANMIAN JIANCHENG XIAOKANG SHEHUI NEIMENGGU BIANQIANZHI

本书编写组

内蒙古人民出版社　出版发行

（010010　呼和浩特市新城区中山东路 8 号）

内蒙古爱信达教育印务有限责任公司印刷　新华书店经销

2022 年 9 月第 1 版　2022 年 9 月第 1 次印刷

开本：710 毫米 ×1000 毫米 1/16　印张：25.25

字数：320 千字

ISBN 978－7－204－17269－6　定价：90.00 元

邮购地址 010010　呼和浩特市新城区中山东路 8 号

内蒙古人民出版社图书营销部　电话：（0471）3946298

总　序

为民族复兴修史　为伟大时代立传

小康，是中华民族孜孜以求的梦想和夙愿。千百年来，中国人民一直对小康怀有割舍不断的情愫，祖祖辈辈为过上幸福美好生活劳苦奋斗。“民亦劳止，汔可小康”“久困于穷，冀以小康”“安得广厦千万间，大庇天下寒士俱欢颜”……都寄托着中国人民对小康社会的恒久期盼。然而，这些朴素而美好的愿望在历史上却从来没有变成现实。中国共产党自成立那天起，就把为中国人民谋幸福、为中华民族谋复兴作为初心使命，团结带领亿万中国人民拼搏奋斗，为过上幸福生活胼手胝足、砥砺前行。夺取新民主主义革命伟大胜利，完成社会主义革命和推进社会主义建设，进行改革开放和社会主义现代化建设，开创中国特色社会主义新时代，经过百年不懈奋斗，无数中国人摆脱贫困，过上衣食无忧的好日子。

特别是党的十八大以来，以习近平同志为核心的党中央统揽中华民族伟大复兴战略全局和世界百年未有之大变局，团结带领全党全国各族人民统筹推进“五位一体”总体布局、协调推进“四个全面”战略布局，万众一心战贫困、促改革、抗疫情、谋发展，党和国家事业取得历史性成就、发生历史性变革。在庆祝中国共产党成立 100 周年大会上，习近平总书记庄严宣告:“经过全党全国各族人民持续奋斗，我们实现了第一个百年奋斗目标，在中华大地上全面建成了小康社会，历史性地解决了绝对贫困问题，正在意气风发向着全面建成社会主义现代化强国的第二个百年奋斗目标迈进。”

这是中华民族、中国人民、中国共产党的伟大光荣！这是百姓的福祉、国家的进步、民族的骄傲！

全面小康，让梦想的阳光照进现实、照亮生活。从推翻“三座大山”到“人民当家作主”，从“小康之家”到“小康社会”，从“总体小康”到“全面小康”，从“全面建设”到“全面建成”，中国人民牢牢把命运掌握在自己手上，人民群众的生活越来越红火。“人民对美好生活的向往就是我们的奋斗目标。”在习近平总书记坚强领导、亲自指挥下，我国脱贫攻坚取得重大历史性成就，现行标准下 9899 万农村贫困人口全部脱贫，建成世界上规模最大的社会保障体系，居民人均预期寿命提高到 78.2 岁，人民精神文化生活极大丰富，生态环境得到明显改善，公平正义的阳光普照大地。今天的中国人民，生活殷实、安居乐业，获得感、幸福感、安全感显著增强，道路自信、理论自信、制度自信、文化自信更加坚定，对创造更加美好的生活充满信心。

全面小康，让社会主义中国焕发出蓬勃生机活力。经过长期努力特别是党的十八大以来伟大实践，我国经济实力、科技实力、国防实力、综合国力跃上新的大台阶，成为世界第二大经济体、第一大工业国、第一大货物贸易国、第一大外汇储备国，国内生产总值从1952年的679亿元跃升至2021年的114万亿元，人均国内生产总值从1952年的几十美元跃升至2021年的超过1.2万美元。把握新发展阶段、贯彻新发展理念、构建新发展格局、推动高质量发展，全面建设社会主义现代化国家，我们的物质基础、制度基础更加坚实、更加牢靠。全面建成小康社会的伟大成就充分说明，在中华大地上生气勃勃的创造性的社会主义实践造福了人民、改变了中国、影响了时代，世界范围内社会主义和资本主义两种社会制度的历史演进及其较量发生了有利于社会主义的重大转变，社会主义制度优势得到极大彰显，中国特色社会主义道路越走越宽广。

全面小康，让中华民族自信自强屹立于世界民族之林。中华民族有五千多年的文明历史，创造了灿烂的中华文明，为人类文明进步作出了卓越贡献。近代以来，中华民族遭受的苦难之重、付出的牺牲之大，世所罕见。中国共产党带领中国人民从沉沦中觉醒、从灾难中奋起，前赴后继、百折不挠，战胜各种艰难险阻，取得一个个伟大胜利，创造一个个发展奇迹，用鲜血和汗水书写了中华民族几千年历史上最恢宏的史诗。全面建成小康社会，见证了中华民族强大的创造力、坚韧力、爆发力，见证了中华民族自信自强、守正创新精神气质的锻造与激扬，实现中华民族伟大复兴有了更为主动的精神力量，进入不可逆转的历史进程。今天，我们比历史上任何时期都更接近、更有信心和能力实现中华民族伟大复兴的目标，中国人民的志气、骨气、底气极大增强，奋进新征程、建功新时代有着前所未有的历史主动精神、历史创造精神。

全面小康，在人类社会发展史上写就了不可磨灭的光辉篇章。中华民族素有和合共生、兼济天下的价值追求，中国共产党立志于为人类谋进步、为世界谋大同。中国的发展，使世界五分之一的人口整体摆脱贫困，提前十年实现联合国 2030 年可持续发展议程确定的目标，谱写了彪炳世界发展史的减贫奇迹，创造了中国式现代化道路与人类文明新形态。这份光荣的胜利，属于中国，也属于世界。事实雄辩地证明，人类通往美好生活的道路不止一条，各国实现现代化的道路不止一条。全面建成小康社会的中国，始终站在历史正确的一边，站在人类进步的一边，国际影响力、感召力、塑造力显著提升，负责任大国形象充分彰显，以更加开放包容的姿态拥抱世界，必将为推动构建人类命运共同体、弘扬全人类共同价值、建设更加美好的世界作出新的更大贡献。

回望全面建成小康社会的历史，伟大历程何其艰苦卓绝，伟大胜利何其光辉炳耀，伟大精神何其气壮山河！

这是中华民族发展史上矗立起的又一座历史丰碑、精神丰碑！这座丰碑，凝结着中国共产党人矢志不渝的坚持坚守、博大深沉的情怀胸襟，辉映着科学理论的思想穿透力、时代引领力、实践推动力，镌刻着中国人民的奋发奋斗、牺牲奉献，彰显着中国特色社会主义制度的强大生命力、显著优越性。

因为感动，所以纪录；因为壮丽，所以丰厚。恢宏的历史伟业，必将留下深沉的历史印记，竖起闪耀的历史地标。

中央宣传部牵头，中央有关部门和宣传文化单位，省、市、县各级宣传部门共同参与组织实施“纪录小康工程”，以为民族复兴修史、为伟大时代立传为宗旨，以“存史资政、教化育人”为目的，形成了数据库、大事记、系列丛书和主题纪录片4方面主要成果。目前已建成内容全面、分类有序的4级数据库，编纂完成各级各类全面小康、脱贫攻坚大事记，出版“纪录小康工程”丛书，摄制完成纪录片《纪录小康》。

“纪录小康工程”丛书包括中央系列和地方系列。中央系列分为“擘画领航”“经天纬地”“航海梯山”“踔厉奋发”“彪炳史册”5个主题，由中央有关部门精选内容组织编撰；地方系列分为“全景录”“大事记”“变迁志”“奋斗者”“影像记”5个板块，由各省（区、市）和新疆生产建设兵团结合各地实际情况推出主题图书。丛书忠实纪录习近平总书记的小康情怀、扶贫足迹，反映党中央关于全面建成小康社会重大决策、重大部署的历史过程，展现通过不懈奋斗取得全面建成小康社会伟大胜利的光辉历程，讲述在决战脱贫攻坚、决胜全面小康进程中涌现的先进个人、先进集体和典型事迹，揭示辉煌成就和历史巨变背后的制度优势和经验启示。这是对全面建成小康社会伟大成就的历史巡礼，是对中国共产党和中国人民奋斗精神的深情礼赞。

历史昭示未来，明天更加美好。全面建成小康社会，带给中国人民的是温暖、是力量、是坚定、是信心。让我们时时回望小康历程，深入学习贯彻习近平新时代中国特色社会主义思想，深刻理解中国共产党为什么能、马克思主义为什么行、中国特色社会主义为什么好，深刻把握“两个确立”的决定性意义，增强“四个意识”、坚定“四个自信”、做到“两个维护”，以坚如磐石的定力、敢打必胜的信念，集中精力办好自己的事情，向着实现第二个百年奋斗目标、创造中国人民更加幸福美好生活勇毅前行。

目　录

一、住上新房　暖了心房

住房问题既是民生问题也是发展问题，关系千家万户切身利益，关系人民安居乐业，关系经济社会发展全局，关系社会和谐稳定。

——2013 年 10 月 29 日，习近平在主持十八届中共中央政治局第十次集体学习时强调

让百姓住有所居　还要安居宜居

房子是家，是亲情的承载，是安定、温暖、团圆、幸福的象征。

安居才能乐业，乐业才能筑梦。改革开放以来，内蒙古自治区党委、政府认真贯彻落实党中央、国务院的决策部署，把改善城乡居民住房条件和人居环境作为一项重大民生工程来推进，落实“房子是用来住的，不是用来炒的”定位，持续抓好房地产市场分类调控，进一步健全住房保障体系，加大棚户区改造力度，积极推动住房租赁试点工作，加快探索建立多主体供给、多渠道保障、租购并

举的住房制度。内蒙古人民的居住空间和生活方式发生了翻天覆地的变化。

加大保障性住房建设力度，研究制定全区发展保障性租赁住房综合性政策措施。以人口净流入城市为重点，指导督促各地落实城市主体责任，通过房屋租赁市场、产业园区新建或改建、非住宅项目新建或改建、零散和集体用地新建、出让用地配建和国有企业建设的安居项目调整等多种形式，因地制宜推进发展保障性租赁住房工作。进一步扩大住房保障覆盖范围，面向无房的新就业大学生、青年人、城市基本公共服务人员等新市民群体，解决其阶段性住房困难问题，实现"职住平衡""住有所居"和"住有宜居"统筹推进。

深化供给侧结构性改革，促进住房市场健康发展。加强房地产市场供需双向调节，改善住房供应结构，支持合理自住需求。针对房地产市场存在的未批先建、烂尾、延期交房、不能按时办理房屋产权登记等遗留问题，自治区出台了《关于妥善解决全区城镇国有土地上房屋建设等历史遗留问题的指导意见》，促进房地产市场健康发展。加快推进"租购并举"住房制度改革，规范廉租住房实物配租工作，实行优先配租和轮候相结合的制度以及廉租住房租售并举的办法。

全力推进棚户区改造，守护群众的"安居梦"。明确棚户区改造的资金筹集、土地供应、税费减免、项目统筹等一系列政策措施，按照"政府主导、社会参与"的指导原则，创新融资模式，大力推动棚户区改造货币化安置，积极探索政府购买服务和 PPP 改造模式。实行住宅征收最低补偿金额、最小调换面积住房保障制度，明确用地供应，各地根据棚户区改造年度计划，统筹安排，优先保证棚户区改造建设用地供应。党的十八大以来，内蒙古通过加大棚户区改造力度，让众多住房困难群众圆了“安居梦”，实现了城市建设发展成果由人民群众共享。

开展绿色社区创建行动，打造更加宜居的生活环境。以城市(包括旗县)社区居民委员会所辖空间区域为创建对象，以建立健全社区人居环境建设和整治机制、推进社区基础设施绿色化、营造社区宜居环境、提高社区信息化智能化水平和培育社区绿色文化为主要内容，启动全区绿色社区创建行动。统筹用好老旧小区改造、绿色建筑等涉及各类小区的各类资金，提高资金使用率。引导和鼓励社会资本和社会力量，投资参与绿色社区创建，形成各具特色的绿色社区创建模式和经验。

(一)包头市：共筑宜居幸福梦

2013 年至 2015 年底，不到三年的时间里，占地 13 平方公里，涉及 4.7 万户，房屋总面积 400 多万平方米的棚户区全部征拆完毕，搬迁居民全部得到妥善安置。这就是让全国震惊的“北梁拆迁奇迹”。一个全新的北梁在包头城区东部拔地而起。时光在老北梁停滞了几十年，却在不到三年时间里发生了翻天覆地的变化。一群人的改变、一个城市的改变，谱写出一曲关于老包头和新生活的动人歌谣。

老北梁的动人歌谣

反映北梁棚改的电视剧《安居》中，白老太太的五次回眸，让电视机前的北梁人动容。生活了几十年的地方，即使再不好，人们也是倾注了很多感情。搬家的那一天，白老太太的原型——92岁的王美蓉老人上下车五次，这里摸摸、那里看看。“别关门，让我下去再看一看。”当她第五次上车时，在场的所有动迁人员放声大哭起来。石丽娜也毫无顾忌地哭了起来。同为北梁人，她能理解老太太故土难离的情结。

这里曾经是包头最辉煌的地方，是包头的发源地，整个包头的根在这里。北梁人留恋这里。他们不想看到房子一间间被推倒，不想看到陌生的高楼大厦让这里面目全非。他们希望能留下点什么。

老北梁人的希望不会落空。“包头根在东河，魂在北梁。”把北梁的文化历史保留好、传承好，是北梁棚改工作的重要内容。北梁棚改工作要充分挖掘北梁文化积淀，突出北梁特色，按照还原历史、修旧如旧的原则进行设计和建设，努力重现北梁“西口故驿”风貌，还老百姓一个承载着包头人民记忆的“老北梁”。

北梁新区北区

北梁新区高品质住宅小区

包头的魂将在这里传承

《包头东河北梁棚户区改造城市设计和控制性详细规划》便是以文化复兴的视角切入包头棚户区改造项目。设计的整体空间结构为内外双城结构。外围新城，主要满足棚户区改造的生活服务需求，全面提升北梁地区居民的生活品质。内核老城，则要在完成系统更新改造的基础上，以遗产保护与特色传承两种方式逐步改善北梁地区的城市形态。

2013 年，包头市规划局在对北梁腾空区的规划中，便将“延续城市记忆，保存城市发展痕迹”作为规划理念之一，明确了保留北梁的寺庙、教堂、清真寺等要求，确定了 60 多处有保存价值的民居，对古民居较为集中的区域进行保留，将其他分散的古民居迁至集中区域，形成特色街，记录北梁曾经的辉煌。按照规划，东门北里 18 号院棚户区式的低矮平房也被保留下来，因为贫苦的日子也是记忆的一部分。

2014 年发布的《包头市东河区文化产业发展“十二五”规划》中提出要建设北梁文化产业园、民族产业园和老包头城，着力凸显城市文化内涵，打造占地约 13 平方公里，展现老包头历史、民俗面貌，融汇多元文化特征的文化旅游区域。除了保留旧建筑、文物，还将在北梁腾空区实施老包头文化旅游项目、老字号一条街项目，“复盛公”“恒盛源”等一批老字号将再现老包头九行十六社的辉煌，老式的鞋帽制作工艺、散落民间的茶汤等小吃，都将在老北梁呈现。

着眼基础设施建设

北梁腾空区的建设着眼于加大道路、管网的建设力度，健全基础设施的保障和配套功能；加快建设公园广场绿地，注重宜居环境的打造；组织建设学校、医院，完善公共服务设施；通过策划和招

北梁新区全貌

商引资，推动商业和文化旅游等项目建设，带动人气、商气聚集，最大限度地提升土地价值。

如今，大水卜洞地质公园已经建成，以往的臭水沟如今焕然一新。夏日的夜晚，北梁人饭后会乘坐公交到这里遛弯。看到故地日新月异但并不陌生的景象，他们肯定会在心里哼起一曲动人的关于老北梁的歌谣。

北梁棚改的重大意义

在党中央、国务院、国家相关部委和自治区党委、政府以及各金融机构的高度重视和鼎力支持下，包头市探索总结出政府投资改造、政企合作改造、土地一级开发市场化改造、企业自行筹资改造等一套行之有效的“北梁棚改模式”，创造了令人瞩目的“北梁速度”，为全国同类地区、自治区各盟市棚改提供了宝贵的经验。2015 年 8 月，住房和城乡建设部授予包头市“全国棚户区改造示范城市”称号，包头成为全国唯一获此殊荣的城市。

现如今，在占地 13 平方公里的包头市北梁棚户区，原本的“城市伤疤”变成了高楼林立的现代化社区，棚户区居民的生活越过越好。北梁的改变仍在继续，孕育着更大的改变。

（二）兴安盟乌兰浩特市：棚户区的“华丽转身”

穿着藏蓝色 T 恤、深蓝色运动裤，留着板寸发型，67 岁的关东东看上去就像 50 岁左右的人。他看上去精神、干练，脸上洋溢着幸福的笑容。晨起，他会与爱人张虹到小区旁边的成吉思汗公园，他玩儿麒麟鞭，爱人跳广场舞；下午，他会到葫芦丝班学习，爱人到合唱团练歌。从脏乱差的“棚户区”迁居至功能齐全的“现代小区”，关柬东和张虹感到非常惬意。“我们居住的小区叫山城福雅苑，意思是日子过得幸福又高雅，哈哈哈……”关柬东笑得很开心。

对关柬东一家来说，转折出现在2014年。山城路棚户区曾是兴安盟乌兰浩特市规模最大的集中连片棚户区，也是当地棚户区的代名词。关柬东一家老小三代7口人就住在这里的3间土包砖房，一住就是40年。冬季最冷时，屋内温度只有零上四五度，这种寒冷让张虹刻骨铭心。

居住在这片棚户区的4200多户居民，常年忍受行路难、取暖难、吃水难、排水难、如厕难等种种煎熬。

2014年，兴安盟乌兰浩特市启动山城路棚改项目。该项目占

乌兰浩特市中心公园

地面积 1.87 平方公里，计划总投资约 25 亿元。一直住在棚户区，饱受困扰的关東东一家终于等到告别老房子，开启安居新生活的一天。

实施棚改，不是简单的旧房搬新房。在关東东生活的社区内，卫生室、幼儿园、休闲广场等公共服务设施配套齐全，物业服务质优价廉，住户们充分享受到城市建设发展成果。

棚户区改造，一头连着千家万户民生福祉，一头系着城市建设发展。居民们还没从喜悦中缓过劲儿，好事又接踵而至。兴安盟乌兰浩特市开始实施成吉思汗公园改造提升暨罕山生态修复示范区工程，利用腾退出的 75 万平方米土地，栽植树木 150 万株，建设了日月广场区、健身广场区、林荫休闲区、景观果林区、景观草坪区等分区，一个集休闲娱乐、运动健身等功能于一体的综合性公园让

乌兰浩特市洮儿河休闲公园

棚户区“华丽转身”。

兴安盟乌兰浩特市棚户区改造工程指挥部的展厅里，老照片记录着山城路曾经的模样。如今，密密麻麻的破旧平房、狭窄泥泞的巷道、“烟熏火燎”的煤炉、苍蝇扎堆的旱厕，一并成为历史。

关東东和老邻居们一起登上成吉思汗公园的观景平台放眼眺望，曾经老房子的所在地，高端大气的现代化小区拔地而起。回转环顾，草坪、花坛、林木、山坡景观铺展开来，满目绿色。“我们赶上了国家强盛的好时代，党的富民、扶贫好政策，让我们过上了

乌兰浩特市新区

从前不敢想象的美好生活。”关東东由衷地说。

2020年末，山城路棚户区最后的700户棚改户“幸福归巢”。越来越多的棚改居民告别“忧居”享“优居”，人们在宜居宜业的新“红城”过着幸福的生活。

棚户区改造工程是一项提升城市形象、改善群众居住条件的民生工程。兴安盟乌兰浩特市始终致力于把好事办实、把实事办好，一方面积极回应和解决百姓关切，大力推进棚户区改造和回迁安置；另一方面从城市长远发展大局出发，将棚户区改造和生态建设深度结合，尽最大可能通过房屋拆迁退绿、退园、退道路。

山城路棚户区改造项目是兴安盟乌兰浩特市拆迁退绿的直接体现、现实缩影。在实施山城路棚户区改造项目过程中，兴安盟乌兰浩特市坚持拆迁退绿原则，通盘考虑山城路棚户区改造项目与成吉思汗公园改造提升项目，将它们整合为罕山生态修复示范区项目。山体西坡的棚户区拆迁后，腾退出的土地将全部用于还绿，成为全市生态修复工程的典范。其中，成吉思汗公园改造提升项目获得“中国人居环境范例奖”，实现了推进棚改与生态修复的双赢，极大地提升了该区域城市组团建设的档次。

宜居、亮丽、畅通、温馨、和谐……对于一座城市的居民来说，这些就是幸福。数据显示，2014年至2017年，兴安盟乌兰浩特市完成棚户区改造22218户、221万平方米，完成投资约110亿元。“住上新房子，过上好日子。”这已经在兴安大地成为美好的现实。

（三）乌兰察布市集宁区：老旧小区也要“美美哒”

对老旧小区的居民来说，幸福生活的期待是什么？是小区环境整洁了，是生活宜居指数提升了，更是利民惠民举措真正送到家门口了……

近年来，随着乌兰察布市集宁区老旧小区改造工作带来的喜人变化，小区里的居民们收获了满满的幸福。走进连馨苑小区，可以看到硬化平整的路面、停放有序的车辆，三五居民围坐在一起有说有笑，孩子们自由地追逐嬉戏，整个小区看起来舒适而又温馨。

“环境卫生脏乱差、出入人员混杂、车辆乱停乱放、安全隐患大……”这曾经是连馨苑小区的常态。说起小区的旧貌和生活中的不便，在这里居住 28 年的袁志刚深有感触。当他得知自己居住的小区被选为老旧小区改造试点之一时，第一个同意签字。在他的带动下，越来越多的居民在同意书上签字并按下红手印。

老旧小区改造不仅是对房子的改造，还包括完善小区的配套设施。为更好地解决改造中的“一老一小”问题，满足社区老人和幼儿的服务需求，乌兰察布市集宁区在推进老旧小区改造过程中，将闲置房屋盘活，改建为托老、家政服务、物业、群众活动等公共场所。其中，乌兰察布市集宁区以公建民营的运营方式创办了首家社区体验与上门服务相结合的新型养老实体机构，满足了辖区内老年人的养老需求，让他们老有所乐。同时，小区内形成了“以政府为主导、以社会为补充、以家庭为基础、以社区为依托”的多元一体、性质多样的托幼格局，使居民在家门口就可以享受到幼有所学。

"改造之前，小区内私搭乱建现象很严重，不仅不美观，还影响人们出行。如今建起了宽阔的广场，路面硬化了，小区里还安装了路灯、监控设施和楼道防盗门。小区变美了，人们生活方便了，住着更有安全感了。"家住乌兰察布市集宁区前进路街道办事处新兴社区车队小区的张文芳开心地介绍着小区改造前后的差别。

乌兰察布市集宁区建成于2000年以前的老旧小区共有256个，共264.5万平方米、681栋楼，涉及29695户，计划分3年改造完成。主要改造内容是对小区内部及水、电、路、气、暖基础设施进行更换维修，并新增垃圾分类设施等。张文芳所在的小区建于1991年，是首批改造试点小区，有住宅楼30栋，建筑面积93532平方米，有住户1457户。经过改造，小区楼内管网、楼体外表以及庭院绿化、硬化、亮化等都得到了全面提升。

"窗户换了，家里亮堂了，心情也好了。现在的小区环境大变

车队小区改造前

样，墙体粉刷一新，道路平整干净，水电暖管网重新铺设了。住了近30年的小区，现在可是变靓了！”小区内的老住户说。

近年来，乌兰察布市集宁区始终秉持“以人民为中心”的发展思路，紧紧抓住国家大力实施老旧小区改造的重要战略机遇，切实把老旧小区改造作为打造宜居宜业美丽城市的重要抓手，创新思路、勇于破题、尽锐出战，高质量、高效率推进老旧小区提升改造。2019年7月国务院老旧小区改造政策吹风会召开后，乌兰察布市集宁区紧盯政策导向，坚持民生导向、问题导向，迅速成立老旧小区改造工作领导小组，并组织专班先后对256个老旧小区进行全面摸底调查，以“入户问事、开放说事、协商定事”的工作方式，就改造范围、政策标准等内容进行宣传，确保改造符合大众意愿，得到居民认可。同时，按照中央、自治区相关政策规定，结合小区老旧程度等实际情况，全面量化评估，分级排队，科学制定《集宁区老旧小区改造三年行动计划（2019—2021）》，本着“一区一策、

车队小区改造后

一楼一策”的工作原则，明确将小区楼体，院内硬化、亮化、绿化，特别是把群众呼声最强烈的基础设施弱、功能设施缺、环境卫生差等问题作为改造重点来抓。严格执行“一把尺子量到底、一个标准评到底”，在公平公正公开的大环境下，真正实现居民由“要我改”到“我要改”的转变。不断丰富改造内涵、创新改造方式、加强长效管理，让老旧小区越来越年轻、越来越美丽。

老旧小区改造带给群众的不仅是居住环境的改善，更是幸福指数的提升。如今，乌兰察布市集宁区越来越多的老旧小区焕发出新的生机，路面平、管道通、设施全、秩序好、绿化美、环境优……一系列改造工程让一个个在时代变迁中渐失光彩的老旧小区焕然一新，实现了由“脏乱差”到“洁净美”的“逆生长”，让广大群众拥有了满满的获得感和幸福感，居民们在“新”环境中乐享美好生活。

（四）呼和浩特市：住上公租房 生活有奔头

“领上钥匙啦！前几天去看了房子，里面基础装修都有，再买点家具和家电就能入住，太开心了！”正在呼和浩特市新城区塞外安居小区物业办公室办理公租房领钥匙手续的市民邢建清高兴地说。她在 2021 年 7 月份呼和浩特市举行的 2021 年度公共租赁住房公开摇号配租活动中幸运中签。她几年来一直与儿子一家同住，现在终于拥有一套 40 多平方米的住房。

公租房，全称公共租赁住房，是专门面向中低收入群体的保障性住房。安居乐业，安居在前，乐业在后，可见房子之于国人的重要意义。住房保障，既是民生问题，也是发展问题；住有所居，既是重要的民生目标，对中低收入群体而言，也承载着期待与梦想。

2020 年全国两会期间，习近平总书记在参加内蒙古代表团审议时强调："要始终把人民安居乐业、安危冷暖放在心上，用心用情用力解决群众关心的就业、教育、社保、医疗、住房、养老、食品安全、社会治安等实际问题，一件一件抓落实，一年接着一年干，努力让群众看到变化、得到实惠。"人民对美好生活的向往就是我们的奋斗目标，而住有所居正是人民群众美好生活不可或缺的基石。

广厦万间、心安万家，公租房持续满足着中低收入人群对家的向往、对亲情的守候。近年来，呼和浩特市委、市政府以改善民生，增强人民群众的获得感、幸福感、安全感为目标，着力解决城市中低收入家庭、新就业无房职工和在本市稳定就业的外来务工人员的阶段性住房困难问题。自 2010 年开始至 2021 年 9 月，呼和浩

干净整洁的公租房

特市通过新建、配建、改建等方式，建设公租房 42182 套、236.15 万平方米，已分配入住 34941 套、199.86 万平方米。

走进呼和浩特市新城区公租房项目之一的塞外安居小区，可以看到平整的道路、美观的绿化带。小区实行人车分流管理，还配备有幼儿园等基础设施。已经入住两年多的张女士表示，住在这里，包括物业费在内，每个月只需 400 多元费用，这在很大程度上减轻了她的生活负担。“现在小区周边有好几趟公交车，离地铁站也不太远，出行越来越方便。”张女士说。

同样住上塞外安居公租房的环卫工人张海军，原本是乌兰察布市的一位普通农民，长年靠种地及农闲时去工地打零工维持生计。2015 年，张海军来到呼和浩特市，应聘成为一名环卫工人。他们一家四口租住在 20 平方米的房子里。张海军用工地上的木板和砖头搭起一张床，用泡沫板制作茶几和饭桌，距离床边不远处放着火炉子，艰难度日。

塞外安居新城鸟瞰

“每天劳累半天，回家还得劈柴打炭、点火生炉子烧水做饭，倒水、倒垃圾还得走很长一段路。晚上睡觉也睡不踏实，生怕会煤气中毒。每天凌晨 4 点上路清扫，巷子里没灯，黑灯瞎火的，生活起居特别不便。那时候，我感觉每天活得好费劲。”张海军回忆说。

2018 年，这样的苦日子终于熬到头了。在呼和浩特市赛罕区环卫局的帮助下，张海军报名摇号，分到了公租房。

“如果不是有这个好政策让我们住上公租房，恐怕到老了也不一定能住得上楼房。虽然房子只有 47.6 平方米，但确确实实温暖了我们一家人的心，让生活更有奔头，我们打心眼里感谢政府、感谢党！”张海军乐呵呵地说着，闪光的双眼里满满都是幸福。

呼和浩特市公共租赁住房申请工作通过采取网络逐级上报审核备案的方式进行。首先，居委会将通过初审的申请人信息录入微机并经办事处公示，公示无异议的通过网络上报区一级住房保障管理部门，然后区住房保障管理部门复审后通过网络上报市一级住房保

塞外安居新城远景

障管理部门审批，最后通过审批的申请人进入公租房实物配租轮候库等待摇号配租。

公租房面向中低收入家庭、新就业大学毕业生、外来务工人员以及政府规定的特殊劳动群体配租，要求家庭人均月收入低于城市最低生活保障金 7 倍以下，无房。

“十四五”期间，呼和浩特市计划通过公租房租赁补贴保障中低收入家庭 30000 户，在新建商品住房中配建公租房 6000 套；出台保障性租赁住房和共有产权住房管理办法，基本形成渠道多元、结构合理、服务规范、制度健全的住房租赁市场，实现全体人民“住有所居”的奋斗目标。

（五）兴安盟阿尔山市：林区成景区“忧居”变“优居”

春日里，走进兴安盟阿尔山市伊尔施街圣泉小区，阳光和煦地洒进一幢幢亮丽的回迁楼里。71 岁的棚改居民周长河和老伴周秀荣吃过早饭，打开电视，给摆放在窗台上的三角梅、长寿花浇了浇水，开始了一天充实而又惬意的生活。

“以前天天被冻醒，起床后第一件事就是烧柴，家里说话能呼出白色的哈气，住在 20 多平方米的房子，还没有现在住的一半大。”周秀荣一边打理着心爱的花草一边说。以前房间狭小、取暖效果差，家里连花花草草也不敢多养。

兴安盟阿尔山市位于大兴安岭林区，早在 20 世纪 50 年代中期，中华人民共和国的第一代林业工人在这里工作生活。长期以来，这里形成一排排面积狭小、漏风漏雨的“板夹泥”房屋。阿尔山寒冬漫漫，解决住房问题成为这里的头等大事。

2014年春节前夕，习近平总书记冒着零下30多摄氏度的严寒，踏着皑皑白雪，穿过狭窄小巷，来到兴安盟阿尔山市林海街林业棚户区。看到林区群众住房困难，总书记叮嘱当地干部要加快棚户区改造，排出时间表，让群众早日住上新房，要做好慰问困难群众工作，让每个家庭都过好春节。

受益于棚改，2017年，周长河一家告别住了几十年的“板夹泥”房屋，搬进敞亮的新楼房。新房内，厨房、卫生间等房间分区合理，彩电、冰箱、电饭锅等家电一应俱全。洁净的塑钢窗，光亮

阿尔山城市风光

周长河夫妇喜谈生活的变化

的地砖，干净的灶台厨具……61 平方米的房间被老两口打扫得一尘不染。

谈起变化，周长河十分激动：“真是赶上了好时候，没有棚户区改造，我们老两口哪有机会住上这样的楼房。我们得感谢总书记、感谢党中央！”“现在冬天屋里特别暖和，上厕所和洗澡再也不用受冻，我们感到了实实在在的获得感、幸福感、安全感。”周秀荣也在一旁乐呵呵地说。

像周长河家这样的搬迁故事还有很多，如同一股股微风，轻轻诉说着这座小城的变化。一片片参差不齐的民房逐渐从视野中消失，一座座新建的房屋如雨后春笋般拔地而起，一张张乔迁新居的笑脸如花般绽放……8 年来，兴安盟阿尔山市全面落实总书记重要指示，大力推进棚改，累计投入 42 亿元资金，改造棚户区房屋 10400 户。截至 2019 年，所有棚户区居民全部“出棚进楼”。经统计，棚改惠及全市一半以上居民，3 万人从“忧居”实现“优居”。

为巩固棚改成果，阿尔山市持续完善基础设施，近年新建和改造道路 80 公里、管网 155 公里，城区亮化率、自来水普及率、垃圾处理率分别达到95%、98.14%和99.69%，彻底解决了居民取暖难、吃水难、行路难等问题。

棚改，改出了群众的幸福新生活，也改出了风景如画的城市。

“阿尔山自然风光四季都很美。”“阿尔山的旅游业一定会火起来。”8 年前，习近平总书记的赞誉让阿尔山人坚定了依托美丽的自然风光持续发展旅游业的决心。如今，兴安盟阿尔山市按照总书记的嘱托，让这里的生态一年胜过一年，山水持续变金银。

独具匠心的树皮画、栩栩如生的各种图案、巧夺天工的非遗技艺……在兴安盟阿尔山市白狼镇，曾经的砍树人变成护林人，守着绿水青山，守着亭亭白桦，不仅搞起红红火火的林下旅游，同时收集掉落的白桦树皮，制作成精美的工艺品，走出了一条非遗传承、变废为宝的发展之路。

“我们的原材料取自当地桦树中的枯木、倒木、死木，经自然剥落后有超过 40 种颜色，加工处理后可设计、制作成不可复制的精美树皮画手工艺品。”阿尔山林俗文化产业发展有限公司总经理谢彩云介绍说。近年来，公司多次组织培训班，同时不断研发创新产品，提升工艺，让树皮画更具有艺术性和实用性。“产品美了，销量自然好，价格也更高，学的人多，大家的收入也涨了不少。”谢彩云说。

2014 年以来，兴安盟阿尔山市持续推动生态环境保护工作，累计实施天保工程 1650 万亩、封山育林 120 万亩、植树造林 40 万亩、退耕还林还草 25 万亩、重点区域绿化 1.5 万亩。2022 年，全

白狼镇林俗树皮画传承人谢彩云在制作树皮画

市森林覆盖率达到 81.2%。兴安盟阿尔山市被评为国家“绿水青山就是金山银山”实践创新基地和国家级生态文明建设示范市。

生态逐年向好，山水也跟着变成了金银。2014 年以来，兴安盟阿尔山市着力构建全域旅游格局，累计投入 17 亿元用于景区、博物馆等旅游基础设施建设。近 4 年来，阿尔山市累计接待游客 1414.86 万人，旅游综合收入实现 172.64 亿元。

良好的生态环境是阿尔山市得天独厚的优势，更是旅游产业发展的“金字招牌”。阿尔山市将牢记习近平总书记的殷殷嘱托，牢固树立绿色发展意识，放大绿色发展优势，全力推进“国家级旅游度假区”建设，深挖国家级生态文明建设示范市、“绿水青山就是金山银山”实践创新基地政策红利，建成“两山”理论创新实践馆，推动形成生态保护与治理“阿尔山经验”，加快“零碳小镇”等项目建设，设立生态银行、湿地银行，争创森林城市、森林小镇和森林乡村，努力构建碳中和“先锋城市”。

（六）锡林郭勒盟锡林浩特市：造福百姓 圆梦安居

跳舞有了小广场，雨天没有了泥泞路，晚上回家有路灯，告别了掏灰收煤的日子……环境美了，安居梦实现了，日子过得更舒心了。随着越来越多的棚户区居民在棚户区改造中受益，老百姓的获得感和幸福感日益增强，大家纷纷为党的好政策点赞。2007年5月，锡林郭勒盟锡林浩特市启动棚户区改造工程以来，已经累计投入资金77亿余元，完成房屋征拆31295户。

阳光操作　加速棚改

棚户区改造是改善老百姓居住环境、促进社会和谐的重要惠民举措。一直以来，锡林郭勒盟锡林浩特市始终坚持以人民为中心的发展思想，按照盟委、行署统一安排部署，加快推动棚户区改造工作，居民居住环境得到极大改善，城市功能和面貌得到全面提升。

面对改造数量大、时间紧、任务重的形势，如期做好棚户区改造工作，完善的组织保障、务实的有效举措是关键。对此，锡林郭勒盟锡林浩特市第一时间成立了棚户区搬迁改造指挥部，设立棚户区改造征收办公室，明确具体组成人员及职责分工，全面落实相关工作。

棚改涉及群众众多，阳光操作是得到群众支持的重要手段，也是把“民生工程”做成“民心工程”的前提。为顺利推进棚改工作，做到阳光透明，锡林郭勒盟锡林浩特市印发实施了《锡林浩特市 2017 年房屋征收与补偿工作实施方案》和《锡林浩特市棚户区改造房屋性质认定暂行办法》。同时，根据项目实际情况，锡林浩特市不断调整工作思路，创新工作方法，多措并举全力推进棚改项目。

与此同时，2017 年锡林浩特市还同步推进返迁楼建设续建项目 19 个，续建返迁楼近 3000 套，将返迁楼建设工作摆在重要位置，对 19 个项目逐一进行梳理，制定返迁楼建设推进方案，掌握项目

绿园小区（2021 年）

建设问题所在，提出项目推进具体措施，举全市之力全面推进棚改工作，切实让百姓真正享受到棚改带来的实惠。

棚改以来，锡林郭勒盟锡林浩特市始终坚持公示公开原则，对拆迁政策、补偿安置方案、办事程序、补偿结果、资金拨付情况等及时公示公开，使棚改群众放心踏实签订征收协议。建立随时接访工作机制，做好解答和信访接待工作，切实保障棚改居民切身利益，确保工作顺利推进。加大宣传引导力度，提醒棚改居民全面强化棚改补偿资金保管，避免出现财物损失“一夜返贫”现象。

加大力度　圆梦安居

2020 年以来，锡林浩特市不断加大民生投入，始终把解决好人民群众最关心、最直接、最现实的利益问题摆在最重要的议事日

改造后的朝阳小区 (2021 年)

程，着力保障和改善民生，以看得见、摸得着的实惠让群众有更多的获得感、幸福感。

2019 年，锡林郭勒盟锡林浩特市二队被列入棚户区改造项目，涉及辖区平房居民 1100 多户，改造面积为 31 万平方米。项目的实施极大地改善了平房区居民的居住环境，为老百姓过上小康生活奠定了基础。三队居民李海河在 2020 年底一次性拿到 38 万元的补偿款，成为这次棚改项目的受益者之一。对此，他非常高兴："已经看好了新楼房，预计春节前就能搬进去。"

随着棚户区改造的持续推进，锡林郭勒盟锡林浩特市一栋栋新楼房应势而生，一个个小区旧貌换新颜，老百姓脸上的笑容越来越多。城市宜居，百姓安居，一派欣欣向荣的景象。

改造后的运管楼

聚焦城建 高质前行

城市建设是一座城市的灵魂。2020 年，锡林浩特市政府和住建部门将老旧小区改造工作作为重大民生工程，致力于通过推行“一区一策”“一楼一策”“菜单式”改造模式，突出抓好设施改建配套、人居环境改造提升等工作，实现老旧小区设施齐全、功能完善、环境整洁的改造目标，不断提升居民的满意度和幸福感。锡林浩特市相关部门向自治区住建厅申报备案 22 个 2000 年底前建成的老旧小区的改造计划，针对小区居民共有部分，实施外墙保温、道路维修、铺装硬化、绿化亮化等改造工作。大力推进逾期未安置返迁楼建设，解决房地产遗留项目不动产登记办理问题。此外，在加强市政建设中，有序实施人行道铺装、小街巷改造、破损道路罩面、市政维修、地下管网改造等工程，提升城市基础设施建设水平。

积极推进供热管网整合、新区污水处理厂建设、中水厂新建、污泥处理、生活垃圾焚烧发电、餐厨垃圾处理等民生城建项目，增强城市保障服务能力。巩固国家园林城市创建成果，有序实施街路绿化新建和补植工程，完善运营管护机制，提高绿化养护水平。

提升锡林河生态景观带品质，建立完善运营管理机制，打造精品生态旅游基地。推进城市执法体制改革，出台提升网格员管理意见，推动城市管理更加精细规范。积极推进厕所革命，推动水冲式公厕建设、移动式公厕购置工作。加强物业行业监管，出台提升物业管理服务质量工作意见，确保物业服务水平稳步提升。建成希日塔拉街道生活垃圾分类示范区，实现公用机构、企业生活垃圾分类全覆盖。推进智慧交通改造项目，缓解交通拥堵问题。

城市建设、住房改造，我们每一个人都能受益。一座座高楼拔地而起，一条条道路伸向远方，在绿色草原的怀抱中，这座边陲小城散发着特有的魅力，变得越来越宜居。

（七）阿拉善盟巴彦浩特镇：让群众共享棚户区改造成果

2022 年 1 月 31 日虎年除夕，走进阿拉善盟阿拉善左旗巴彦浩特镇吉兰泰路南贺鹿巷，老人领着孩子们用白面熬成的糨糊把门神、福字、对联贴在家门口，邻居们互相品尝年夜饭中的“硬菜”，居民们有说有笑，充满了浓浓的年味和新春的喜悦……

掀开锅盖，蒸锅里的油糕黄灿灿的，一阵阵面香味儿扑鼻而来。“春节吃糕年年高。这是棚改后，我们全家在新居过的第一个春节。现在，水泥路铺到了家门口，出门有路灯，屋子格外暖和，这真是我们以前做梦都想过的生活。”居民姚琴说。棚户区非成套住宅改造工程的实施让她切实体会到了生活的幸福。

宽敞的起居室、亮堂的落地窗、干净整齐的卫生间，走进姚琴的新居，感觉很温暖。2021 年 8 月中旬，阿拉善盟阿拉善左旗棚户区非成套住宅改造工程正在如火如荼地进行，姚琴家的平房就在改造范围内。厨房、卫生间翻新改造，给排水、供热管网铺设，巷道硬化，路灯安装，房屋和围墙外立面改造，外墙保温……随着一系列改造项目落地，这里的平房达到了成套的住宅标准，可以满足居民安全出行的需求。

“真没想到，如今我们的平房能和楼房一样干净、暖和、舒适。”居民刘明德说。1992 年，刘明德在阿拉善盟阿拉善左旗定居。2021 年，他亲眼见证了这套居住了近 30 年的老房子发生的巨大变化。他感慨道:“以前出门一脚泥,一年烧6吨煤,屋子也不暖和。我的右腿因受伤打了钢板,冬天一到凌晨家里气温低时就难受得无法入睡。房屋改造后,我能踏踏实实睡到天亮。2022年虎年春节,大女儿、二女儿分别从深圳、呼和浩特回来和我们老两口团聚,老大下了出租车差点找不到家,二女儿抱来了5个月大的外孙,也不担心屋里冷了。相信往后咱老百姓的生活一定会越来越好。”

在阿拉善盟阿拉善左旗巴彦浩特镇吉兰泰路南贺鹿巷一幢幢新房中,居民们真真切切感受到了实实在在的民生收获,巷子里回荡着阵阵欢笑声……

走进巴彦浩特镇吉兰泰路南贺鹿11巷巷道改造工程现场,作业的铲车正在清运施工垃圾。过往居民不时驻足了解施工进度,大家互相交谈、有说有笑。“改造完成后,房子更好住了,不比楼房差。”居民们对此工程赞不绝口。该工程是阿拉善左旗2020年非成套住宅棚户区改造项目的续建工程。

近年来,阿拉善盟不断加大城市基础设施建设力度,以完善城镇功能、优化人居环境为出发点,切实做好城镇居民住房保障工作,有力提升人居环境、城市形象和城市品位。截至2021年8月底,2020年阿拉善盟阿拉善左旗非成套住宅棚户区改造项目累计完成投资约1575万元,涉及阿拉善盟阿拉善左旗巴彦浩特镇学苑西社区银巴高速入口西侧平房区、贺兰山社区中直粮库西侧平房区、土尔扈特社区盟委家属房区3个区域,惠及居民约500户。

77岁的姚福德老人家住贺兰路11巷。见到老人时,他正和女儿看着自家门外的工人施工。现场施工人员称,棚户区改造工程的最大亮点是居民可根据原有房屋现状,合理选定厨房、卫生间位置,按照设计标准进行改造。改造面积6平方米以内的,改造费用由政府补贴70%，居民自行承担30%；6平方米以外的，改造费用由居民自行承担。改造主房立面面积85平方米以内的，外墙保温改造费用由政府补贴70%，居民自行承担30%；85平方米以外的，由居民自行承担。

据阿拉善盟阿拉善左旗住房保障综合服务中心工作人员介绍，非成套住宅棚户区改造项目主要以改建（扩建、翻建）方式进行改造，主要实施厨房、卫生间、给排水、供热管网、巷道硬化、室外线路整治、路灯安装、绿化、拆除私搭乱建、清理土方垃圾十项必做项目，以及房屋和围墙外立面、外墙保温等选做项目。改造后，居民户内配备厨房、卫生间及给排水、供暖设施，将达到成套住宅标准；公共巷道内硬化整洁、亮化达标，满足安全出行需求。项目的实施可有效改善部分平房区居民居住环境脏乱差的现实问题，有针对性地解决了群众的急难愁盼问题，让群众共享棚户区改造成果，不断增强群众的获得感、幸福感、安全感。

（八）巴彦淖尔市：把城市建成宜业宜居的乐园

高楼大厦鳞次栉比，永济渠、金川河等水系绕城，两岸遍布绿树红花，近年来，巴彦淖尔市临河区建设的成就有目共睹。繁花似锦的城市面貌凝聚着各方面的心血和汗水。

城市建设涉及的征拆工作是难啃的硬骨头，巴彦淖尔市临河区北边渠棚户区改造征拆工作也极难开展。具体工作过程中，房屋性质杂、认定难度大、贫困群体多等诸多问题并存。2017年以来，临河区克服财政资金紧张等诸多难题，以满足百姓需求、维护群众利益为工作重心，创新思路方法，全力破解难题，走出了一条依法依规、群众参与、和谐动迁的新路，加快北边渠棚户区改造步伐，让城市成为宜业宜居的乐园。

迎难而上破解征拆难题

刘涛海一家是北边渠棚户区的老住户，一直希望能有一个舒适整洁的居住环境。十几年前，由于北边渠的灌溉功能被弃用，曾经的灌溉渠成了垃圾沟、臭水沟。再加上此地属于老城区，排水设施不完善，每到下雨天，刘涛海家所在的土巷道里更是泥泞不堪。“想出的出不去，想进的进不来，气得想骂人，真是住得发愁！”短短一句话将刘涛海十几年来的各种糟心事表露无遗。

核对补偿协议

对城市而言，北边渠的现状跟不上临河区日新月异的发展步伐和创卫的高要求；对百姓而言，房屋是安身立命之本，改善居住环境是很多人多年的愿望。由于发展不均衡等历史遗留问题以及资金短缺，北边渠改造面临诸多困难，但老百姓对美好生活的向往，一直以来就是党和政府追求的目标，有再大的困难也要克服。

2017 年，巴彦淖尔市临河区抓住政策机遇，克服财政资金紧张等诸多难题，把北边渠棚户区改造作为重大民生工程、作为提升群众获得感和城市品位的重要杠杆，勇于破题、敢于攻坚，走出了一条符合巴彦淖尔市临河区实际的棚改路径。

“现在我用征拆补偿款买了一套两居室，小区周边环境很不错，

刘涛海现在居住的小区

我和老伴住得挺舒心。”刘涛海一家是第一批签订北边渠棚户区征拆协议，支持改造的住户。

“政府做这项工作，既是为群众着想，也是为了咱们城市的发展。北边渠改造后，临河城区面貌会更整洁，这是好事，我们当然支持。”北边渠居民刘玉梅不仅早早在征拆协议上签了字，还积极帮助工作人员做宣传。在她的宣传带动下，很多居民也主动签了协议。“这些被征拆的老旧房基础设施差，大家拿着补偿款住进楼房，生活更方便了。”刘玉梅说。

北边渠西起临策铁路、东至朔方路，经过城区 8.8 公里。按照《巴彦淖尔市城市总体规划》，北边渠将被打造成为中心城区的主要景观水系之一，冠名为“永清河”。以东西起止点和南北两侧相邻城市主次干道中心线确定综合改造范围，总占地面积619.8公顷。

“政府对北边渠进行改造，我特别高兴。希望把渠道衬砌得实用美观一点，让渠里的水流动起来，再把两边的绿化做好，让北边渠也能像总干渠、永济渠那样成为临河的景观带。”在北边渠附近住了 20 多年的张明老人对改造后的北边渠充满期待。

用心用情赢得群众信赖

北边渠棚户区改造属于城市公共基础设施和园林景观带建设的项目，遵循公平、公正、公开原则，对征收条例、相关政策法规、分户测绘情况、评估标准、补偿结果全部上墙公示。征收补偿采取货币化安置方式，改变了过去以实物安置为主的模式。

然而，有些居民房屋面积小，有的两三代同堂，担心房子拆了就没有家了，对搬迁存有疑虑。56 岁的郝祥就曾心存顾虑。“我和妻子都是癌症患者，虽然已经做了手术，但还需长期吃药。42 万元的拆迁补偿款既要买房又要看病。政府考虑到我们的困难，给我们申请了廉租房，我真是很高兴。”郝祥说。

74 岁的张淑珍在糖厂西家属区住了 30 多年，屋里和院里附属设施多且杂。“我们家签协议前，征拆干部一趟一趟没少跑，又是测、又是算，生怕给落下啥。”张淑珍说。签协议那天，干部们从下午 2 点多忙到晚上近 9 点，一平方米一平方米测量，一米一米核对，将屋里屋外可以折合的全部折合成附属设施补偿款。“我挺满意，该补偿的一项也没落下。”张淑珍说。

话说明白了，心就贴得近了，征拆工作也就少了利益纷争和矛盾激化，多了交流交心和理解包容……北边渠改造项目启动后，巴彦淖尔市临河区委、区政府派驻 31 个单位和部门共 200 多名工作人员，采取分组包户、集中推进的方式开展房屋征收工作。为确保

房屋征收户领到补偿款

征收工作顺利推进，工作人员不知付出多少辛苦。

“我们入户与居民唠家常了解诉求，帮助解决生活中的实际困难，耐心细致地讲解征收政策、补偿标准等，一笔一笔为他们算细账、算长远账，让他们消除顾虑、打消疑问。常常说得嗓子都要冒烟了，也顾不上喝一口水。”项目刚启动就被抽调到征拆工作组的西环办事处工作人员徐拥军说。

知难而进不言难，迎难而上不畏难。200 多名工作人员一把尺子卡到底，用真情、真心打消了群众的顾虑，让群众征得明白、迁得放心。2019 年，北边渠 1739 户居民房屋征收工作中，有 1716 户签订补偿安置协议，完成总征收任务的 98.7%。

二、情系百姓　路通万家

要发挥交通先行作用，加大对贫困地区交通投入，让贫困地区经济民生因路而兴。

——2021 年 10 月 14 日，习近平主席在第二届联合国全球可持续交通大会开幕式上强调

交通先行助力全面小康

曾经，交通运输条件的落后，成为制约贫困地区经济发展的桎梏。当交通变得四通八达，资源、区位优势便能转化为经济优势。好路为媒，一条条大路纵横交错，畅牵八方；一座座立交桥昂立盘旋，串联通途。通达的开放之路，让贫困地区的特色资源和农副产品畅通无阻地走出去，让贫困地区的产业火起来，也让贫困地区的“朋友圈”大起来，让贫困地区的百姓富起来。

党的十八大以来，内蒙古以解决制约贫困地区交通运输发展瓶颈问题、推进交通运输基本公共服务均等化为主攻方向，推动贫困地区交通快速发展，极大地改善了地区交通基础条件，带动贫困地

区区域经济发展，为全面建成小康社会提供了有力保障。

“十三五”期间，内蒙古自治区政府与交通运输部签订了《“十三五”交通扶贫部区共建协议》，将内蒙古国贫旗县、边境旗县、“三少民族”自治旗共47个旗县纳入扶贫范围。内蒙古交通运输厅强化顶层设计，做好交通扶贫规划研究，编制了《自治区省级领导干部联系贫困旗县公路交通扶贫规划》《内蒙古自治区“十三五”交通扶贫规划》《内蒙古自治区交通扶贫脱贫攻坚三年行动计划（2018—2020年)》，在国家支持的47个国贫旗县、“三少民族”自治旗和边境旗县基础上，又将19个区贫旗县，共66个旗县纳入自治区交通扶贫范围，实现了贫困地区全覆盖，为全面打赢交通扶贫脱贫攻坚战提供了详细的路线图、时间表，重点推进交通干线通道建设、农村牧区公路通畅、生命安全防护、较大自然村屯通达、边防公路、运输站场改造、公路管养提效、运输服务提质等项目建设，全面改善贫困地区交通出行条件，提高运输服务水平。本着公路围着产业转的发展思路，内蒙古探索推行“交通＋特色产业”“交通＋电商快递”“交通＋消费扶贫”等新型交通扶贫模式，依托农村交通网络，促进产业结构调整，提升农村“造血功能”，加快城镇化发展步伐，连通了城乡市场，优化资源配置，打通了“进”与“出”的双向通道，实现了修好一条路，发展一片产业，带动一方群众，为贫困地区找到了乡村振兴的金钥匙。

“十三五”期间，全区累计完成农村牧区公路5.7万公里，农村牧区群众的出行条件显著改善。全区有8个旗县荣获全国“四好农村路”示范县称号，其中贫困旗县5个；有15个旗县被评为内蒙古自治区级示范县，其中贫困旗县12个。贫困地区农村牧区公路管理水平进一步提升。目前，内蒙古实现了所有贫困旗县通高速公路或一级公路，所有贫困地区乡镇通水泥路的目标，全面建成了“外通内联、通村畅乡、班车到村、安全便捷”的农村牧区交通运输网络。

（一）赤峰市：交通扶贫 铺就幸福之路

党的十八大以来，赤峰市以打赢交通脱贫攻坚战、助推乡村振兴战略为契机，有序推进公路交通重点项目，为构建现代化综合交通运输体系奠定了良好的基础，为助力脱贫攻坚、全面建成小康社会和全市经济社会发展提供了有力保障。交通扶贫工作开展以来，

四通八达的交通网络

赤峰市实际完成交通固定资产投资约548亿元，境内的国家高速公路网基本形成，国省干线公路升级改造取得重大成效，大大改善了区域性交通运输条件，充分带动了地方经济发展，为打赢脱贫攻坚战及巩固脱贫攻坚成果提供了有力保障。

赤峰市紧紧抓住中央加大“三农”支持力度的机遇，结合社会主义新农村建设，着力加快农村牧区公路建设步伐。充分发挥财政资金引导作用，着力强化资金整合，按照“先建先补、多建多补”的原则，鼓励加快通村公路建设。全市农村牧区公路总里程达到2.3万公里，通132个乡镇（苏木）2051个建制嘎查村，农村牧区公路已全部实现技术标准等级化，县与县之间、乡与乡之间、建制村与建制村之间100%通硬化路，圆满完成《中共中央 国务院关

“四好农村路”建设一角

于打赢脱贫攻坚战三年行动的指导意见》中的任务目标。

公路建设三分建、七分养，特别是农村牧区公路，养护工作是重点。为了建立适合全市实际的农村牧区公路养护管理体系，促进农村牧区公路建设与养护管理协调发展，赤峰市交通局逐步完善了市负责、旗县主体、乡村落实、部门协同的“四好农村路”建设工作机制，并进一步夯实县乡两级政府的责任，同时结合具体实际，起草了《赤峰市深入推进“四好农村路”建设的指导意见（讨论稿)》(以下简称《意见》)。在充分征求相关部门意见后，赤峰市交通局对《意见》进行了修改完善，市政府于2020年第12次常务会审议并通过。《意见》明确将维持路况、加强养护、规范管理、提升服务以及完善路网支撑系统等作为今后农村牧区公路工作的重

道路绿化景观

点，并对如何更好地管理农村牧区公路，确保路产路权不受损害等现实问题指明了工作思路。

农村牧区公路与国道、省道干线相连接，形成一个有机的整体。完善的路网布局使农村公路的“毛细血管”功能进一步凸现，农村牧区人便于行、物畅其流的交通运输环境进一步优化。一是全市所有具备条件的乡镇、建制村达到100%通客车，彻底改变了农村牧区“晴天一身土、雨天一身泥”的状况。二是不断畅通城乡产品双向流通渠道，使土特产品不再因物流短板而受制约，为农牧民创收奠定了基础。三是紧密结合地方特色，发掘沿线旅游资源，建设停车场、休息站，配齐、配强交通基础设施，以优质的交通运输服务吸引旅客观光驻足。

（二）巴彦淖尔市乌拉特中旗:“四好农村路”铺开富民新画卷

乡村振兴，交通先行。为了加快推进以县道为骨架、乡道为基础、村道为“毛细血管”的“四好农村公路”网络体系建设，近年来，巴彦淖尔市乌拉特中旗把农村公路建设与农牧区人居环境整治、乡村旅游、乡村产业发展相结合，建成一条条“四好农村路”，它们成为农牧民的景观路、富民路。

乌拉特中旗乡道Y206乌兰温都尔—同义隆线全长近119.1公里，海流图镇境内共8.6公里。它贯穿海流图镇巴仁宝勒格村和巴彦塔拉村，带动了沿线特色产业的发展，将沿线两个村的主导产业串联成一个整体，真正实现了一条路带活了一方经济。生态园旅游区也是“四好农村路”项目建设的受惠地之一。旅游区弥漫着一股草原特有的气息，行走其间，只见杨柳依依、桃花朵朵，风景优美。这条公路凭借其独特的景色，成为海流图镇巴仁宝勒格村和巴彦塔拉村村民的致富路。

“我去年承包了这里的 10 个蒙古包，生意挺好的，近段时间每天接待 40 人左右，收入三五千。路修好了，游客也多了，我们的收入也大大提升了。”巴彦塔拉村村民李波说。

进入生态园景区，平坦干净的乡间小道旁，建有不少农家乐、采摘园，农户们收拾庭院、采摘花果、喂养牲畜，过着美好而舒适的日子。村民杨军的家就在这里。“自从修起这条路以后，村民干啥都很方便。”杨军说，“尤其像这几年村里搞设施农业，顾客来我们这儿采摘，路特别好走。采摘的人多，我们的收入也增加不少。”

乌拉特中旗公路建设成就

近年来，乌拉特中旗农村公路总里程达 4304.8 公里，全旗建制村通畅率 100%。全旗建制村全部通客车，充分解决了农牧民出行难的问题。乌拉特中旗依托四通八达的农村交通网，推进电商扶贫新模式，形成电商物流体系。目前，全旗农村公路已实现创建全覆盖。一条条通畅的水泥柏油路，如铺展的“彩练”通往村庄农户、田间地头，不仅彰显了自然之美，更将百姓的安康幸福、生态旅游、乡村致富、经济转型融为一体。

“四好农村路修的是路，连的是心，通的是福。下一步，我们将推动四好农村路高质量发展，在争创全区乃至全国四好农村路建

乌拉特中旗德岭山镇乌镇村村道

设当中打头阵、当先锋、做示范，让大家在乌拉特中旗看到更多的美丽乡村路。”乌拉特中旗交通运输局工作人员说。

（三）包头市石拐区：把“小康路”铺筑到百姓“心坎上”

道路平整、绿树环绕、鲜花盛开……盛夏，驾车穿行在包头市石拐区各个角落，感受最深的，无疑是公路的变化。纵横交错、互联互通，一张布局合理，连接城区、乡村的安全畅通的公路网，铺

爬榆树嘎查

筑起当地百姓的小康路。

串起“民心路”打通“致富路”

“要想富，先修路。”一条条宽阔平整的柏油路，一座座绿树环绕的农家小院，一张张充满幸福的笑脸……石拐区吉忽伦图苏木爬榆树嘎查党支部书记刘文艺走在乡间小道上，心里美滋滋的。

“以前爬榆树东村和西村没有公路，村民出行只能走河槽，遇到雨季或洪涝，河槽就成了过水路面，根本没法走，更别说把村里的土特产往出运了。现在爬榆树嘎查变化太大了，村里村外都修了旅游公路、柏油路，不仅出行方便了，更重要的是打通了我们村的‘致富路’。村民种的土豆、黄芪，养殖的牛、羊、鸡等特色产品也能运输出去，‘致富路’让村里经济条件改善了不少，也让村民忙了起来，富了起来。”刘文艺脸上洋溢着笑容说。

道路一通，转型加快。2014 年包头经石拐大桥至五当召旅游公路的改扩建工程和 2016 年石拐区经大发至五当召旅游公路工程的实施，切实让吉忽伦图苏木走上了“快车道”。“现在我们苏木大力发展全域旅游，有吉忽伦图度假村、爬榆树苗圃和敖包山、三岔口驿站等景点，交通是全域旅游建设的最重要的一环。近些年，改扩建的包头至五当召旅游公路环线覆盖了我们苏木三分之二的区域，交通便利了，对旅游观光、物流、居民的出行都有好处。”说起“致富路”，石拐区吉忽伦图苏木宣传委员如数家珍。

从 35 公里路到 222.34 公里路

“城区道路建设对城市承载力的提升和长远发展来说至关重要。”石拐区农牧局工作人员说。

从煤土飞扬到干净整洁、绿树成荫，从山路崎岖到村村通柏油马路，2002 年石拐区仅有 35 公里公路，如今城内新建、扩建公路总里程达 222.34 公里。1 条国道、2 条省道、3 条县道、3 条乡道、13 条村道……石拐区大地上的一条条路，连接的是民心，通达的是富裕。

“我们从老工业区出发走包石一级公路到新区，路程又近，路况又好，最多半小时就到了，过去怎么也得 1 个多小时。”石拐老工业区居民赵先生说。

近年来，石拐区交通系统紧紧围绕“加速融入主城区、打造旅游目的地”发展思路，狠抓措施落实，不断推进地区公路网络形成

包石一级公路打通发展“大动脉”

规模，彻底改写了石拐公路的历史。

远眺包石一级公路、石五二级公路，它们犹如一根韧性十足的扁担，挑起了喜桂图新区、老工业区和五当召景区。沿着一级公路向前走，川流不息的车辆把石拐区带入发展的“高速路”，加速了喜桂图新区融入包头主城区的脚步。

“小康”路筑就“小康梦”

公路基础建设助力地区转型，离不开公共交通的保障。

“原先出行十分不便，现在公交车通到了家门口，外出办事、逛街都很方便。”家住石拐老工业区的王先生开心地说道。

“喜桂图新区建成以后，石拐区在原有 7 路公交车基础上接连开通了 37 路、37 路支线、61 路、63 路、老区职工通勤车，为新老区周边居民和往来市区的市民、游客出行提供了方便，解决了旧区职工上下班的问题。”附近居民说。

城市道路宽广笔直

“石拐区未开通客运班车或公交的行政建制嘎查村，居民只要扫网络预约出租汽车企业二维码，便可享受预约订制出行服务。”包头市交通运输管理处石拐运管所工作人员介绍。

据石拐区农牧局工作人员介绍，今年未通客车的建制村，将实施石拐区乡村公交全覆盖项目，届时大庙村、缸房地村、吉忽伦图嘎查、新曙光村、厂汉沟村、五当沟村、脑包沟村 7 个建制村村民的出行问题将得到解决。

近年来，石拐区公路网络日臻完善，配套服务同步跟进，为地区经济社会全面、协调、健康发展提供了交通运输保障，也对包头市建设成为我国西北地区的交通枢纽城市、呼包银经济带、呼包鄂经济圈的经济中心城市大有裨益。

我们的“小康梦”正沿着石拐区交通筑就的“小康路”，一步步走进百姓的家门。

（四）呼伦贝尔市根河市：公路通了　产业有了　乡亲乐了

穿越大兴安岭腹地的一片片青松白桦，一排排双层木质小别墅映入眼帘。屋内集中供暖，做饭用的是液化气。在呼伦贝尔市根河市敖鲁古雅鄂温克民族乡的猎民新居点，老人们在暖融融的屋内惬意地喝茶，妇女们在烤列巴或制作鹿皮画。鄂温克族老人耶莉嘎对现在的生活非常满意，她说：“新居点交通便利，孩子上学、老人看病都方便多了，离城市很近，年轻人也不用去很远的地方打工。”

根河市乌力库玛林场的松林深处白雪皑皑，仿佛童话世界。鄂温克族人古木森敲响铁皮，外出觅食的驯鹿群伴着清脆的铃铛声，纷纷回家。现在，古木森的驯鹿放养点，也成为旅游景点。他说："路好走了，来旅游的人多了，靠着卖门票和鹿茸、手工艺品等，年收入能有七八万元。"

鄂温克族是我国"三少民族"之一。"三少民族"指集中分布在内蒙古呼伦贝尔地区的三个人口较少民族——鄂温克族、鄂伦春族、达斡尔族。他们曾居住在兴安岭山林中，过着离群索居的原始游猎生活。如今，"三少民族"下山定居，过上现代生活，与各民族携手前行奔小康，实现历史性跨越。

静谧的大小兴安岭山林见证了"三少民族"数百年来的历史变迁。"莫力达瓦"意为"骏马难以翻越的山岭"。有人曾这样形容

莫力达瓦达斡尔族自治旗建旗之初的交通：去一次几乎用遍所有交通工具——火车、汽车、轮渡、驴车……过去，从偏远的腾克镇巴卡哈里村到旗政府，往返要一周时间。作为农业大旗，出行难给这里的农产品外销带来诸多不便。

2020 年，鄂伦春自治旗也有了一级公路，332 国道阿里河至库布春一级公路是第一条贯穿鄂伦春自治旗的高等级公路，补齐了鄂伦春自治旗交通运输发展短板。

有了便捷交通的加持，古老民族的变化日新月异。

鄂伦春自治旗多布库尔猎民村村支书说“：我们依托鄂伦春民俗特色资源，先后建成了农业生态园、特色养殖区和民俗特色旅游

敖鲁古雅鄂温克民族乡全景

景区。如今，猎民村变景区，农民变旅游从业者，农产品变旅游商品，带动近 200 名鄂伦春族村民找到新出路，人均年收入提高到 2 万多元。”

“十三五”期间，内蒙古积极落实自治区和交通运输部扶贫共建协议，协调交通运输部将包括“三少民族”生活区域在内的少数民族旗、边境旗县纳入扶贫范围，着力推进交通干线通道建设、农村牧区公路通畅。同时，采取倾斜政策，从重点公路、路网改造、农村公路等方面，加大对“三少民族”地区的支持。111 国道尼尔基至腾克、331 国道阿里河至库布春林场 2 个国家交通扶贫“双百工程”项目主体工程建成通车，201 省道诺敏至后兴隆公路大中修工程完工，“三少民族”地区出行难成为历史。

游客尝试制作鹿皮画

敖鲁古雅鄂温克民族乡夏季风光

（五）库布其沙区："黄河公路桥"打通沙区民众小康大道

黄河几字弯南岸有内蒙古 S215 干线公路跨越黄河的节点工程——独贵塔拉奎素黄河公路大桥，库布其沙区民众亲切地称其为"亿利黄河大桥"，对这座大桥有着特殊的感情。

12 年前，正是这座大桥的建成通车，让库布其祖祖辈辈困在沙漠中的农牧民实现了走出沙区、跨过黄河的梦想。该黄河大桥使内蒙古西部煤炭外运通道更加通畅快捷，极大地推动了阴山脚下、黄河两岸地区社会经济的发展。

库布其与巴彦淖尔市的直线距离很近，但由于黄河阻隔，到巴彦淖尔市需要绕道上百公里。盖一座砖房，农牧民只能通过羊驮马拉，从上百公里之外运回砖木等建筑材料；孩子上学要到百公里之外的寄宿学校；老百姓购买柴米油盐酱醋茶等生活必需品，也得到百公里之外的商店才能买到，而且一年中只集中出去采购两次；人们看病也只能骑马、骑骆驼到百公里之外找医院。

当地牧民额定德力格尔老人清楚地记得，当年母亲患眼疾得不到及时救治，妹妹外出务工渡黄河，不幸被大水冲走。在库布其，像他们家这样饱受黄河阻隔之苦的非常多。

20 世纪 90 年代，在库布其沙漠腹地艰难创业的亿利集团，为了保障产品能运送到最近的火车站，同时也为当地百姓出行渡河提供便利，筹建了独贵塔拉奎素浮箱桥。由于没有管理经验，缺乏维修资金，亿利集团专门成立了一支"守桥部队"，昼夜值守。

有一年冬天，正当防凌时节，一天晚上大约 8 点钟，浮箱桥突然遭遇巨大冰块的冲击，桥体和当时在桥上值守的 7 名工作人员被冲向河心。为了不给救援人员带来危险，他们共同做出了一个决定——第二天早上再找人营救。天寒地冻，流凌肆虐，这支亿利“守桥部队”在黄河上漂浮了整整一夜，直至第二天上午9点，才被救上河岸。

必须建桥，让沙区人民平稳、安全地渡过黄河，这样才能让库布其沙区摆脱贫困。国家西部大开发的战略为库布其带来了“走出去”的强大动力，独贵塔拉奎素黄河公路大桥被列入内蒙古自治区路网规划。

作为库布其沙区土生土长的民营企业，亿利集团在各级党委、政府的统筹部署和大力支持下，投资建设黄河公路桥。黄河公路桥

亿利黄河大桥

于2008年开工建设，2010年建成通车。亿利黄河大桥长1847米，桥面宽12米。还修建了连接桥面的公路，长约13公里，按照二级公路标准建设，路基宽12米、路面宽9米，可防8级地震。

该黄河大桥有利于鄂尔多斯市杭锦旗、巴彦淖尔市乌拉特前旗，乃至周边各旗县以及包头市的经济发展，拉动了就业，同时对黄河防洪、防凌及战备物资及人员的调配起到非常重要的作用。

如今，黄河流域生态保护和高质量发展成为新的国家战略。沿黄经济带各地经济互联、文化相通，在资源禀赋、产业结构等诸多方面有着很强的互补性，合作领域宽广、潜力巨大。同时，西起库布其，经乌兰布和，西至腾格里沙漠的生态脆弱区亟须进行生态治理。

在黄河流域生态保护和高质量发展战略引领下，亿利黄河大桥将继续发挥枢纽作用，把黄河中游两岸更加紧密地联系在一起，推动人流、物流、资金流和信息流等高效流动，推广库布其治沙生态科技服务的技术、经验和模式，改善交通格局、产业格局和开放格局，实现黄河流域多层次、宽领域的对接与合作，为两岸沙区民众奔小康，为我国西部经济社会发展、生态文明建设持续做出贡献。

（六）包头市达茂旗：奋力打造交通路网新格局

春耕备耕、春牧生产的繁忙时期，不论是田间地头还是草原深处，到处都是农牧民忙碌的身影。这个时候，位于包头市达尔罕茂明安联合旗（以下简称达茂旗）石宝镇坤兑滩村的樊跃农资店会格外红火热闹，来买化肥、地膜、种子等农资的农民络绎不绝。在老板樊跃详细的介绍后，大家选好农资，马不停蹄地装车，然后开着自家农用车、蹬着小三轮回到田地里劳作。忙碌了一上午的樊跃高兴地说：“以前咱们这儿出个门都难，现在交通条件好了，我们进货相当方便。村里人多了，买卖也好做了，一到春忙，都有以前赶交流的热闹场景了。”

随着达茂旗实现建制村嘎查通沥青水泥路全覆盖，物流站场及电商平台逐年增加。如今，一车车草料、农资不仅可以畅通无阻地送到每一户农牧民的家门口，农畜产品走出去的第一道出口也被打开，达茂旗“双向物流”已然形成。

近年来，达茂旗坚持“精准脱贫、交通先行”理念，把推进“四好农村路”建设和交通扶贫相结合。达茂旗交通运输局主动包联贫困村，党员带头包联贫困户，全体“交通人”用情做好农牧民的“知心人”，用实际行动做农牧民的“解忧人”，用心做好农牧民脱贫的“带路人”，尽全力建好农牧民的“致富路”。2014 年以来，达茂旗累计建设扶贫路 312 公里、产业路 98.7 公里，有效解决了农畜产品“进不来、出不去”的问题，同时吸纳有劳动能力贫困人员参与公路养护，做到了脱贫攻坚和道路养护“两不误”。据统计，2014 年以来，达茂旗累计投入 17.8 亿元，新建农村公路 1039 公里，为 185 个搬迁村建设通村公路 552 公里。如今，建制村畅通率 100%，受益群众达 3.2 万人，农牧区交通运输条件得到显著改善。

2021 年阳春四月，达茂草原的好风光已初展风采，位于达茂旗乌克忽洞镇的套马沟农牧业合作社开门营业，吸引了大批游客。在套马沟村玫瑰大棚工作的杨金凤说：“今年的玫瑰开得可好了，不少游客过来欣赏，现在路都修到家门口了，游客过来一趟很方

达茂旗套马沟旅游风景区内道路

便。从 4 月初开业到现在，不到二十几天的时间，我们已经接待了 300 多人。”66 岁的杨金凤是套马沟村的贫困人口，与老伴都在套马沟村工作，一年的收入有 3 万多。从 2016 年起，达茂旗先后修建的农村二级公路及景区主干道，打通了走进套马沟村的最后一公里，吸引着越来越多的游客前来观光度假。

套马沟的大变样反映了达茂旗“四好农村路”在脱贫致富领域取得的成就。交通顺畅了，产业兴旺了，旅游跟上了，老百姓富有了。此外，达茂旗以国道 210、335 和省道 211、104 线为主动脉，围绕一村一风景、处处可旅游，把农村公路建设与达茂旗红色资源、草原景观、观光农业相衔接，加强公路交通等旅游基础设施建

达茂旗境内 G210 与 G335 交汇处

设，先后启动实施明安至三分渠、呼勒德日苏至明安段、呼吉日图至满都拉3个旅游公路项目，初步形成600公里环达茂旗旅游线路。

康庄大道，四通八达，畅通无阻。目前，达茂旗公路总里程达到 2993.8 公里，其中国道 356.6 公里、省道 208.7 公里、县乡村公路 2412.5 公里、专用公路 16 公里，建制村（嘎查）公路通客车率达到 100%，基本形成以百灵庙镇为枢纽，西接白云鄂博矿区、东联四子王旗、南通呼和浩特市和包头市、北达满都拉口岸，辐射 12 个苏木乡镇、77 个嘎查村，内通外联、干支公路相连的交通路网新格局。2019 年 8 月，达茂旗被评为全区“四好农村路”示范旗县；同年 11 月，被评为“四好农村路”全国示范县，成为全国唯一获评的边境少数民族旗县。2021年，达茂旗交通运输局被授予“全国交通运输脱贫攻坚成绩突出的集体”荣誉称号，成为自治区唯一一个获评的旗县。

八方通衢气势如虹，再看今朝乘风更起，达茂旗正奋力谱写着让人民满意的交通新篇章。

（七）兴安盟扎赉特旗：一条扶贫路 唤醒致富梦

晴天扬尘裹身，雨天泥巴沾脚，路面坑洼不平、狭窄难行，这是过去许多人对兴安盟扎赉特旗音德尔镇丰源村的印象。路不通，农副产品卖不出去，田园风光无人欣赏，村民望路兴叹，客商望而却步。

“村里院墙、房子都挺好，就是这个路坑坑洼洼的，一碰到雨雪天气或到开春农忙季节，老百姓出行极不方便。”音德尔镇丰源村党支部书记尹金库说。作为深度贫困村，多年来这里的基础设施建设一直比较滞后，仅有建制村铺上了水泥路，其余4个屯内巷道和2个村屯连接路都还是泥土路。

丰源村村民张福对屯子周围糟糕的路况深有体会。他回忆说：“别看我们村子离建制村不远，离111国道也只有2.5公里，但是路太难走了，每年秋天收粮的车都最晚来我们屯。价格最好的时候，我们卖不上粮，大家伙儿只能干着急。”

深度贫困地区交通基础设施建设欠账多，一些连接自然屯的路还是土路、泥巴路，交通问题制约了部分村屯的发展，没有便利的交通，扶贫就是一句空话。想要拔掉穷根子，首先要将道路修好，

丰源村干净整洁的村屯道路

让农民出行不再受阻，让农产品可以顺利进入市场。这是深度贫困地区急需解决的问题之一。

2018 年，扎赉特旗整合“一事一议”财政奖补、新增财政转移支付和预算内投资共计 9000 万元，下大力气，以 21 个深度贫困嘎查村和 10 个偏远自然村为重点，坚持无死角、全覆盖的原则，实施基础设施提升工程。

在施工过程中，扎赉特旗坚持节约、便民的导向，因地制宜、就地取材，确定新建的村屯路、巷道全部为砂石路，充分利用当地石料和黄沙铺筑。

铺建砂石路，可以节约成本。按照修建标准 8 米宽的砂石路算，每公里需要 6 万元，这较修建水泥路，每公里至少节约成本

50万元以上，修建1公里水泥路的资金可修建10公里砂石路。此外，砂石路异常坚固实用，使用寿命在20~30年以上。同时，砂石路有利于排水，便于日常维护，出现损毁情况便于整修。

扎赉特旗砂石路的基础是按照水泥路的标准修建的，先下挖30厘米，清理掉翻浆层，然后回填碴石，再上路面料，最后铺上黄沙。这样修的路吸水不返浆，更易于控制施工质量，有利于后期养护，同时为下一步修建水泥路奠定了基础。

如今，平整的砂石路修到了家门口，这让丰源村村民崔友喜出望外。“这回路不颠簸了，做买卖的小商小贩都愿意来了，现在买啥都方便。”崔友自豪地说。过去，道路上到处是粪便和垃圾，如今村民们自觉地维护清扫门前道路，保持路面整洁，不光路况越来越好，村屯环境也日趋改善。

与音德尔镇的丰源村一样，扎赉特旗其他深度贫困地区“村屯路不通畅”的问题正在逐步得到解决，一条条惠及群众的“暖心路”“幸福路”“脱贫路”正在由蓝图变为实景。

“有了好路，我们的大米现在成了香饽饽，卖到全国好多地方。”兴安盟扎赉特旗好力保镇古庙村村民杨永林说。

如今，兴安盟大米已经实现了从“好米”到“名米”的华丽转身，成为兴安盟农业的新名片，成为农产品区域公用品牌建设的新亮点。金秋，对杨永林和其他乡亲来说，是稻香蟹肥，是财源滚滚。

依托现代农业产业园，杨永林和乡亲们种了水稻、甜叶菊，稻田里还养了鸭子和螃蟹。一条30.6公里长的公路把村子、产业园区和“外面的世界”串联起来。几年前的古庙村可没有这样的景象，杨永林和乡亲们的生活也没有这样富足。杨永林说：“以前路

丰源村干净整洁的村屯道路

不行，靠的是肩扛牛拉马驮，农副产品也卖不出去。现在公路通到田间地头，又推广了‘我在扎赉特有一亩田’订制认领模式，收获时节鲜米、稻鱼、稻鸭或稻蟹一起按需求进行配送，不仅大米卖上了好价钱，鸭和蟹也不愁卖了。”

人力、物力不断向贫困地区倾斜，这是内蒙古“十三五”期间公路建设的重点。

兴安盟地处大兴安岭南麓集中连片特困地区，乌兰察布市化德县地处燕山—太行山连片特困地区，是国家和自治区脱贫攻坚的主战场。近年来，内蒙古交通运输厅加大交通扶贫力度，建设了二广高速集宁到阿荣旗联络线乌兰浩特至新林北至扎兰屯、302 国道乌兰浩特至阿尔山等国省干线通道和农村牧区公路。贫困地区出行条件明显改善，贫困地区公路运输保障能力持续提升。

“十三五”时期，在国家支持的47个国家级贫困旗县、边境旗县的基础上，内蒙古交通运输厅又将19个区级贫困旗县纳入自治区交通扶贫范围，重点推进交通干线通道建设、农村牧区公路通畅、“交通＋特色产业”扶贫、生命安全防护、较大自然村屯通达、边防公路、运输站场改造、公路管养提效、运输服务提质等项目建设，全面改善贫困地区交通出行条件，提升运输服务水平。“十三五”期间，贫困地区交通固定投资完成1973亿元，约占全区总投资的66%，所有贫困旗县、边境旗通一级及以上公路。

古庙村的村民们切切实实享受到这样的好政策。扎赉特旗目前形成了以111国道和省际通道为骨架、县乡公路为分支、村级公路为脉络的路网格局。“喜看稻菽千重浪”，乡亲们的日子一年更比一年好。通达的开放之路让贫困地区的特色资源和农副产品畅通地走出去，让贫困地区的产业火起来，也让贫困地区的“朋友圈”大起来，让贫困地区的百姓富起来。

2020年底，内蒙古全面建成了“外通内联、通村畅乡、班车到村、安全便捷”的农村牧区交通运输网络。

（八）鄂尔多斯市伊金霍洛旗：这里的公路会“唱歌”

短暂的嗡嗡声后，秦慧丽的汽车里响起了《歌唱祖国》的音乐，音乐声带着钝钝的摩擦感。此刻，她的车正以45公里的时速，不紧不慢地行驶在鄂尔多斯市伊金霍洛旗札萨克镇查干柴达木村的音乐公路上。随着轮胎与地面的亲密接触，大地“奏”响了《歌唱祖国》。

“我要开车从呼和浩特市去山西，在网上看到这里有段音乐公路，就专门选了这条路线。”秦慧丽说。像她这样欣赏音乐的游客有很多，音乐公路为此专门设置了掉头区，方便司机们“倒带”。

冲着这段“汽车独奏”来的游客很多，沿途的乡村旅游也红火起来。“去年来我家牧家乐的游客大幅增长。”伊金霍洛镇布拉格嘎查嘎查长巴图格西说，“我家的牧家乐连续几年被评为市里的五星级，既有餐饮，也有表演。”

布拉格嘎查离成吉思汗陵旅游区不到3公里，离音乐公路约10公里。2006年，巴图格西建起了有两排蒙古包的牧家乐。2011年，成吉思汗陵旅游区被评为国家5A级景区，外来游客剧增，巴图格

伊金霍洛旗札萨克镇查干柴达木村音乐公路

伊金霍洛旗札萨克镇查干柴达木村音乐公路

西牧家乐的生意更红火了。村里人前来请教，他毫不保留地分享经验。“我卖羊肉，他卖鸡肉，你卖牛肉嘛。”这样，不仅游客的选择更多了，也避免了同质化竞争，更多牧民吃上了“旅游饭”。

布拉格嘎查还成立了马队协会和餐饮协会，为游客提供骑马服务、马术表演和餐饮服务，农牧民收入大幅增加。“以前一年挣 10 万元，现在一年能挣五六十万元。”巴图格西说。

2015 年以来，内蒙古自治区、鄂尔多斯市相继出台牧家乐奖

伊金霍洛旗札萨克镇查干柴达木村寨巷

励政策，推进美丽乡村改造工程，村里的水电、道路、网络条件大幅改善。如今，全村 430 多户农牧民中，有 65 户经营牧家乐，其中五星级牧家乐有 4 户。在巴图格西的带动下，村里还自筹资金修建了达尔扈特度假村，聘用周边几个村的贫困人口从事保安、保洁等工作。2019 年，全嘎查人均收入超过 2.5 万元，巴图格西被评为伊金霍洛旗的致富带头人。音乐公路建成后，巴图格西的牧家乐又添了不少客源。

2016年，查干柴达木村修好了水泥路，村中翻修的房屋设计成旧时黄泥房的样子，再加上原有的草原、水库，形成了“黄泥髯墙瓷罐罐，毡房星宿草滩滩”的风貌。由于生态环境好，这里白天有通透的蓝天，晚上有闪亮的星星。从音乐公路下来的游客、司机大都会到村里就餐。还有人专门为体验乡村民宿而来，在这里享受数星星、听虫鸣的时光。

秦慧丽从音乐公路下来，直接把车开到查干柴达木村的民宿区，准备在这里吃顿农家饭再出发。“村民们都说这里的饭菜香着呢。”她边说边带家人走进餐厅。

三、幼有所育　学有优教

建设教育强国是中华民族伟大复兴的基础工程，必须把教育事业放在优先位置，深化教育改革，加快教育现代化，办好人民满意的教育。要全面贯彻党的教育方针，落实立德树人根本任务，发展素质教育，推进教育公平，培养德智体美全面发展的社会主义建设者和接班人。

——2017 年 10 月 18 日，习近平在中国共产党第十九次全国代表大会上强调

让人人都享有更好更公平的教育

改革开放 40 多年来，特别是党的十八大以来，内蒙古教育工作以立德树人为根本任务、以优化结构为主攻方向、以促进公平为基本要求、以深化改革为根本动力，推动建设高质量教育体系，教育布局更加合理，教育质量不断提升，教育支撑服务地区经济社会发展的能力不断增强，教育成为小康生活的“助推器”。

深入落实教育优先发展战略，持续加大教育投入，建立了各级

教育生均财政拨款制度，设立了专项补助资金，支持学前教育、特殊教育、职业教育和普通高等教育。“十三五”期间，全区财政性教育经费达到3537亿元，年均增长4.2%。2020年，财政性教育经费达到778亿元，较2015年增加144亿元。

坚持为党育人、为国育才，坚持用习近平新时代中国特色社会主义思想铸魂育人，统筹推进大中小学思政课一体化建设，以“强基固本、明德启智、同心共筑、以文化人”四大行动为引领，在大中小学（幼儿园）全面持久深入开展铸牢中华民族共同体意识教育。抓好“双减”政策实施，健全“五育并举”育人体系，健全学校、家庭、社会协同育人机制，促进学生德智体美劳全面发展。

深化教育改革，推进学前教育普及普惠、义务教育优质均衡、普通高中教育多样化有特色发展，实施学前教育行动计划、全面改善贫困地区义务教育薄弱学校基本办学条件、义务教育薄弱环节改善与能力提升、高中阶段普及攻坚等工程，各个学校基础设施进一步完善。进一步完善城乡义务教育经费保障机制，全面建立义务教育“两免两补”经费保障新机制。建立了从学前教育到高等教育“一条龙”资助体系，实现了所有学段、公办民办学校、家庭经济困难学生全覆盖，大学新生资助政策由城乡低保家庭扩大到所有建档立卡贫困家庭。

优质的课程资源班班共享，全区中小学校几乎全部实现宽带网络接入，88%的中小学建成了校园网，95%的中小学教室配备了多媒体教学设备，70%的学校建成同频互动教室，课堂用、经常用、普遍用成为信息化教学新常态。自治区基础教育信息化发展指数在全国排名第16位，整体水平位居西部省区前列。

提高特殊教育保障水平，按照“特教特办”要求，进一步提升特殊教育普及水平、保障能力和教育教学质量，切实保障残疾人受教育的权利。建立以特殊教育学校为骨干、以普通学校举办特殊教育班和残疾儿童少年随班就读为主体，各类教育并举，学段衔接，普职融通的特殊教育体系，满足残疾人不断增长的教育需求。

以“双一流”“双高”建设为牵引，推进高等教育内涵式高质量发展、职业教育类型化贯通式发展，高校创新能力明显增强。内蒙古大学获批“省部共建草原家畜生殖调控与繁育国家重点实验室”，实现了我区高校国家重点实验室零的突破；建成省部级重点实验室、工程研究中心、人文社会科学基地等创新平台 260 个；高校获自治区科技进步奖、社会科学奖占比达到 25%、75%。

（一）呼和浩特市赛罕区：让孩子拥有阳光起点

为了让所有孩子拥有阳光起点，赛罕区着力深化学前教育改革，发展普惠而有质量的学前教育，推动部分幼儿园民办转公办，为孩子们创造了寓教于乐、安全舒适的生活和学习环境，也为家长们解决了“入园难”“入园贵”等问题。正规的办学条件和高质量、多元化的教学方式让家长们放心和舒心。

在位于赛罕区敕勒川路街道前不塔气社区的赛罕区第一幼儿园不塔气分园，通过近两个月的磨合，新入园的小朋友们已经适应了新的环境，其乐融融地和老师、同学们一起做游戏、唱儿歌。

该幼儿园于 2019 年 9 月建设及装修完毕，2020 年 8 月开始正式招生，并于 10 月以政府租赁的形式由民办幼儿园转变为公办幼儿园。幼儿园建筑面积 8200 平方米，最多可容纳 30 个班级，400

名学生。幼儿园设置了大、中、小6个教学班级，共有120名学生，配备教师26名，其中包括12名专业的蒙古语老师；设立了舞蹈教室、美术教室、科学实验室等特色活动教室。幼儿园还设置了攀岩、戏水、塑泥等特色课程，多元化、多维度、多形态地为孩子们生活、运动、学习、游戏提供便利条件。

民办幼儿园转公办幼儿园，设施设备提质升级了、管理体制科学了，幼儿园得到了新的发展机遇，孩子们和家长们也有了新的选择。

位于赛罕区黄合少镇南地村的航天小学附属幼儿园也是本次民办转公办幼儿园中的一员。这所成立于2011年的幼儿园，于2020年8月正式转变身份。以前，该幼儿园只有60多个孩子，转为公办后增至130多个孩子。数字的变化最能体现家长、社会对幼儿园

赛罕区第一幼儿园不塔气分园

的认可。在赛罕区相关部门政策和资金的支持下，该幼儿园的硬件得到升级，园貌焕然一新。转为公办后，幼儿园的管理更加规范，教师的专业化水平日益提升。

此外，为了让转制后的幼儿园规范健康地发展，航天小学附属幼儿园还专门聘请了幼教工作经验丰富的专业人员担任常驻督导园长，从思想、保育、教育、餐饮、生活等方方面面对幼儿园进行督导和把控，让孩子们在这里健康快乐地成长。

民办园转公办园，改变的不只是软硬件设施，家长的经济负担也一下子减轻不少。“民办幼儿园的收费较高，普遍一个月 3000 元到 4000 元，而公办幼儿园的学费只有 300 元，餐饮费一天 14 元，算下来一个月就 700 元左右。也就是说，如果选择民办幼儿园，民办幼儿园一个月的学费在这里能支付一个学期的费用。”一位幼儿

航天小学附属幼儿园

家长介绍道。

为进一步加大公办学前教育建设力度，实现幼有所育，赛罕区多措并举，不断扩大公办学前教育覆盖面，积极推进公办幼儿园和普惠性幼儿园建设工作，全面实现了公办幼儿园占比 50% 和普惠性幼儿园在园幼儿占比 80% 的目标，新增 13 所公办幼儿园，其中新建 5 所公办幼儿园，以租赁方式将赛罕区第一幼儿园大台分园、赛罕区第二幼儿园金色未来分园等 8 所民办园转为公办园，新增 148 个教学班，新增学位 4440 个，满足周边孩子就近入园的需求。

今后，赛罕区将以分秒必争、“一个也不能少”的紧迫感发展高质量学前教育，让更多的家庭享受到公立幼儿园的实惠。

（二）包头市青山区：“学有优教”的青山实践

包头市青山区以“办好人民满意的教育”为宗旨，立足增强地区综合实力新起点，牢牢把握科学统筹、质量为本、改革创新、公平优质的原则，以高位均衡、内涵发展、教育现代化为总目标，全力打响“学在青山”教育品牌，创造了令人满意的“青山质量”，实现了从“有学上”到“上好学”。

均衡发展——教育公平暖人心

青山区逐步形成了“接力跑”的发展大格局，各学段教育教学立体式协调发展。学前教育体系不断完善，学前教育入园率、公办率、普惠率逐年提升。多样化办学模式改革深入推进，打好 2 个“紧密型”办学联盟与 14 个“松散型”办学联盟均衡发展“组合拳”，联盟办学、名校办分校优质资源共享效应逐步扩大。青山区积极落实《包头市教育提升三年行动计划》，选课走班、分层教学等方面走在包头市高中教学改革的前列。开设中国和意大利课程项目班，培养具有国际视野的人才。积极践行教育精准扶贫，2018年青山区与固阳县政府签订协议，一机一中、北重三中、包四中帮扶固阳一中，创办“扶贫项目共建班”。青山区在包头市率先建成具有自治区高端水平的青少年发展中心、中小学生综合实践基地。不断加强特殊教育针对性，对特殊困难残疾儿童开展送教上门，推动特殊教育向两头延伸，形成涵盖学前至高中教育的完整体系。不断强化民办教育日常监管，民办教育在青山区取得突破性进展。

多管齐下——强基固本育“精锐之师”

通过面向社会、教育部直属重点师范院校招聘，引进高层次和

青山区中小学生综合实践活动

紧缺急需人才等方式，青山区公开招聘教师近千名。成立名师工作坊、名班主任工作室，认定首批特级（首席）中小学班主任，参加包头市教育局领航校长培养、卓越教师培养，实施“梯级培养工程”，夯实人才基础。围绕“外引与内研”思路，构建从国培到校培的“五级联动”培训模式，对名优教师、骨干教师等进行培养。“请进来”近70名知名专家和学者举办约260场大型培训会，优秀教师“走出去”培训约200次，培训教师近16.4万人次，教师队伍素质进一步提升。

改革创新——教育质量实现新突破

创新体制机制，破解发展难题，积极推进教学改革。秉承“教研员在身边”的教学思想，致力于“教学评一致性”学习和实践，

家校社联盟组织学生参观陈文学红色工作室

以区域大教研、教学大检测、主题“教研周”、教学“六认真”考核为抓手，开展教学研讨展评、岗位大练兵、青年教师素养大赛、学科带头人及教学能手评选等活动，研究构建本土化的高效课堂教学模式。

五育并举——素质教育不断提升

坚持立德树人根本，大力践行社会主义核心价值观，形成以“思政课”为主体，以团队建设为主脉，以家校共育、音体美劳及健康教育为两翼的“一体一脉两翼”的“三全”育人新格局。制定《青山区教育局进一步加强中小学思想政治课建设的工作方案》，以铸牢中华民族共同体意识为主线，把爱国主义教育贯穿教育教学全过程。以中学道德与法治名师工作坊、小学综合名师工作坊引领

中小学生丰富多彩的社会实践活动

思政教育落地生根。夯实“三线育人工程”，坚持党带团、团带队，先后成立“少先队名师工作室”“小蒙古马队长学校”“青山区学生会联盟”、内蒙古自治区首家“青少年马克思主义者培养学校”；实施“蒲公英暖心工程”，开展“学雷锋志愿者活动”，与34个社区签订共建帮扶协议，通过多个平台为国家培养合格的建设者和可靠的接班人。开展中小学经典诵读大赛、演讲比赛、美好生活劳动创造等活动，创建文明校园、书香校园，实现时时育人、事事育人、处处育人。实施“443”家校社协同育人项目，创建星级家长学校。坚持“五育并举”，开展校园艺术节、书画展、运动会、阳光体育运动、校园足篮球赛等全区性活动，搭建展示学校“一校一特，均衡发展”素质教育成果平台。

（三）赤峰市阿鲁科尔沁旗：建设教育发展新高地

赤峰市阿鲁科尔沁旗始终坚持把立德树人作为根本任务，不断促进教育公平，实施素质教育，规范办学行为，推进内涵发展，全旗各级各类教育呈现出繁荣发展的良好局面。

全面实施素质教育，谱写育人新篇

阿鲁科尔沁旗始终高度重视素质教育，不断加大投入，因材施教，取得了丰硕成果，尤其是足球教育，走在全区前列。天山一中汉授高中女子足球队曾获得赤峰市第一届、第二届“市长杯”亚军，自治区“体彩杯”青少年（女子）足球锦标赛亚军，赤峰市校园足球八强赛（高中女子组）冠军，自治区“主席杯”校园足球四级联赛（高中女子组）亚军，全国青少年校园足球联赛（高中女子

天山一中女足荣获全国青少年校园足球联赛（高中女子组）超冠赛季军

组）超冠赛季军等多项荣誉。

阿鲁科尔沁旗素质教育以学生为本位、以育人为导向，全力深化基础教育课程、教学、评价改革，倡导小组学习，构建学习共同体，探索实施简约、开放、自主、分享的教学方式；加快推进校本课程体系建设，校本课程体系已见雏形；同时，广泛开展各类主题教育实践活动和校园文化活动，努力为学生成长打好精神底色，有效增强了学生解决问题的能力和综合实践能力，培养了探究精神，为学生身心健康发展打好坚实基础。

大力推进教育均衡发展，促进教育公平

走进位于北岗台村的岗台小学，周边绿树参天，校园内鲜花争妍斗艳，各类体育设施齐全，教学楼宏伟壮观。学生宿舍都带有卫生间、淋浴室，标准化餐厅宽敞明亮，微机室、图书室、活动室等为学生提升自我创造了条件，每个班级的多媒体使课堂教学生动活泼，各类文体活动可以让孩子们尽情地展示自我。

阿鲁科尔沁旗大力推进教育均衡发展，中小学、幼儿园办学条件得到根本改善，城乡之间、各校之间的差距大大缩小。

阿鲁科尔沁旗紧紧抓住京蒙帮扶机遇，通过与北京原点教育深度合作，开展语文主题学习实验、跟岗学习和“手拉手”送教等活动，有效提升了学校管理水平和教育教学水平。重视教师培训工作，落实教师轮岗交流制度，进一步均衡师资力量，提高教育质量，让更多孩子在家门口享受优质教育。

阿鲁科尔沁旗岗台小学体育设施

深入推进内涵发展，提升教育质量

天山第二小学有一个很特别的英语学习场所——“英语岛”。“英语岛”由一个生态园和特意改建的几间欧式房屋组成，大门为英国的伦敦塔桥造型。岛上有两面艺术墙，一面是单词墙，一面是职业墙。岛上的生态园里设置了动物园、农场等多个教学情境，为学生提供了鲜活的学习资源。这就是阿鲁科尔沁旗在教育方面实施的“乡村学校绿色行动”之一的“建设绿色课程”。

“乡村学校绿色行动”包括八个方面，即繁殖花草树木、普种瓜果菜蔬、精养家禽家畜、学在绿色课堂、吃在绿色食堂、住在绿

乡村学校绿色行动

色宿舍、推行绿色阅读、建设绿色课程。“乡村学校绿色行动”积极践行陶行知“生活即教育、社会即学校、教学做合一”的教育思想，重塑学生灵魂，提升教育质量，有效推进了阿鲁科尔沁旗教育内涵发展。

加强“五个校园”建设，提升学校管理水平，以“平安校园”建设为抓手，深入落实“234510”安全管理体系，开展安全教育，做好各类安全隐患的防范工作，提高了学校的治安防控能力与应急能力。

以“生态校园”建设为重点，大力开展校园绿化工作，提升校园文化品位，优化育人环境。加强“法治校园”建设，完善教育管理制度，健全决策、执行、监督、评估、保障体系，以“一校一章程一规划”为核心，强化学校民主法治建设，实施学校发展性评价，推进现代学校制度建设，提升学校依法治校水平。推进“数字校园”建设，加强对“三通两平台”的建设与管理，实现了城镇、农村牧区学校百兆光纤全覆盖。稳步推进“人文校园”建设，积极推行“晨读、午诵、暮省”的教育方式和生活方式，为在校师生营造良好的教书育人环境。

（四）巴彦淖尔市乌拉特后旗：让义务教育走向“优质均衡”

教育是关乎每个孩子未来、关乎每个家庭幸福的最根本的民生。巴彦淖尔市乌拉特后旗全力保障教育资金落实到位，积极推进中小学基础设施建设，努力改善中小学办学条件，统筹协调各项资金，为全旗教育事业优质均衡发展提供了坚实保障。

苏木镇薄弱学校“大翻身”

呼和镇中心学校位于距离巴音宝力格镇近30公里的呼和温都尔镇。该校建校较早，2009年之前，仅有几排建于20世纪七八十年代的简陋破旧的平房，师资力量和学生基础比较差，条件十分艰苦。60余名教师在艰苦的环境中坚持教学，用心守护周边村民的希望。

近年来，乌拉特后旗委、旗政府以均衡发展为契机，加大校园建设力度，建起很多新教学楼。目前，呼和镇中心学校占地面积

呼和镇中心学校教学楼外景

38019 平方米，建筑面积 4456 平方米，绿化面积 830 平方米，体育用地面积 6000 平方米，发生了巨大的变化。如今，该校布局合理、美观大方、环境幽雅，是学生们理想的乐园。

该校教师感慨地说：“过去老师们是一支粉笔打天下，现如今各科老师不仅可以用电脑备课、制作漂亮的课件，随时可以在课堂上调出来使用，而且能够在多媒体教室里利用‘同频互动课堂’远程教学设备，以实时远程音视频互通的方式听市级、旗级名师课程。同学们还可以通过音视频向名师请教，乡村学校的学生也能享受到优质的教育资源。”

该校 2600 平方米的教学大楼内配有电脑、语音、图书、仪器、少先队、音乐、美术 7 个专业教室，大大丰富了学生的课余生活。

呼和镇中心学校的变化是乌拉特后旗中小学重建、改扩建工程的一个缩影。现在，走进乌拉特后旗各中小学校园，操场变成了塑胶操场，硬件设施日益完善，办学条件发生了翻天覆地的变化。

城区学校“展新颜”

乌拉特后旗蒙古族完全小学“儿童之家”里有两间充满温馨的房间。每到周末，蒙古族完全小学因为离家太远，没办法回家的学生会在这里留宿。“姥姥每隔两周来学校看望我，和我住在儿童之家。”4 年级的格根珠拉说。“儿童之家”成立后，每个不能回家的周末，格根珠拉都是在这个小小的房间里度过的。格根珠拉开心地说：“这个房间里有玩具，还有书本，老师还会陪我聊天，我感觉特别温暖。”

这个充满快乐的“儿童之家”不仅是住校的孩子们温馨的港湾，还丰富了学生们的课余生活。同学们可以在 16 间风格各异的功能教室里，按照兴趣挑选不同的课程学习。6 年级的南丁从小就十分喜欢蒙古象棋。“儿童之家”开设蒙古象棋课后，南丁第一时间就报了名。经过一学期的学习，南丁的棋艺有了很大的进步，还多次代表班级和学校参加比赛。

蒙古族完全小学 80% 的学生来自偏远的苏木镇，学生们因为离家远不能回家，一些经济拮据的家长甚至因为经济原因，不能时常来探望子女。2018 年，蒙古族完全小学与乌拉特后旗妇联、民政局共同投资 20 余万元，建起占地 700 平方米，包括“周末妈妈”亲情聊天室、心理健康辅导室、图书阅览室、电脑室、马头琴室等 16 间活动室的“儿童之家”，为贫困家庭的学生家长在周末到学校探望学生提供食宿，帮家长和学生解决后顾之忧，让学生在丰富多彩的活动中度过课余时间。

蒙古族完全小学“儿童之家”马头琴教室

义务教育优质均衡发展

近年来，乌拉特后旗加大资金投入，用于义务教育学校基础设施建设。

改善中小学教学和生活设备，按照“三通两平台”的建设要求，为各学校配备同频互动教室和录播教室，为各班级配备电脑、多媒体教学设备，有效利用各类教育资源服务平台。专用教室、教学实验设施、信息技术设备、音体美器材、图书资料及生活设施均达到中小学校办学条件标准，全面满足学生发展需求。

目前，乌拉特后旗所有学校已全部达到国家“20 条底线”要求。学校校舍安全，楼梯坚固耐用，各教室达到抗震设防标准，不存在 D 级危房；学校教室、实验室等教学用房室内采光充分，黑板配置标准，配备多媒体设备，做到了一人一桌一椅；学校设立了旗台旗杆，按时组织学生升降国旗，运动设施完备，每天组织学生开展体育活动，确保学生每天体育活动时间不少于 1 小时；学校及时更新图书，设立图书阅览室和图书角，进一步方便学生阅读。

寄宿制学校做到了寄宿生一人一床，并配备淋浴设施、开水设备，学校食堂的管理水平进一步提高；学校厕所均采用水冲式；校园监控全覆盖，关键区域安装报警装置，宿舍区配备急救箱；校园围墙、围栏齐全，消防设备充足，应急照明完善，疏散标志明显。农村学校和城区学校在教学设施设备等方面只有地域之别，没有品质之差，实现了义务教育均衡发展。

办好人民满意的教育

提高保障和改善民生水平，加强和创新社会治理，要优先发展教育事业。近年来，全旗 5 所中小学校均完成标准化建设任务，设施设备一应俱全，义务教育阶段学校办学条件极大改善，以优异成绩先后顺利通过自治区和国家“义务教育发展基本均衡旗”的评估认定。

我们坚信，乌拉特后旗义务教育的明天会更美好。

（五）乌兰察布市：“点亮”每一个孩子的求学梦

教育公平，民心所向。近年来，乌兰察布市以“办好人民满意的教育”为宗旨，把义务教育均衡发展作为教育发展的重中之重，大力改善乡镇中心校的办学条件，努力提高乡镇学校的教育质量，不仅让农村的孩子“上得起学”，还让他们“上好学”，“点亮”每一个孩子的求学梦。

狠抓薄弱环节，改善办学条件

卓资县后房子中心学校位于大榆树乡西壕欠村，始建于1953年。最近几年，学校有了翻天覆地的变化，过去破旧的校舍改头换面，修葺一新。2015年，市、县两级精神文明办批准筹建的“卓资县大榆树乡乡村少年宫”项目，让农村孩子的童年和城里孩子的童年一样五彩斑斓。

过去农村孩子的音乐、美术、体育教学是非常薄弱的环节，现在乡村少年宫有舞蹈、绘画、二胡、乒乓球、羽毛球、剪纸等艺术、文体课程，农村孩子也有机会参加各种培训班、兴趣班，也能充分享受艺体活动的快乐，有利于孩子们的全面发展。如今，和卓资县后房子中心学校一样，乌兰察布市各乡镇其他幼儿园、中小学学校的办学条件都得到极大的改善。

加快城乡幼儿园建设。乌兰察布市继续加大公办幼儿园建设力度，大大缓解了适龄儿童入园的压力。从完善乡村幼儿园基础设施、解决乡村幼儿园教师短缺问题、规范民办幼儿园办园行为等入手，全方面提升乡村幼儿园办园水平，切实解决贫困地区适龄儿童“入园难”的问题。

推进义务教育均衡发展。通过实施全面改善贫困地区义务教育薄弱学校办学条件、边远艰苦地区农村学校教师周转宿舍建设、中等职业教育基础能力建设、全市中小学塑胶运动场建设等项目，乡村中小学办学条件得到极大改善，校容校貌焕然一新。

为了让农村学校，特别是偏远地区的孩子共享优质教育资源，乌兰察布市还积极借力教育信息化缩小义务教育城乡差距，大力推进教育信息化建设，完善“三通两平台”及同频互动课堂建设。

卓资县幼儿园文体活动室

在红格尔图学校多媒体教室里，三年级的孩子们正在上英语课，他们通过数字教育资源系统收看自治区名校的教学视频。教学视频形象直观，能很好地激发孩子们的学习兴趣，各类教学课件成为老师们的“好帮手”。

落实资助政策，助推教育扶贫

刚开学的卓资县梨花镇中心学校，校园里枝繁叶茂，班级里干净整洁。课间时分，五年级的温丽娜正在和同学们玩游戏，脸上洋溢着幸福的微笑。作为贫困家庭的孩子，温丽娜和其他同学一样，努力学习，健康成长。

学生的素质，决定着一个地区发展的底子。可以说，打赢脱贫攻坚战的关键在教育脱贫。乌兰察布市坚持落实教育优先发展战略，把教育作为保障和改善民生的重要抓手，真金白银“硬投入”，构筑公平“软环境”，让教育成为精准扶贫的重要抓手。

从2016年起，乌兰察布市出台《乌兰察布市关于印发〈乌兰察布市发展教育脱贫一批工作实施办法（试行）〉的通知》，做好教育精准扶贫和学生资助工作。对建档立卡家庭且在校寄宿的学生补助生活费和交通费用，对全市8个贫困旗县义务教育阶段的学生实施营养改善计划。随着多项教育“红利”落地，越来越多的来自边远贫困地区的孩子享受到公平、优质的教育资源。

按照乌兰察布市委《进一步支持牧区加快发展的实施意见》，乌兰察布市财政每年安排370多万元专项资金，对蒙古语授课幼儿全年（按9个月计算）每人补助保育费和生活费3890元。同年，市财政安排专项资金，对农村幼儿园在园幼儿实施免收保育费政策；对义务教育阶段学生实行“两免两补”政策（即免收杂费、免费提供教科书，寄宿生补助生活费和住宿费）；在普通高中，实行

“免学费、免教科书”政策；在中等职业学校实行“免收学费、免费提供教科书，补助助学金和住宿费”政策，确保家庭经济困难中小学生安心完成学业；对当年考入大专院校的城乡低保家庭和孤儿学生进行资助，本科资助4万元，专科资助3万元，并在此基础上对家庭经济困难大学生提供开发银行信用资助贷款，做到“应贷尽贷”。各项因时、因地、因人的教育扶贫政策，努力斩断贫困代际，不让一个孩子输在“起跑线”上，不让一个家庭因学致贫。

提升教师素质，均衡师资力量

教师是立教之本，兴教之源。教育均衡发展，师资均衡是关键。近年来，乌兰察布市着力加强乡村教师队伍建设，不断提高教师专业素质和教师待遇，积极稳定乡村教师队伍，点燃了教师们的工作激情。

在保障教师待遇，尤其是乡村教师待遇方面，乌兰察布市认真执行农村学校教师补贴制度，提高农村教师待遇。

在教师配备上，优先满足农村学校和薄弱学校需要。面向乡村学校，公开招聘教师，同时与地方公费免费师范生签订用人协议，这些师范生毕业考核合格后会直接被分配到乡村学校任教。随着乡村教师队伍的建设，乡村学校教育教学质量进一步提高。

乌兰察布市还实施了乡村教师提升计划，市财政每年拿出100万元用于乡村教师的培养、培训。综合运用现代化教育信息设备，开展“同频互动”网上培训、网上研讨，促进乡村教师互动互学，乡村教师的教育教学能力进一步提升。通过京蒙对口帮扶对乡村教师进行培训，建立城镇学校对口帮扶乡村学校机制，逐渐形成教学资源共享、教学方法互补、教学成效显著的良好格局。

（六）锡林郭勒盟：春风化雨润桃李

锡林郭勒盟始终坚持教育优先均衡发展，以办好人民满意的教育为目标，坚持立德树人的根本任务，不断加大投入，稳步推进改革，全盟教育事业呈现出蓬勃发展的良好态势。

办好学前教育——答好“建设卷”

走进锡林幼儿园，几十名幼儿正在彩色塑胶操场上，随着欢快的音乐，跟着老师一起做运动，这样的场景为初冬时节的校园增添了不少活力。该幼儿园占地面积15594平方米，可容纳360名幼儿。园内有贴心的设计、优美的环境、齐全的设施，孩子们在这里不仅可以接受良好的教育，还能度过一段快乐的时光。

近年来，锡林郭勒盟通过新建（迁建、改扩建）公办幼儿园增加学位，有效解决了“入园难”“入园远”的问题。通过政府购买服务等方式考录幼儿园教师，进一步缓解了学前教育教师短缺的问题，幼儿园教师学历和资格持证上岗率逐步提升，幼儿园保教质量全面提升，杜绝了幼儿教育“小学化”倾向。

教育均衡发展——答好“质量卷”

走进锡林郭勒盟城乡牧区的各个学校，随处可见整齐的教学楼、宽敞明亮的教室、现代化的实验楼、干净整洁的塑胶跑道，师生们在这样优美的环境中工作学习……

这得益于锡林郭勒盟近年来以“全面改薄”为抓手，加大投入力度，完成全盟多所薄弱学校的改造任务，义务教育阶段农村牧区寄宿制学校办学条件得到极大改善，全部实现了办学条件标准化。

多伦县第二小学一年级学生整齐地坐在“智慧教室”里，老师

2022 年 4 月，多伦县第二小学教师用现代化“智慧黑板”为一年级学生上语文课

正在用现代化的“智慧黑板”给孩子们讲解课文《小鸭子和小公鸡》。孩子们盯着黑板，眼睛里闪烁着新奇的光芒。近年来，该盟教育信息化水平进一步提升，基本实现了数字校园全覆盖。

教师是立教之本、兴教之源，促进教育均衡优质发展，离不开师资队伍的均衡建设。锡林郭勒盟小学专任教师学历水平明显提高。完成中小学教师招聘、上岗工作，组织 2 万多人次参加盟级以上各类培训，加快推进中小学教师资格认定。加强乡村教师队伍建设，补充特岗教师，在教师培训、职称评审、评优评先等方面向乡村教师倾斜。

每个孩子都出彩——答好“公平卷”

职业教育已成为当今社会培养技术技能型人才的主要力量。刘志强于 2016 年毕业于锡林郭勒职业学院。毕业后，他用专业所学

锡林浩特市特殊教育学校的精细康复课程

回乡带领牧民科学养牛，脱贫致富。

近年来，锡林郭勒盟有序推进职业教育，加强与北京市昌平职业学校合作，实施领军校长、核心干部、骨干教师等 6 项人才培养工程；支持锡林郭勒职业学院发挥“一带二”帮扶作用，促进正镶白旗、镶黄旗两地职业教育发展；开设了 15 大类 100 个专业，锡林郭勒职教中心进入国家级示范学校行列，1 个专业被列入首批国家“1+X”试点学校。

让特殊教育融合发展。“十三五”以来，全盟新建了 19 个特殊教育资源教室和 4 个特殊教育资源中心，残疾儿童少年义务教育入学率达到 94.63%，较 2015 年提高 11.53 个百分点。

优化教育服务——答好“民生卷”

乌云格日乐是阿巴嘎旗查干淖尔镇查干淖尔嘎查的牧民。前几年，她的两个儿子先后考上大学。这本是高兴的事，但乌云格日乐却愁眉不展。

教育扶贫的春风让乌云格日乐看到了光明和希望。按照扶贫政策，她的两个儿子每人可获得 1 万元的资助，“泛海助学资金”还一次性给予每人 5000 元的资助，解决了一家人的大难题。

2016 年以来，锡林郭勒盟累计落实义务教育阶段家庭经济困难学生助学资金 1291 万元，惠及学生 48635 人次。同时，锡林郭勒盟还完善了从学前教育到高等教育的助学体系，落实各项学生资助政策，实现家庭经济困难学生资助全覆盖。

学前教育服务体系逐步完善、义务教育均衡发展巩固提高、高中阶段教育基本普及、民办教育健康发展、教师队伍建设有序推进、教育领域综合改革全面深化……站在新的起点上，锡林郭勒盟教育事业正以昂首跨越、蓬勃发展的姿态阔步前行。

（七）兴安盟：从“有学上”到“上好学”

兴安盟教育工作伴随着国家改革开放的步伐阔步向前，硕果累累，做到了人人都有学习途径、人人享有出彩机会，实现了从“有学上”到“上好学”的历史性跨越，学有所教、学有优教在兴安大地真正落到了实处。

加大基础设施建设力度，全面改善办学条件

兴安盟着力推动义务教育优质均衡发展，从以粉笔、黑板为主的传统教学手段，到逐渐使用电脑、电子白板、投影仪，再到现在的网络教学，教育逐步走向信息化、现代化。

走进科尔沁右翼前旗阿力得尔童乐幼儿园，你一定会被那傍山

童乐幼儿园教室

水、倚园林的美景吸引。该幼儿园从无到有，建园初期完全是自筹资金，租用 84 平方米的民房作为教室，只有 12 名幼儿，基本没有教学用具。从 2016 年起，通过银行贷款、国家教育支持，投资 380 万元的童乐幼儿园开始兴建。如今，幼儿园在园幼儿总数已达 300 余人，共设 12 个教学班，每个班都配备了电脑、电视机、VCD、电子琴等教学设施。

兴安盟以“三通两平台”建设为抓手，加大资金投入，用于教育信息化建设，搭建了教育城域网、云平台，实现了百兆光纤进校园。加大资金投入，重点建设数字书法教室、学生心理健康与安全教育演练活动室、有谱学情分析教室等。全盟 4343 个教学班（含教学点）配备了交互式多媒体白板教学系统，同频互动课堂已覆盖全盟 257 所学校，12 所学校的同频互动课堂已与全区联网。数字化探究流动实验室（车）开始在全盟各旗县市巡回运行。全盟30所中小学78个班级的3403名中小学生开展了pad平板教学试点并逐步普及，努力实现“网络学习空间人人通”。

补齐教育短板，各级各类教育稳步发展

近年来，兴安盟各级各类教育都有了突飞猛进的发展。

兴安盟大力发展公办幼儿园，全盟学前教育资源总量有了很大的增长，农村牧区办园条件有了极大的改善，基本形成了以城镇幼儿园为骨干，以苏木乡镇中心幼儿园为核心，以嘎查村幼儿园为基础，以社会力量办园为补充的学前教育服务体系。

职业教育发展取得显著成效。全盟有国家中等职业教育改革发展示范校1所，国家级重点中等职业学校2所，区级重点中等职业学校3所。充分发挥中等职业学校作用，每年开展农村劳动力转移培训（1.5万人次），农村实用技术培训（4.5万人次），城镇职工上岗、转岗培训（6万人次）。在一些国家级、自治区级中等职业学校技能大赛上，兴安盟获奖选手数量稳居全区前列。

加大教师培训力度，师资队伍素质不断提高

兴安盟不断加大教师培训力度，教师整体专业水平进一步提高。

建立教师补充机制，制定《兴安盟中小学名师工程实施方案(2015—2020年)》，评选盟级教学能手、盟级学科带头人、骨干教师、兴安盟名师等，让优秀教育人才脱颖而出。通过绿色通道引进高层次人才，连续开展优秀教师和优秀教育工作者评选表彰活动。建立中小学教师师德评价机制和监督机制，落实国家“三区”人才实施计划和集中连片特困地区乡村教师补助政策。全面实行校长聘任制，加大对校长的考核力度，具有现代教育理论和先进管理理念、懂教育、会管理的校长队伍和结构基本合理、素质较高的专业化教师队伍基本形成。

（八）呼伦贝尔市：筑牢教育均衡发展基石

“崭新的校舍、绿草如茵的运动场、现代化的多媒体教室，这几年校园里发生了很大的变化。”“现在‘大班额’问题逐渐解决了，都是小班教学，教师的精力能更多地分到学生身上。”……无论在城镇还是在农村、牧区，孩子们幸福的笑脸、老百姓越来越强的幸福感，就是呼伦贝尔市教育改革发展成就最直观、最生动的体现。

教育是民生之基，关乎千家万户。为满足人民群众对优质教育资源的需求，近年来，呼伦贝尔市认真贯彻落实国家的方针政策，通过加大教育投入、科学调整布局、整合优化教育资源、加快推进项目建设，不断改善办学条件，提升办学水平，努力让每一个孩子好上学、上好学。

扩大学前教育供给，有效破解“入园难”问题

“我们这一片是棚户区改造过来的，原来没有幼儿园，在这附近上学特别困难。现在第四幼儿园成立了，我们家长的心病也消除了。”海拉尔区第四幼儿园正式开园那天，看着孩子们走进环境优美的校园，有学生家长感慨道。

据了解，海拉尔区第四幼儿园占地面积约 2 万平方米，建筑面积约 1.1 万平方米。该园空间布局合理，基础设施齐全，有安全舒适的学习环境和生活环境。目前，该园共设有 18 个班级活动室、8 个功能活动室，能够满足 500 余名幼儿同时入园。作为棚改配套项

目，第四幼儿园把优质的教育资源带给周边的居民，在很大程度上解决了周边居民孩子入园难、入园贵的问题。

作为学校教育的奠基阶段，学前教育对人一生的发展有着深远的影响。近年来，呼伦贝尔市多措并举提升普惠性学前教育资源供给，提高公办园在园幼儿占比，让孩子们在“好入园”的同时“入好园”，让百姓共享看得见的社会发展红利，实现“幼有所育”，

海拉尔区第四幼儿园

进一步增强百姓的幸福感、获得感。

改扩建中小学，和“大班额”说再见

走进海拉尔区新海小学贝尔校区，幽静典雅的校园环境、整洁肃穆的教学大楼、宽阔平坦的体育场馆、明亮宽敞的学生教室以及各具特色的功能教室让人眼前一亮。该校区于2020年8月投入使用，目前由新海小学统一管理。

贝尔校区的操场

新海小学始建于2011年，建校之初有7个教学班、180名学生、28名教师，经过十多年的发展，现有38个教学班、2000多名学生、100多名教师，学校面临着很大的办学压力。学校的一些功能室也变成了教室，优质教育资源不断流失。为从根本上解决“大班额”问题，切实保障师生身心健康，大力推进素质教育，提高教学质量，呼伦贝尔市和海拉尔区两级采用PPP模式建设了贝尔校区。

贝尔校区建成投入使用后，缓解了新海小学的办学压力，功能室得到恢复。2020年9月11日，一二年级的17个教学班，近千名学生顺利进入贝尔校区，享受优质的教育资源。目前，贝尔校区全部建设完成，教学楼、体育馆、操场的各类教学设备均已备齐。为丰富学生的课余生活，贝尔校区还开设了柔韧操、巴克球、茶艺等丰富多彩的社团课，设置了国学读书室、借阅室等富有特色的教室，极大地激发了学生的学习兴趣。

改善办学条件，提升高中教育教学质量

随着高中教育资源需求量不断增加，呼伦贝尔市不少高中学校在政府的大力支持下实施改扩建工程，校园面貌焕然一新的同时，办学能力进一步提升。

2020年底，海拉尔区第三中学师生2300余人喜迁新址。在两级党委、政府及各部门的大力支持下，投资5000多万元的海拉尔区第三中学新校址改造工程完工，学校实行吃、住、学一体化封闭式管理，增加高中段学生人数，加强教育教学，努力提高一本上线率，提升学校的知名度和美誉度。

海拉尔区第三中学搬入新校址后，彻底解决了以往南校北校分开管理难度大的问题，彻底改善了学校的办学环境，充分满足了学生全面发展和教师素质提升的需求。

除此之外，占地面积近 20 万平方米的海拉尔第二中学新校区于 2019 年 8 月投入使用。新校区顺应新高考改革的要求，设置了美育及心理健康等功能教室，满足了莘莘学子对优质教育的期盼。此外，海拉尔第一中学的移址新建和民族少年宫项目的建设，也体现了呼伦贝尔市对教育事业的高度重视。

加强师资队伍建设，均衡配置教师资源

教师是立教之本、兴教之源。近年来，呼伦贝尔市统筹考虑教育资源现状、城区发展以及人口变动趋势等因素，积极采取有效措施，不断加大学校建设力度，有力推动了优质教育的均衡发展。增

海拉尔区新教师岗前培训

“量”的同时，还需提“质”，抓好师资队伍建设是提高教育质量的保障。为保障教育事业持续健康发展，呼伦贝尔市不断加强教师队伍建设，着力提升教育水平。

呼伦贝尔市面向社会公开招聘中小学幼儿园教师，不断加大教师培训力度，通过“国培”“省培”“市培”“县培”“校本”等各级各类培训，不断提升教师政治觉悟、人文素养、教育实践能力等。

让每个孩子都能享受到公平优质的教育，是民之所盼。呼伦贝尔市始终以办好人民满意的教育为目标，坚持教育优先发展，着力强投入、优布局、拓内涵、求提升，努力办好每一所学校，力促教育优质均衡发展，使每一个孩子都能享受均等化的教育服务、接受更有质量的教育。

四、病有所医　共享健康

“十四五”期间要坚持人民至上、生命至上，继续深化医药卫生体制改革，增加医疗资源，优化区域城乡布局，做到大病不出省，一般病在市县解决，日常疾病在基层解决，为人民健康提供可靠保障。

——2021 年 3 月 23 日，习近平在福建省三明市沙县总医院考察时强调

用全民健康托举百姓幸福生活

党的十八大以来，内蒙古自治区党委、政府把全区各族人民健康放在优先发展的战略地位，我区重点传染病和地方病得到全面有效控制，医疗卫生服务能力和服务水平显著提升，全区人民健康水平大幅度提升，“健康内蒙古”建设稳步推进，健康红利不断释放。

推进基层医疗服务体系建设

全面提升旗县医院服务能力。指导三级医院与旗县医院签订帮扶协议。扎实推进医联体建设，覆盖全部三级医院。推进紧密型县

域医共体建设，推动县域内医疗资源整合共享。

实施旗县卫生院（室）“清零达标”行动。对全区范围内未达标的嘎查村卫生室进行标准化建设，实现了“设置规范化、设施标准化、管理规范化、服务便民化”。实施国家医疗卫生机构能力建设项目。利用线上培训系统对苏木乡镇卫生院、社区卫生服务中心的业务技术人员开展常态化培训。

打造固定与流动相结合的乡村医疗卫生服务体系。集中推进全区非苏木乡镇卫生院所在地、未达标的嘎查村卫生室建设。在不适合设立固定嘎查村卫生室的地方建立流动医疗卫生工作站，提供流动服务车+“小药箱”的基本医疗卫生信息化服务。

加强远程医疗+信息化建设。为旗县医院及中心卫生院配备全自动生化分析仪、彩超等信息化设备。搭建“预约挂号、云诊室、基层检查、上级诊断”的互联网远程医疗服务系统，在全区二级以上医院提供互联互通远程医疗服务并逐步向基层卫生院延伸。充分利用京蒙对口帮扶契机，与北京帮扶三级医院建立“点对点”的远程医疗系统，开展远程教育、诊断、会诊等医疗服务活动。

坚持精准施策，全力推进大病慢病分类救治

实施大病专项救治。到2020年，救治病种已增至30种。按照定临床路径、定救治医院、定单病种费用、定报销和救助比例，加强医疗质量管理、加强责任落实的“四定两加强”救治原则实施集中救治，救治率达99.99%，实现了动态化应治尽治。

规范化落实慢病签约服务管理。慢病患者签约享受家庭医生服务，实现了常态化应签尽签。重点为高血压、糖尿病、结核病、严重精神障碍4种慢病患者提供规范管理和健康服务，为脑血管疾病、冠心病、慢性阻塞性肺气肿、类风湿性关节炎、关节病（髓、膝）、重型老年慢性支气管炎6类患者提供有针对性的健康教育处方。

各旗县探索建立了基本医保、大病保险、商业健康补充保险、医疗救助、大病保障基金等多重保障机制，住院医疗费用自付比例仅为15%左右。县域内定点医疗机构住院实行“先诊疗后付费”和“一站式”结算。

实施健康扶贫防病行动，推动关口前移

预防是最经济、最有效的健康策略。深入推进传染病防控攻坚、免疫规划管理、慢性病地方病综合防治、严重精神障碍服务管理巩固提高、疾控能力提升和标准化建设、全民健康素养促进6大专项攻坚行动，建立健康危险因素防控长效机制，疾病预防控制能力明显提升，全区疾病预防控制工作综合评价在全国位居前列。

（一）呼伦贝尔市新巴尔虎左旗：小药箱插上信息化翅膀

新巴尔虎左旗位于呼伦贝尔市西部，是一个边境牧业旗，这里地广人稀，牧民看个常见病，常常得骑摩托或骑马奔波几十甚至上百公里，贫困人口就医出行难、成本高的问题异常突出。面对这样的现状，新巴尔虎左旗扎实推进健康扶贫，在全国首创“健康保障小药箱进牧户”工程，并在此基础上以“小药箱＋家庭医生＋互联网”的服务模式，探索解决偏远牧区贫困人口看病就医难的问题。

早在2011年6月，新巴尔虎左旗就开始为当地牧民群众发放小药箱，箱内有医疗用品、个人常用基本药物、家庭签约承诺书、

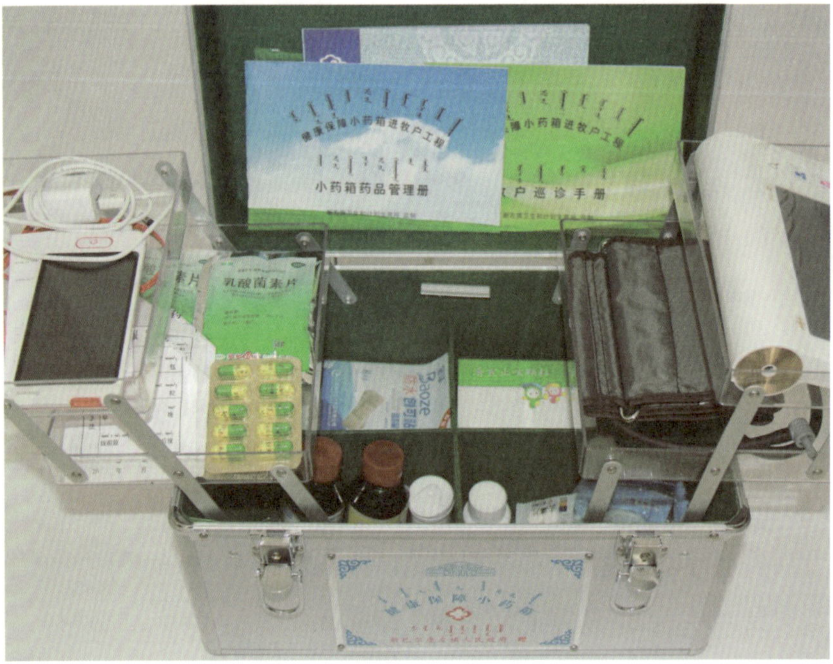

第四代小药箱附带具有数据传输功能的电子血压计、血糖仪

健康教育宣传手册等，有效解决了边远贫困地区健康扶贫惠民政策无法到户的难题。

小药箱在服务内容上不断推陈出新，到 2017 年已推出第四代。作为“小药箱＋家庭医生＋互联网”的载体，第四代小药箱为高血压、糖尿病患者准备了带有数据传输功能的电子血压计和血糖仪，可将慢性病患者自我监测数据同步传输到百里之外的家庭责任医生管理信息平台和手机微信上，让医生及时掌握患者病情的变化，调整用药，建立起基于实时数据传输的慢性病管理模式。

年逾古稀的牧民占其布道尔吉是第四代小药箱的首批受益人，他是一名高血压患者，家住新宝力格苏木芒来嘎查，距离卫生院 15 公里。在小药箱未升级到第四代之前，家庭医生要给他测血压，

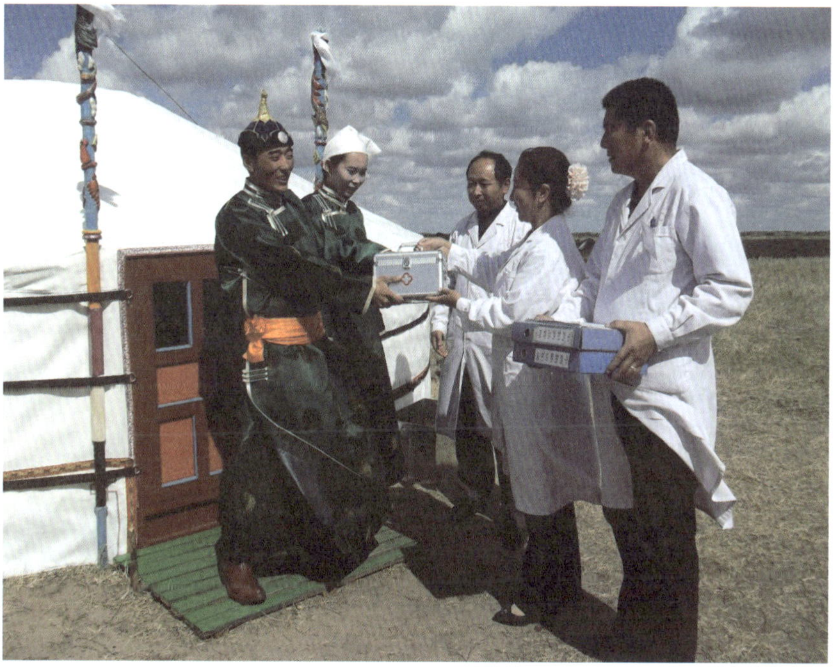

新巴尔虎左旗乌布尔宝力格苏木中心卫生院工作人员在萨如拉扎木图嘎查发放小药箱

只能驱车到他家，或者他在家人陪同下到卫生院。现在，老人只需远程操作电子血压计上传数据即可，家人也能通过这些数据实时掌握老人的身体状况。

由于家庭医生干预及时，占其布道尔吉老人的血压从之前的每次复诊波动很大，变为现在的越来越平稳。“自从有了这个电子血压计，我每天都测量血压，按时吃药，再也不会手忙脚乱了。”一次电话随访中，老人开心地对家庭医生说。

按照“不漏嘎查、不漏户、不漏人”的工作要求，新巴尔虎左旗将建档立卡贫困人口全部纳入小药箱随访服务范围，利用 10 辆医疗卫生流动服务车，至少每季度为贫困人口上门提供一次巡诊服

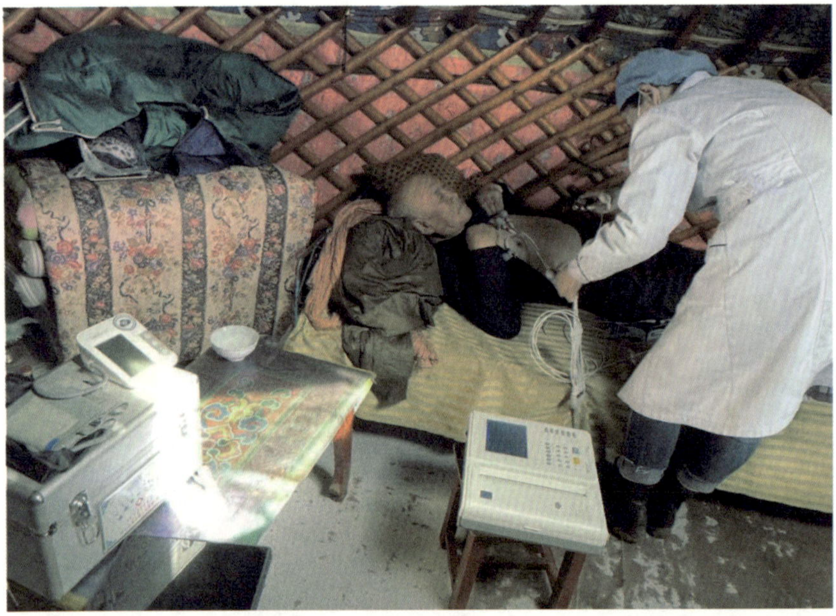

新巴尔虎左旗新宝力格苏木呼吉日诺尔卫生院家庭医生入户为牧民体检

务，做到早预防、早治疗、早康复。全旗 10 个基层卫生机构组建了 17 个家庭责任医生团队，通过划分责任嘎查、责任社区，签订服务协议书，建立健康扶贫专项档案，为因病致贫、重度失能人员开设家庭病床等措施，为贫困群众提供近距离、高频次的健康服务。除了为辖区内的贫困人口提供门诊服务，家庭医生还协助需要住院的大病、重病患者办理住院、转诊等手续。家庭医生签约团队还以嘎查为单位建立慢病患者微信群，经常性开展健康教育，为牧民和贫困人口建立起“健康热线”。2018 年 2 月，新宝力格苏木中心卫生院家庭医生团队作为自治区唯一参选团队，荣获“全国优秀家庭医生团队”荣誉称号。

“小药箱”作为向农牧民群众提供的实物化公共卫生产品，成为开展基层医疗卫生服务的有效载体，特别是“小药箱＋家庭医生＋

互联网”服务模式的推广，使贫困人口健康服务体验不断优化、健康扶贫满意度持续提升。插上信息化翅膀的“小药箱”，已成为蒙古包里的“健康管家”。

（二）呼和浩特市：专家坐诊家门口　就医看病不再愁

“朱大夫，我老毛病又犯了，想再开服药调理一下。”呼和浩特市赛罕区舍必崖村的任大爷一大早就来到了太平庄中心卫生院复诊开药。任大爷患有慢性支气管炎，一变天就容易犯病。“以前去大医院挂号特别麻烦，需要早早起来出门不说，还担心去了挂不上

赛罕区社区卫生服务中心的医务人员向群众介绍家庭医生签约服务相关情况并开展义诊活动

内蒙古航天医院中医科专家朱静伟为村民看病

号。现在好了，专家都来家门口了，只要从微信上一沟通，家门口就把病看了，省时又省钱。”任大爷高兴地说。

每到周四，内蒙古航天医院中医科专家朱静伟会早早来到赛罕区太平庄中心卫生院为村民们把脉问诊。“自 2017 年 6 月县域医共体成立之后，医院每周都会派专家过来出诊。”朱静伟说，“刚开始病人不多，大家一有病还是都往市里跑。现在知道的人多了，很多村民得了病就来卫生院了，看病方便花钱还少。”

赛罕区太平庄中心卫生院院长介绍：“医共体的设立，推动了优质医疗资源向基层延伸，深受老百姓的好评。我们不仅与内蒙古航天医院、赛罕区医院成立了医共体，还与内蒙古人民医院成立了医联体，设立了心血管内科、心血管外科、胃肠外科、泌尿外科和呼吸科 5 个科室。优质医疗资源精准下沉，实现了医疗资源、设备、技术共享，使基层医疗机构服务能力逐步提升，也为基层群众享受高层次医疗服务提供了便利。”卫生院还开展了以远程影像会诊、远程临床会诊、远程超声会诊、远程心电会诊、远程医学教育等为主要内容的远程医疗服务和双向转诊服务，在方便患者就医的同时，加强了各级医疗机构的合作交流，提升了医疗技术水平。

呼和浩特市结合医疗资源布局，充分考虑医疗机构功能定位、服务能力、专科优势等因素，构建了以医疗集团、医共体、专科联盟、远程医疗协作、托管联合体、高层医疗协同体为主的医联体模式，共建成医疗集团4个、专科联盟43个、高层医疗协同体38个、医共体10个、紧密托管医联体10个。家庭医生签约服务工作也全面推开。

近年来，呼和浩特市立足解决人民群众看病难、看病贵问题，不断深化医药卫生体制改革，统筹推进深化医改与疾病预防相关工作，扎实推动医疗、医保、医药联动改革，为维护人民生命安全和身体健康提供了有力保障。

（三）内蒙古人民医院："5G网络＋远程医疗"让农牧民看病更有"医"靠

2021年6月30日至7月1日，内蒙古人民医院与锡林郭勒盟中心医院、额济纳旗人民医院实现了5G远程会诊、超声指导、查房等远程诊疗医疗操作。这是内蒙古人民医院远程医疗中心首个依托5G技术实现远端医疗专家指导基层医院实施跨地域医疗诊治的案例。

内蒙古广大牧区地理位置偏远、医疗资源有限，牧民群众难以便捷地享受高质量医疗服务，这成为牧区医院面临的一大难题。如今，通过内蒙古移动构建的区、市、县、镇四级5G医疗专网，远

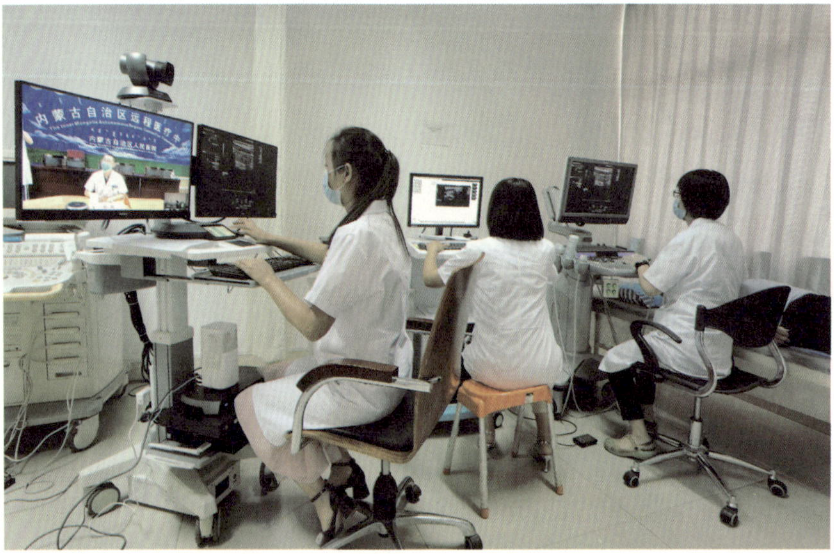

远程诊疗

程会诊、远程超声、远程查房等在广大牧区成为现实。

2021年6月30日上午10点，在内蒙古人民医院远程医疗中心，感染科主任通过内蒙古移动5G网络连线锡林郭勒盟中心医院，对一名持续发热的患者进行会诊并提出诊疗建议，还帮助基层医院制定了下一步治疗方案。

7月1日上午11点，在内蒙古人民医院超声医学科孙跃医师的实时指导下，额济纳旗人民医院超声科顺利为患有甲状腺结节的患者完成诊断，准确判断了结节大小与性质。下午4点，远程医疗中心再次利用内蒙古移动5G网络连线额济纳旗人民医院，内蒙古人民医院干部保健所十九病区副主任高丽、影像医学科主任柴军等多位专家组成的团队通过移动远程会诊台车实时连线内科病房进行查房，并指导当地医生如何正确地进行超声操作。

“画质非常清晰，全程高速、无延迟的5G网络信号让我们有

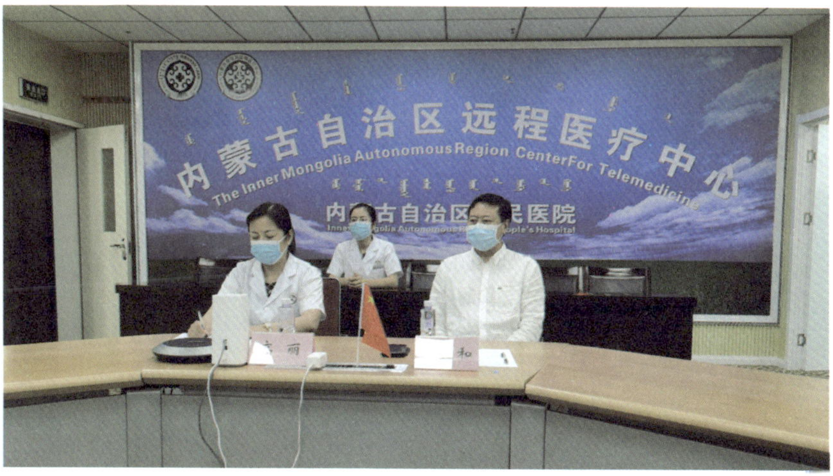

内蒙古自治区远程医疗中心

了新的感知，这在以前是没有体验过的。”内蒙古人民医院远程医疗中心副主任苏日娜有感而发。

通过内蒙古移动大带宽、低时延的 5G 网络，专家团队可以动态实时访问患者即时数据和历史诊疗数据，能够实时了解病人情况，足不出户即可“面对面”问诊并做出精准诊疗，有效提升了远程会诊系统的诊断准确率和医疗指导效率，带来了全新的诊疗体验。

（四）兴安盟：不让“病根”变“穷根”

“奔波几百里，排队三小时，看病三分钟”，曾是兴安盟老百姓看病的真实写照。因病致贫、因病返贫一度成为脱贫攻坚战中最难啃的“硬骨头”。“十三五”以来，兴安盟围绕让全盟贫困人口“看得起病、看得好病、方便看病、尽量少生病”的目标深化医改，优化医疗卫生资源布局，提升医疗服务水平，使健康扶贫各项政策措施落到实处。

家住兴安盟突泉县水泉镇联合村的迟广发、刘景芳夫妇是医院的“常客”，一年最少要住五六次院。“以前真是不敢生病，一住院就是一大笔钱。”想起曾经没钱看病的日子，刘景芳心有余悸。那一年，迟广发、刘景芳夫妇先后被确诊为直肠癌和子宫内膜癌，高额的医疗费让老两口产生了放弃就医的想法。愁眉不展之时，健康扶贫的春风吹进了家门，老两口相继做了手术，还签约了家庭医生。刘景芳算了一笔账，她和老伴的医疗费累计 12.2 万元，享受健康扶贫政策报销 10.5 万元，报销比例近 90%。“要不是有健康扶贫政策，这手术我们肯定做不起，我和老伴能不能活到今天都不一定。”刘景芳感激地说。

重病兜底保障仅是兴安盟健康扶贫的举措之一。近年来，兴安盟推出县域内贫困人口住院“先诊疗、后付费”和一站式结算政策；落实“一提高、一降低”基本医疗保险倾斜政策；对大病集中救治患者给予兜底保障；深入推进“三个一批”行动计划，大病集中救治病种扩大到31种；对建档立卡贫困人口，优先落实签约服务，提供慢病管理服务，对患有高血压、糖尿病、肺结核、严重精神障碍4种慢性病的患者定期进行随访，为其提供慢病规范服药指导、用药效果检查、健康扶贫政策宣传和规范就医指导等服务。

2020年底，兴安盟蒙医院名蒙医义诊团队深入科尔沁右翼前旗部分地区开展“解民忧 做什么”和“健康地摊”义诊宣教活动。义诊中，兴安盟蒙医院专家通过蒙医搭脉，心电、彩超筛查，测血压、血糖等方式为群众诊断常见病，并根据诊断结果指导用药，对

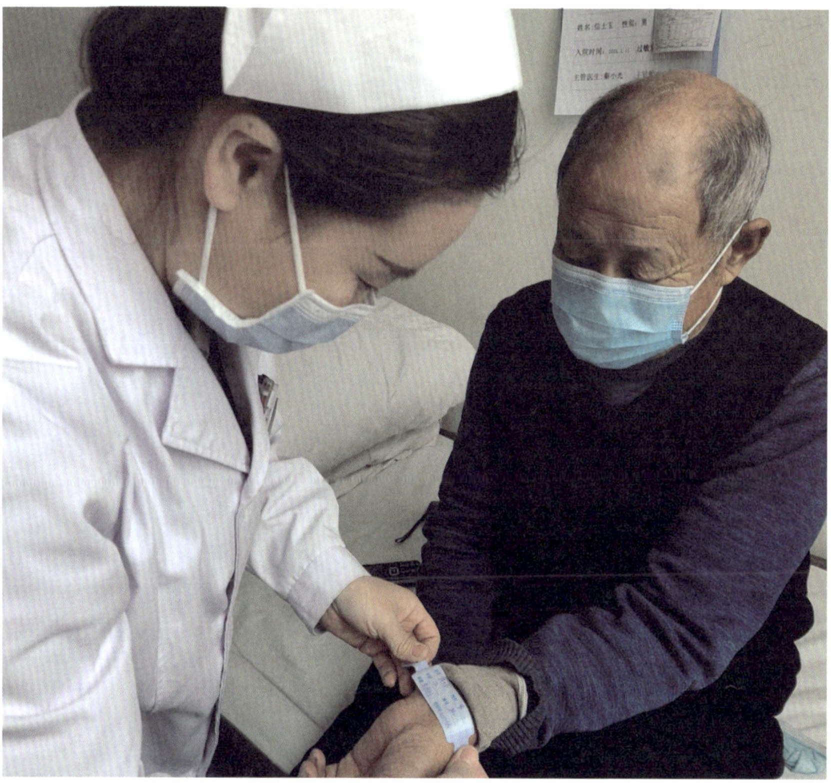

病有所医

群众有关健康方面的咨询，现场进行解答。家住兴安盟科尔沁右翼前旗科尔沁镇的李金华在一次义诊中检查出高血压，义诊医生给他提供了合理的医疗和日常保健建议。“我现在血压控制得很稳定，并按照医生给的建议安排日常生活。”李金华说。

与此同时，兴安盟加快推进盟蒙医院和盟传染病医院等一批盟直医疗卫生单位重点项目，完成 6 个旗县市部分公立医院建设项目，实施“清零达标”，改扩建卫生院 56 个、建设标准化卫生室 787 个。如今，兴安盟正朝着小病不出村、一般疾病不出乡镇、大病基本不出盟的目标努力。“十三五”期间，兴安盟因病致贫的 6.67 万人全部脱贫。

（五）锡林郭勒盟多伦县：基层卫生院托起百姓稳稳的幸福

近年来，锡林郭勒盟多伦县医疗卫生事业快速发展，县级医

多伦县蔡木山乡一家河卫生院

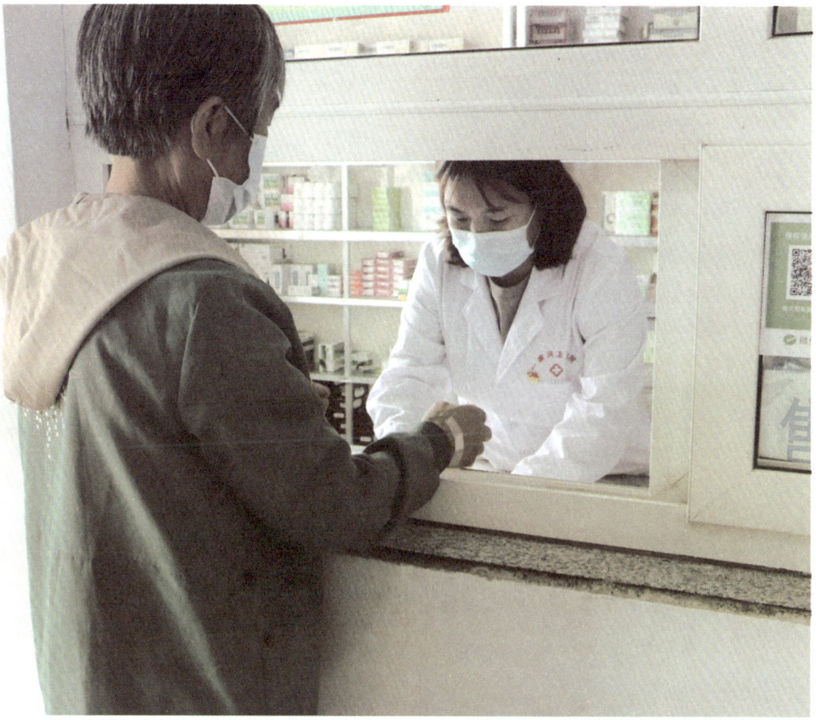

一家河卫生院药剂师正在为患者备药

院、乡镇卫生院、村卫生室的硬件设备和诊疗水平有了质的飞跃，现代设备普遍替代了以往基层医疗卫生机构的“老三样”，真正实现了用全民健康托起全面小康。

走进一家河卫生院，映入眼帘的是干净整洁的导医台，卫生宣传标语、就诊流程、卫生院相关制度、中医养生小知识随处可见，就诊室内崭新的设备已投入使用。“以前看感冒都要往县城跑，一跑就是一天，费时费力又费钱。现在不用了，卫生院就能看，医院里有的设备，卫生院也慢慢有了，医生的水平也越来越高，可方便了。”前来就诊的季克学说。2019 年，多伦县争取自治区财政专项扶贫资金 233 万元用于“清零达标”设备采购，一家河卫生院就是

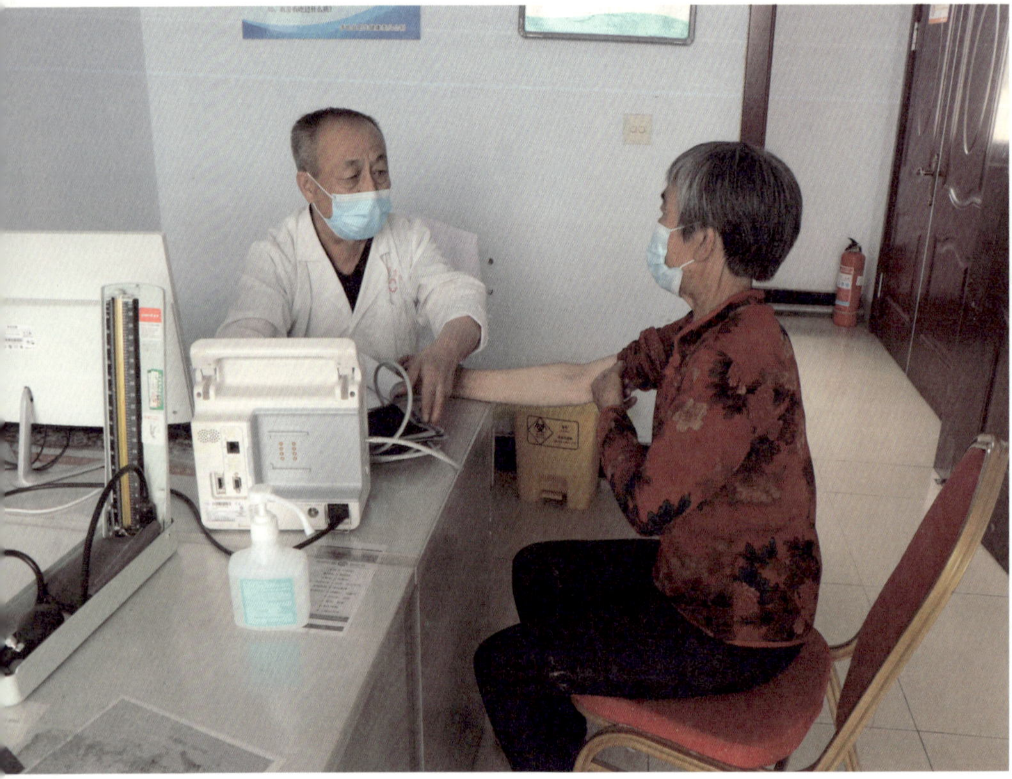

一家河卫生院医生王占岐正在为患者测量血压

受益者之一。

一家河卫生院医生王占岐介绍，以前在乡村两级卫生院看病就是“老三样”——听诊器、血压计、体温表，药品奇缺，柜子里只有些常备药，诊疗范围十分有限。从医40余年，他经历了基层医疗从低水平发展到高水平。他表示，自己过去做梦也想不到卫生院能有现在的医疗条件。

从破旧简陋的乡镇卫生院到功能齐全的标准化卫生院，从经验不足的乡村医生到骨干医疗团队医生驻点坐诊，近年来，多伦县不断加强卫生院、卫生室标准化建设及配套设施建设，提升基层卫生院的公共卫生服务能力。加上有了城乡医保统筹，老百姓的药费和诊疗费负担大大减轻。一家河卫生院和多伦县人民医院是医共体协作关系，一家河卫生院一些大病、重病患者可以通过绿色通道直接到多伦县人民医院。现在，来卫生院就诊的主要是高血压、糖尿病、慢阻肺、关节病、心脑血管疾病等慢性病患者，这些患者在卫生院定期随访、检查、治疗。

没有全民健康，就没有全面小康。这一点，多伦县的老百姓感受颇深。全县居民实现了“小病不出村、大病不出县”，在家门口就能享受全方位的健康服务。

（六）乌兰察布市：村里有了卫生室　群众看病不再难

2015 年 9 月，内蒙古自治区斥资 1.49 亿元建设的第一批 2102 个嘎查村标准化卫生室全部竣工并投入使用，乌兰察布市察哈尔右翼前旗平地泉镇南村卫生室就是其中的一个。该卫生室有独立的诊察室、治疗室、药房，有锅炉房和卫生间，室内举架高度 3 米，卫生室外有密闭的医疗垃圾临时存放设施。村里有了标准化卫生室，村民告别了在炕头打针输液的日子。

“10 元的药费只需要给 3 元，现场报销 7 元；8 元的门诊费能报销 6 元，还包括输液器、针管。”察哈尔右翼前旗平地泉镇花村村民宋福利说。据介绍，察哈尔右翼前旗是改革试点旗县，新农合参合患者可以在村卫生室直接报销 70%。

为保证村卫生室基本药物供给，村卫生室每月两次与乡镇卫生院同时补药。通过网络，对于个别缺少的药物，村卫生室医生可提

平地泉镇南村卫生室

前选择替代药品，这样既能保证卫生室药品及时供应，又避免了药品积压。为了让村级门诊报销更加顺畅，察哈尔右翼前旗成立了由新农合管理专家与财务专家组成的核查组，村级报销药品费用直接与配送企业结算，多退少补。农合基金不再经村医之手给配送企业，既盘活了基金，又激发了配送企业的积极性。

为了进一步稳定村医队伍，当地政府还专门出钱给村医上了“双保险”。从2015年起，乌兰察布市作为内蒙古自治区首个为村医集体购买保险的盟市，每年为每个嘎查村卫生室增加3000元定

平地泉镇南村卫生室大夫为村民测量血压

额补助，用于购买保险和支付水、电、暖、网络运行、人员外出巡诊交通补贴等日常开支。其中，1110 元用于购买保险。保险分医疗责任保险和医护人员意外伤害保险，主要为发生医疗纠纷时减轻村医负担。目前，乌兰察布市医疗责任保险投保医疗机构有 1504 家，村医意外伤害保险投保 1966 人，覆盖了所有村医。

卓资县复兴乡罗家营村委会西大同营村村医赵永红毕业于乌兰察布市卫校，今年 35 岁。他算了一笔账：他所在的村卫生室服务人口共计 1054 人，除政府每年补助的 8000 元外，今年又新增加

3000 元，一般诊疗费年收入大概是 9000 元，基本公共卫生服务经费补助为 16228 元，药品零差率补助为 4216 元，这些费用按季度结算，除去保险费用，他预计年收入是 43609 元，平均每个月是 3634 元。“工资都赶上白领了，尤其是上了‘双保险’后，我们心里更踏实了。”赵永红笑着说。

在当地农村，村医很受人爱戴，年底吃杀猪菜是一定要请村医的。“有这知根知底的信任，加上大家都看到了村卫生室的变化，现在很多在大医院就诊的患者，愿意带药或处方回来在村卫生室治疗。”南村卫生室医生郭永胜说。

（七）巴彦淖尔市：均衡医疗资源　解决看病难问题

从医师助理服务到医疗资源全面均衡、从大幅降低药价到医药收入脱钩、从急危重症救治到医疗健康服务……作为全国三甲医院的巴彦淖尔市医院自 2017 年全面推行医改以来，创新医疗服务模式，打破“以药补医”格局，减轻患者就医负担，提升群众就医体验，切实解决群众看病难、看病贵问题。

医疗资源均衡

“您患有高血压几年了，目前服用哪些药，血压降到正常了吗？”在巴彦淖尔市医院门诊大厅全科医师窗口，72 岁的武桂芬老人原本要挂号找医生开药，全科医师询问相关病史等情况后，很快就给她开了药。“全科医师窗口不用挂号就能开药，真是省时又省事。”武大娘高兴地说。

全科医师窗口主要集中在门诊一楼大厅等区域，工作时间为上午7时30分至下午6时，不仅为就医群众提供预诊、检查开单等服务，还能根据患者的病情精确分诊、预约相关专家，实现分级诊疗。

巴彦淖尔市医院于2017年4月起设立全科医师窗口，设置医师助理服务台，为患者提供检查开单、精确分诊、预约专家等服务，切实解决挂号排队、看病等候、取药排队时间长和医生问诊时间短的“三长一短”问题。

在提供医帅助理服务的基础上，医院优化预约挂号和专家诊疗流程，推出分时段预约诊疗服务，合理管控专家号源和诊疗时间，专家诊疗时间分别设定为30、20、10分钟三个档，群众可通过微信等6种网上预约方式挂号。分时段、分级诊疗既保证患者能够与医生充分沟通，又提高了医疗资源的利用效果，医生能将更多的精力用于诊疗疑难危重症患者。

药品与医院收入脱钩

为实实在在减轻群众就医负担，巴彦淖尔市医院实施一系列改革，从源头切断灰色利益链条，打破“以药补医”格局，惠及广大群众。

2017年3月至2018年3月，药品与医院收入彻底脱钩，原65家药品供货商减少至6家；淘汰临床辅助用药及非治疗性用药；没有降价且年采购量较大的8种药品，停止或限量使用。截至2020年1月，医院药品目录数是959个，除不需要议价的药品外，共有590个药品降价，其中降幅在15%以上的有167个。

该医院过去在采购、使用药品过程中往往遇到仓储投资较大、占用流动资金多、核销过期药品损失大等问题，而在与华润公司合作建立医联体后，医院二次议价低于自治区药采平台价格的药品由华润公司统一配送。同时，华润公司不仅承担医院每年约 30 万元的药品过期损失费，每年还向医院支付 20 万元的仓储租赁费用。这样一来，仅此一项，医院的人力成本每年就可节约 50 万元，实现节本增效近 100 万元。

巴彦淖尔市医院坚决切断“以药补医”利益链，药价虚高问题得到有效解决，医疗成本明显降低。2017 年，患者门诊、住院费用降幅分别达 32.5%、16.7%。2018 年至 2019 年，医院为就医群众节省药费 2.5 亿元。

从 2019 年 12 月 26 日起，医疗机构正式执行国家“4+7”药品扩围采购，中选的 25 个药品价格下降，巴彦淖尔市医院在国家扩围采购价基础上，继续给老百姓 3% 的优惠。例如，硫酸氢氯吡格雷片，原价 112 元/盒，扩围价 17.81 元/盒，医院售价 17.27 元/盒。

医院通过医联体带量采购以量换价，从 2019 年 7 月 1 日起，药品采购金额已达 2000 万元/月，医院又将 3% 的红利返给患者，也就是在现有药品零售价基础上再降价 3%。按照与供药方的约定，如采购金额达 3000 万元/月，药费将再降 5%，让老百姓真正享受医药改革红利，同时给国家节约医保资金。

提升综合医疗健康服务水平

2020 年 1 月 14 日中午 12 时，巴彦淖尔市五原县医院一个 18 个月的孩子心搏骤停，急需救援。生死关头，巴彦淖尔市医院启用直升机救援，仅用一个多小时就把孩子接到 PICU 病房抢救，为孩子的脱险赢得宝贵时间。巴彦淖尔市医院直升机救援已成功救治 190 余例急危重症患者。

根据农牧民居住分散、交通不发达等实际情况，该医院与航空公司达成合作，每年出资 600 万租用直升机投入医疗救援，在全市

巴彦淖尔市医院医保物价科顺利完成收费系统目录切换

建立起包括旗县医院、乡镇卫生院在内的59个直升机医疗救援点，将急救直升机纳入全市120急救指挥系统，实现全域内半小时救治，满足偏远地区患者急诊急救需求。考虑到经济承受能力，对于急危重症的边境农牧民，医院免费利用直升机救援接诊；其余边远地区患者，实行与救护车相同的收费标准。

巴彦淖尔市医院急危重症救治中心本着着力看大病、难病的原则，优化急诊急救流程，提升急危重症救治能力，构建起院前急救、院内救治与重症监护无缝对接的大急诊体系，形成按疾病种类和急危程度分区分级管理患者的工作机制，借助远程会诊平台、空地一体救援网络，最大限度满足本地区急危重症救治需求。

该院救治中心以全科医学科为基础，整合临床、医技等领域优秀的技术人员和设备等资源，建立起 32 个临床、医技科室骨干组成的专业团队，他们 24 小时值班，多学科协同救治患者，为人民的健康保驾护航。

该医院在做好急危重症救治工作的同时，推广多学科诊疗服务，组建康复医学中心，从以往单纯的医疗型转变为预防医疗、康复综合服务型，不断提升患者就医体验。现该医院康复医学中心已成为内蒙古西部最大的康复医学治疗中心。

（八）包头市：病有所医为生命健康加码　医有所保为百姓幸福增色

近年来，包头市医疗保障系统始终坚持以“人民健康为中心”，协同推进三医联动，基金监管取得新突破，经办服务推出新举措，改革创新迈出新步伐，医疗保障水平进一步提升，“医保伞”为参保百姓撑起一片晴天，守护着 200 多万包头人的幸福安康……

党建引领，扎实开展“我为群众办实事”

2021 年 8 月初，身患血友病的刘先生反映无法购买到上海莱士血液制品有限公司生产的人凝血因子Ⅷ。血友病属于罕见病，治疗该病的药普遍供应不足。包头市医药采购服务中心得知刘先生的诉求后，秉持“特事特办、急事急办”的服务理念，第一时间启动药品备案采购绿色通道，全程掌握备案采购进度。不到一个星期，刘先生就拿到了“救命药”。

为保障像刘先生这样的慢性病患者的日常用药和危急情况下的紧急用药，包头市医疗保障局为特殊病种开通了绿色通道，把“我为群众办实事”实践活动落实到老百姓的需求上。

市民在窗口办理医保业务

全市医疗保障系统以解决人民群众“急难愁盼”为切入点，聚焦“五个着力”，扎实开展“我为群众办实事”实践活动。全系统通过开门纳谏、网络问政和实地调研，面对面、屏对屏、心贴心开展“三问”活动，公开征求社会各界意见。领导班子带头深入基层搞调研，并在此基础上确定了13项实事作为“我为群众办实事”重点项目；印发《包头市医疗保障局“我为群众办实事”工作计划和工作清单》并向社会公开，明确了任务书、时间表和施工图。

——异地就医地由北京、上海、天津、西安4个地区拓展到全国所有三级综合、二级专科医疗机构所在地，并将1年备案期缩短为3个月，在170家定点医药机构实现一卡通行。

——将5种谈判抗癌药品正式纳入恶性肿瘤“日间病房”放化疗管理，减轻恶性肿瘤放化疗人群的负担。

包头市医疗保障局工作人员深入基层调研

——承诺“一件事一次办”“周末不打烊”，让参保群众看病报销更加方便。

——将医保慢性病鉴定工作下放至市域 10 家医疗机构，复检扩大到 14 家医疗机构，优化医保慢性病鉴定流程，压缩工作日，取消多余材料和手续。

——2021 年 1 月 1 日起，冠脉支架惠民政策在包头市中心医院、包钢医院落地实施，支架从万元价格降至千元以下。

筑牢防线，守好百姓“救命钱袋子”

在让参保群众“无病安心、有病宽心”的同时，全市各级医疗保障部门持续加强基金监管，既要织密织牢“医疗保障网”，又要守好百姓“救命钱袋子”。

为打击欺诈骗取医保基金的行为，包头市医疗保障局建立健全医保定点机构基金月分析制度，修订《基金预决算编制管理制度》，制订《医疗保障基金结算支付流程》，完善了“两定机构”准入条件，形成规范有序的准入退出机制，推进智能监控系统应用，提高监管科技含量，利用药品“一物一码”信息对“两定”机构的医保药品交易行为进行全面监控；重拳出击，加大稽核打击力度，开展“打击欺诈骗保、维护基金安全”集中宣传月活动和“打击欺诈骗保百日攻坚行动”，保持打击欺诈骗保的高压态势，切实筑牢医保基金安全防线，得到上级部门的充分肯定和广大群众的一致好评。

勇于改革，按下便民惠企“快进键”

“以前，异地就医需要先垫付医疗费用、复印病历资料，再回当地社保机构办理报销，既浪费时间又很麻烦，而且垫付压力大，个人负担也很重。现在只要在微信小程序里就能自助办理异地就医备案，真的是太方便了。”刚刚从北京回到包头的王新民表示。

2021 年，包头市医疗保障局持续深化医疗保障“放管服”改革，大幅精简下放有关手续，简化异地就医备案流程及转诊转院备案流程，解决了异地安置人员、异地长期居住人员、常驻异地工作人员三类人员的异地就医问题。

围绕让群众少花钱、少跑路、看好病的目标，包头市医疗保障局开展了一系列创新性改革工作——逐条逐项梳理各项业务经办流程，精简优化和取消下放经办事项 26 大类 58 项。

为有效解决办事群众多个窗口跑、等候时间长、材料不全、往返奔波等问题，包头市医疗保障局大力推行“就近办、掌上办、容缺办、电话办、事后办”，把服务触角拓展延伸至各级医保经办窗口、定点医药机构窗口、银行智能柜员机以及最基层的社区和村委会。

一窗式、一站式办理，为群众提供方便，做到“随时办、马上办”。全市各级医保窗口全面实行“一窗式”综合受理改革，一个窗口收件办理，后台分窗口即时办结。

推进“互联网 + 医保”服务，坚持“能系统结算的就不要手工办理、能够放在互联网上的就不让群众再到窗口办理”的服务理念，成立工作专班，确保网上经办事项的完整性、准确性和即时性。通过政务服务平台、蒙速办 APP、银行网点智能柜员机等多种渠道，10 项业务实现了“不见面”办理。开通医保官方网站和微信公众号，参保群众足不出户即可了解医保最新动态和政策。

五、乡村整洁　宜居宜业

乡村振兴了，环境变好了，乡村生活也越来越好了。要继续完善农村公共基础设施，改善农村人居环境，重点做好垃圾污水治理、厕所革命、村容村貌提升，把乡村建设得更加美丽。

——2019 年 7 月 15 日至 16 日，习近平在内蒙古考察并指导开展“不忘初心、牢记使命”主题教育时强调

建设宜居宜业的美丽乡村

2018 年以来，内蒙古扎实贯彻落实《农村人居环境整治三年行动方案》，把农村人居环境整治作为事关全面建成小康社会、事关广大农民根本福祉、事关农村社会文明和谐的大事来抓，以建设美丽宜居村庄为导向，以农牧业生产废弃物资源化利用、村容村貌提升、美丽庭院建设等为主攻方向，加快补齐农村牧区人居环境短板，让内蒙古自治区广大农牧民充分享受小康生活带来的“人居福利”。

实施生活垃圾有效分类，实现垃圾资源化利用。分类处理生产

垃圾与生活垃圾，将农作物秸秆、畜禽粪便、厨余物、废弃的菜叶树叶等按可堆肥垃圾进行分类，采用堆肥等办法进行资源化利用。将生活垃圾中的废纸、塑料制品、玻璃等按可回收垃圾进行分类，作为再生资源回收利用，完善回收体系。对其他生活垃圾，通过旗县（市、区）生活垃圾无害化处理厂进行填埋处理或就近就地利用闪蒸矿化炉等设施进行处理。将农药包装废弃物、废电池等按有害垃圾分类，按照行业管理要求收集处理。建筑垃圾用于铺路、填坑或就近掩埋。也可结合实际选择其他简便易行的垃圾分类和资源化利用模式。

提升村容村貌，建设美丽乡村。建立村庄保洁制度，根据嘎查村人口规模、作业半径、劳动强度等合理配置保洁员，明确保洁员在垃圾收集、村庄保洁、资源回收、宣传监督等方面的职责。在以散居为主的牧区，建立以牧户自我保洁为主，苏木和嘎查检查评比的卫生责任制。持续推动村庄清洁行动和绿化行动，开展美丽宜居村庄、绿化美化乡村示范创建活动，建成一批人居环境整治提升示范县。深入开展农村爱国卫生运动，通过加强组织领导、加强宣传动员、改善村容村貌、加强污染防治、建立长效机制、选树身边典型等举措，精准施策，持续发力，不断优化美化农村人居环境，为乡村振兴增添亮丽底色，注入新的活力。

创建美丽庭院，提升人居环境质量。以“美丽庭院”“最美家庭”等评比为抓手，持续对健康文明生活方式等进行宣传，营造“家家知晓创建活动、人人动手美化庭院”的良好氛围，形成“家家参评、户户争创”的良好局面，引领广大群众积极参与乡村振兴工作。通过见缝插绿、拆墙透绿、墙面爬绿等形式，让群众按照自己的喜好翻建庭院，着力改善农村面貌。向群众宣传护绿养绿的意义，使群众树立起“美化家园，人人有责”的理念，营造“植绿、爱绿、护绿”的良好氛围，让群众充分享受绿色带来的幸福。明确农牧民维护公共环境责任，庭院内部、房前屋后环境整治由农牧户负责，发动农牧民主动参与垃圾收运处置体系建设，推行院户门前卫生、秩序、绿化“三包”，并定期开展卫生评比，调动农牧民参与的积极性和主动性。

（一）乌海市海南区：乡村画卷美　小康歌嘹亮

一条条乡村道路整洁干净，或曲或直地延伸至每一户农家；一户户农家小院窗明几净，村民爽朗的笑声不时飘出院落；一个个村庄多姿多彩，犹如一幅幅水墨画，铺展在阡陌大地上。“村村景不同，村村风韵浓”，一幅幅乡土气息浓郁、人文特色鲜明、人居环境优美的美丽乡村画卷徐徐展开。

树文明乡风——筑牢乡村振兴发展基石

美丽乡村建设转变了群众传统落后的生产生活方式，养成了健康文明、干净卫生的生活习惯，增强了群众脱贫致富的信心……

在万亩滩村，从村头一路走过，绿色的树木打着厚实的绿伞，为来往路人遮阴凉。平坦的道路整洁干净，路两边的文化墙上，绘着乡土气息浓郁的“文明图”。农家院落里，有的种着各色鲜花，有的种着各种果树，很是好看。一条穿村而过的水渠唱着欢快的歌谣，把丰收的喜悦送到庄稼地中，把幸福传递到村民心里。

“之前万亩滩村基础设施跟不上，环境脏乱差，一些村民的文明意识也不强，存在随手乱丢、乱倒垃圾的现象，村里总是这儿一片垃圾，那儿飘着纸屑。在美丽乡村建设过程中，道路平整了，村庄变干净了，有了专职的保洁人员，有了垃圾集中倾倒点、垃圾箱。村民看到了实实在在的变化，大家的思想、生活习惯也跟着变化，随手乱丢、乱倒垃圾的现象越来越少，把庭院打扫干净、装扮漂亮的人家越来越多，村庄变美了。”万亩滩村村干部甘秀金说。

海南区加快推进各个村的基础设施建设，万亩滩村仅是一个缩影，各个村的环境发生了翻天覆地的变化。同时，通过积极开展最美家庭、最美庭院等评比活动，群众致富的劲头越来越高涨。

在推进美丽乡村建设过程中，海南区坚持把保障和改善民生作为根本目标，把改善村民的生产生活条件作为主攻方向，从垃圾处理、饮水安全、农村改厕、道路畅通、绿化亮化等基本任务抓起，统筹城乡供水、供气、污水管网等基础设施对接，加大教育、文化、卫生等方面投入，让基本公共服务更多地深入农区、惠及农户。

为进一步推进乡村振兴，海南区坚持规划先行，结合产业发展、公共服务、基础设施、土地利用和生态保护，编制农区村庄布局建设规划和乡村振兴战略实施方案，形成城乡融合、多规合一的规划体系，并持续加强农区基础设施建设，深入实施农区人居环境综合整治，完善垃圾收集处理配套设施和污水处理配套管网，开展“厕所革命”，提升农业生产废弃物资源化利用水平，建立健全村庄人居环境管护长效机制，加大资金投入，确保各类设施建成并长期稳定运行。

令人艳羡的生态、美丽宜人的环境、干净整洁的庭院，海南区农户现在的光景越来越好。

黄河岸边的赛汗乌素村

兴“美丽产业”——提升农户幸福指数

波澜起伏的黄河水、西北风格的民居、绿树掩映的凉亭廊道、干净平坦的柏油村道……迎着夏日和风，走进赛汗乌素村黄河西行客栈，仿佛置身于“桃花源”。

近年来，海南区把农区人居环境整治与发展乡村旅游、休闲农业、特色产业等有机结合，促进产业发展和农区居民增收，实现农区产业融合发展与人居环境改善互促互进。

在赛汗乌素村黄河村民小组，翠绿的葡萄叶在夏日阳光的照耀下如精灵般随风轻颤，这些肥厚的叶片下藏着一串串小小的绿色果实。再等几个月，当这些果实变大，变得或紫或红或黑，变得酸甜适口之时，它们就会变成真金白银，带来丰收的喜悦。

“赛汗乌素村的葡萄，种植历史长，品种多，技术也相对成熟。葡萄品质好，已得到市场认可。为了让村民共同致富，我们专门成立了市农友农业合作社。如今，已有200多名村民参加了合作社。合作社不仅为家庭困难的新种植户免费提供葡萄苗，还为加入合作社的社员免费上门提供技术指导，销售方面遇到困难，还会提供销售服务。”市农友农业合作社负责人王胜云说。

依托地理优势、本地生态农业和乡村旅游资源，海南区让乡村的美丽“风景”有了“前景”。如今，海南大地上渐渐呈现出生态、绿色、文明、宜居、宜业的大美图景。“望得见绿色、留得住乡愁”的乡村美景让农区居民的获得感、幸福感、安全感不断增强。

市民在赛汗乌素村葡萄种植基地采摘

（二）包头市固阳县：国家卫生县城是这样炼成的

包头市固阳县金山镇马路壕村红泥井自然村的水泥路干净整洁，以往随处可见的柴草、垃圾等都不见了。来到村民朱利女家，宽敞明亮的房子里虽陈设简单，但一尘不染，卫生间也是干干净净的，马桶洁白如新。

“2020年，政府组织实施户厕改造，我家只需要出买马桶的钱。这对我们这些上了年纪腿脚不好的人来说太方便了，再不用跑到外面去上公厕了，冬天受冻、夏天臭气熏天的情况再没有了。”朱利女开心地说。

“截至目前，我县已进行近8000户户厕改造，而且改造标准较高，每户投入达8000多元。”固阳县农牧局副局长张美霞说。近年来，固阳县坚持把农村人居环境整治纳入全县整体工作部署，整合各类资金1亿多元，环境卫生整治率达100%。全县户厕改造以整村推进为主，已完成32.23%，新（改）建729座卫生公厕，完成6个镇8个水冲式公厕和4个镇敬老院水冲厕所的改造。

下湿壕镇学田会新村旁，311国道上车辆往来不断，路边有一座水冲式公厕。这个公厕是结合实际特意建设的，非常实用。附近有几个钢铁厂，来往的人货车和其他车辆非常多，以前由于缺乏卫生设施，随地方便的情况随处可见。自从建了这个公厕，这种现象没有了，环境越来越好，营商环境进一步优化，可以说一举多得。

在垃圾、污水治理方面，固阳县因地制宜、分类施策。金山等镇采取“户集、村收、镇运、县处理”模式，将垃圾统一转运到县

农村道路

垃圾填埋场；怀朔镇采取“户集、村收、镇处理”模式，对垃圾进行无害化焚烧……据统计，全县购置垃圾勾臂车及小型转运车10余辆，垃圾转运箱、垃圾桶3000余个，生活垃圾处理体系覆盖所有建制村。

在畜禽粪污资源化利用和农业生产废弃物回收利用方面，该县也取得了新突破。投资3800万元开展畜禽粪污资源化利用工作，实施3个以畜禽粪污为原料的有机肥生产项目，年生产能力达30万吨；投资460余万元，依托社会组织综合利用秸秆，使之变为燃料、肥料，进一步减少土地污染，消除火灾隐患。

金山镇下十二分子村有一个秸秆燃料厂，有一个有机肥厂。据秸秆燃料厂负责人王建国介绍，该厂能处理秸秆十几万亩，销路很好。“满负荷运行的话，我们能处理30万方牲畜粪便。随着农业高质量发展，环保、高效的有机肥的市场前景越来越好。”有机肥厂负责人说。

工作能否有效开展，机制很重要。固阳县出台农村人居环境整治考核办法等10余项制度措施，以村实施、镇督导、县核查的三级推进制度为依托，农村人居环境整治纳入村规民约比例达到100%；还利用村民小组“微治理”，推行诚信村民管理办法，督促村民自觉履行义务。该县每年投资700余万元，建立农户“门前三包”与保洁员区域保洁相结合的长效管护机制。

固阳县在马路壕村试点推行“一约一区四收一集中”环境长效管护工作新模式，“一约”指村规民约，“一区”指划定责任区，“四收”指污水、柴草、粪污、垃圾杂物的收集，“一集中”指垃圾集中清理。村里将环境整治纳入村规民约，极大地增强了村民的责任意识。

通过扎实开展农村人居环境综合整治，固阳县成功创建“国家卫生县城”“自治区文明城市”，被列入第二批全国新时代文明实践中心试点地区，万胜壕新村被评为全国人居环境整治示范村，大英图村荣获第五届中国传统古村落称号。

（三）巴彦淖尔市：让乡村更美更宜居

走进巴彦淖尔市临河区干召庙镇民主村，眼前所见恰似一幅田园风光画：静谧舒适的村庄、错落有致的房舍、干净整洁的道路、勤劳朴素的村民……如今，在河套大地上，像民主村这样的村庄比比皆是。

如何让农村留得住青山绿水、记得住乡愁？近年来，巴彦淖尔市加大农村牧区人居环境综合整治力度，统筹推进“厕所革命”、垃圾污水处理、村容村貌提升工作，万千乡村换新颜，河套风光美如画。

小厕所大民生，提升农民幸福感

2018 年对厕所进行改造后，临河区白脑包镇永胜村一组的赵志国一家也用上了方便、卫生、环保的水冲式厕所。“我家选择的是复合酵素水冲环保厕所，污水经过自备系统处理后可以浇灌田园，粪便经过配套处理后可以变为有机肥，不仅如厕方便了，还可以降低种植生产成本。”赵志国乐呵呵地说。

厕所虽小，但谁也离不了。厕所问题是基本的民生问题，是农

白脑包镇永胜村村民赵志国安装了复合酵素水冲环保厕所，处理过的污水可以直接还田

村人居环境整治的重点、难点，也是乡村重要的文明窗口，是乡风文明和宜居水平的直接体现。巴彦淖尔市在推进农村卫生厕所改造过程中，始终按照政府引导、农民自愿、宜水则水、宜旱则旱的原则，采用适合农村实际的产品研发和改厕模式。同时，把群众认同、群众参与、群众满意作为基本要求，引导各地主动参与改厕，自主选择改厕模式，改不改厕、改哪一种，由农民自己定。2019年，巴彦淖尔市新建卫生厕所4.4万户。其中，水冲厕所3万多户、卫生厕所8000多户，普及率达到60%。

“秸”尽所能，推进资源循环利用

杭锦后旗杭龙生物质热电厂将当地农业废弃物秸秆、树枝回收后焚烧发电。“收购秸秆可以增加农民收入，秸秆焚烧后产生的灰渣还可以作为肥料返还给农民，节约农民购肥成本。”电厂负责人说。

杭锦后旗蒙海镇新渠村一组村民张有明就是秸秆收购的受益者。他家有50多亩土地，以前玉米、葵花、小麦秸秆都在地里焚烧，现在将秸秆卖给电厂，收入可观。

为了改善农村人居环境，巴彦淖尔市积极推进秸秆肥料化、能源化、饲料化、基料化、工业原料化利用，综合利用率达到84%。

在改善农民生产生活环境方面，2019年，巴彦淖尔市进一步推进畜禽粪污资源化利用，6个旗县粪污资源化利用整县推进项目有序实施，规模化养殖场粪污资源化利用设施配套率达到98%，畜禽粪污综合利用率达到83%。2020年，巴彦淖尔市依托整县推进畜禽粪污资源化利用项目，全力提升规模化养殖场养殖设施和粪污处理设施装备水平，规模化养殖场粪污资源化利用设施配套率达到100%，畜禽粪污综合利用率达到85%。

久久为功，全民共建共管共享

2018 年，杭锦后旗蛮会镇红旗村二组的村民小组提出了巷道硬化的想法，召开党员会议、村民代表会议商议此事，大家一致同意由家乡建设委员会联系组里走出去的人才自愿集资，村民义务投劳，实施巷道硬化。仅仅几个月的时间，村里就集资 5 万多元，对 1400 米巷道进行了硬化。

近年来，红旗村推行“一村八化”社会治理模式，通过服务、引导、发动群众和社会力量，积极主动参与农村各项建设，使乡村治理实现了德治、法治、善治有机融合，文明村规民约普遍形成，长效清洁机制基本建立。

红旗村只是一个缩影。2019 年，巴彦淖尔市累计完成 781 个建制村 3626 个自然村的环境综合整治，开展了“三清一改”整治工作并建立了村庄清洁后续管护机制。全市新创建绿色村庄 183

蛮会镇红旗村一角

个。完成投资5亿多元，建成农村牧区“四好公路”1181.8公里。

农村美不美、环境好不好，不只是“面子”上的事情，事关农村群众的幸福感和获得感。下一步，巴彦淖尔市将久久为功、善作善成，推动农村牧区人居环境综合整治长效化、常态化、精细化发展。

（四）呼和浩特市赛罕区金河镇曙光村：业兴村美日子甜

忘不掉的乡愁

潺潺的流水、肥沃的土地、飘香的瓜果……一想到这些，涌上心头的便是乡愁，而载得动这乡愁的只有美丽的乡村。

走进呼和浩特市赛罕区金河镇曙光村，花海环绕，村容整洁，古朴与现代气息相互交织，弥漫着浓浓的乡韵，“绿树村边合，青山郭外斜”的美景跃然眼前。

曙光村按照乡村振兴战略“产业兴旺、生态宜居、乡风文明、治理有效、生活富裕”的总要求，把美丽乡村建设与现代农业结合起来，大力培育特色主导产业，推进产业发展与环境承载相适宜、生活改善与生态保护相统一、文化传承与现代文明相融合，打造出一个家园美、田园美、生态美、生活美的乡村。

走进村民孙三九的家，院内花花草草红绿相间、客厅里各种绿植生机勃勃，整洁有序。

孙三九坐在窗边，连着屋里的Wi-Fi，正在用手机和在上海工作的小儿子视频。孙三九说，他们老两口每月能领到3000多元的养老金，再加上19亩地的收成，生活质量越来越高。“现在村里路

赛罕区金河镇曙光村

修得好，家家门口都有垃圾桶，房前屋后种上了花卉苗木，村内的基础设施一应俱全，走出家门看着就舒心，自己家里收拾得漂漂亮亮，才能映衬出村里的美景。”孙三九的脸上露出了幸福的笑容。

今非昔比

回想起以前的生活，曙光村里的老人们感慨不已。“那时候我们住的全是土坯房，冬天漏风、夏天漏雨，全家老小好几代人挤在一间小屋里。”88 岁的村民孙有换提起当时的生活情景，深有感触，“当时村里的道路泥泞不堪，晴天一身土，雨天两脚泥。到了雨季，道路更是无法通行。”

2004 年，曙光村组织挖掘自来水井，实现了全天 24 小时供水，

赛罕区金河镇曙光村

村民们喝到了方便卫生的自来水，彻底改变了人畜饮水困难的局面。2005年，曙光村开始不断修缮和硬化主干道路。如今，村里的道路全部从过去坑洼的土路变成平坦的水泥路。2018年，曙光村全村216户村民安装了水冲厕所，不仅改善了人居环境，还提高了村民的幸福指数。此外，为了更好地提升村容村貌，营造生态宜居的环境，村里还修建了休闲小广场，为村民休闲散步提供场所。

产业升级，曙光村迎来新曙光

看得见山、望得见水，这浓浓的乡愁，唤回了越来越多思乡的游子，也迎来了慕名而至的宾客。

在外地打拼的村民看到村里的变化后，纷纷回村创业。“我们这儿不只有采摘大棚，还有农家乐，游客不仅能吃到特色菜，还能享受好风光。”曙光村党支部书记自豪地说。

为了增加村民收入，从2007年开始，曙光村开启了产业结构调整和转型升级之路。村里修建起300栋厚墙体温室大棚，由村民认领经营，户均1栋，每栋大棚年均收入可达2万元左右。

依托大棚的数量优势，曙光村打造了蒙苗专业化育苗基地，年出苗量在1000万株左右，年销售额达700万元。由于技术成熟、品种优良，蒙苗专业化育苗基地培育的种苗辐射至呼和浩特市周边旗县区村镇和区内外部分地区。

2019年，“正北方云仓”电商平台在曙光村正式成立。电商平台的创立不仅激活了曙光村的新产业、新动能，同时为曙光村农特产品的销售提供了新路子，通过建立天猫、京东、拼多多、有赞等销售平台，从线上将农特产品销售出去。

从贫穷落后封闭的小村落到现在的全国文明村，曙光村越来越美丽，村民的日子越过越红火。村容村貌改善了，生态环境美化了，群众生活质量提高了，村子越来越有吸引力了。

“时代新风传佳音，党风正、民心顺，不忘初心担使命……”村里文化大院里传出村民合唱团的歌声，曙光村迎来新的曙光。

（五）兴安盟：重视垃圾分类　打造美丽乡村

8月的兴安盟炎热干燥，穿行于水泉镇合发村的街道上，果树成荫，一条条街道平坦整洁，一个个分类垃圾箱摆放井然，一户户庭院窗明几净，很难想象这只是边疆的一个普通小村庄……

推进农村垃圾分类是建设美丽乡村的必经之路。该镇的垃圾分类从乡村生活实际出发，动员依靠群众主体力量，逐步探索走出一条农村生活垃圾分类处理的新路子。

垃圾分类治理新模式

2019 年，内蒙古兴安盟突泉县探索启动了农村垃圾分类治理工作，首批在 12 个村试点推进，合发村就是其中之一。

刚推行垃圾分类时，大家并不理解，毕竟在农村，大家对垃圾分类的认知水平比较低，农村比起城市，有很多其他方面的垃圾，像肥料袋子、石灰之类的，垃圾分类的推行困难重重，工作人员基本上每天会入户一对一进行宣传。

为了让群众了解垃圾分类的重要性、意义，知晓垃圾分类的流程，驻村干部和村两委成员利用多种形式进行宣传，开展培训活动，引导村民自觉形成垃圾分类的意识。

垃圾分类处理的重点在宣传和引导，突泉县采取村“两委”成员认领片区，党员（预备党员）、村后备干部、乡土人才孵化中心成员、村民代表和妇联执委“六类人员”认领街巷，农户认领“门前四包”责任区的“三级管理”模式，统筹推进全村垃圾分类治理工作。

经过实践，突泉县探索出“可燃垃圾裂解烧掉、不可燃垃圾平坑垫道、易腐垃圾堆沤肥料、可回收垃圾给钱卖掉、有害垃圾公司全要”的“五分法”垃圾分类治理模式。同时，“户分类、村收集、镇转运、县处理”垃圾处理模式，也有效解决了“垃圾如何处理”的难题。

“我们的经验都是一点点摸索出来的，包括如何分类，垃圾如何处理，村民如何调动管理等，现在来看效果很好，原来家家院门

村民将家中分类好的垃圾倒入垃圾车

口一堆垃圾，路上废纸、垃圾袋随处可见，现在不仅没人随便扔垃圾了，家家户户都把垃圾分类扔进垃圾桶，村民认识提高了，环境就变得整洁了。”水泉镇党委负责人表示。

垃圾分类促脱贫

对于合发村而言，垃圾分类处理工作的成果，一方面是村子环境越来越好，另一方面是带来了新的脱贫岗位。

在垃圾分类工作中，合发村成立了“清理＋运输”服务队，以有劳动能力的贫困人口为主体，让他们充当垃圾清运司机，同时由扶贫公益性岗位人员组成清运队伍，每两天定时清运全村垃圾。

村民许中国是清运队中的一名保洁人员，他今年 62 岁，个子不高，常年劳作使他的皮肤变得黝黑粗糙。许中国和老伴都是糖尿病患者，唯一的儿子则是冠心病患者，每年吃药的花销让这个本不富裕的家庭雪上加霜。2015 年，许中国家被村里评定为贫困户。“家

水泉镇合发村整洁的乡间道路

里那时候什么也没有，就我们这几口人，看病什么的都要借钱。”许中国说。

2018年，经许中国自愿申请和村民代表评议通过，许中国成为京蒙帮扶就业项目的保洁员，负责清理村屯道路卫生。2019年，村里成立清运队伍，许中国正式被编入其中。

有了做保洁的收入，再加上受惠于多项扶持政策，许中国家耕种着24亩耕地，还搞起了牲畜养殖，一家人的生活渐渐好了起来。

许中国家的境遇是合发村原先诸多贫困户家庭的缩影。现在，他们已在政策扶持和自己的努力下顺利脱贫。

乡村“新风尚”

资料显示，合发村村域面积只有41平方公里，却建立了2处垃圾填埋点，发放垃圾收集桶852个，投放铲车1辆、三轮翻斗车

2 辆、电动垃圾收集车 2 辆、滚筒式扫路机 1 辆、吸污车 1 辆、洒水车 1 辆，有相关工作人员数十人……

现在，在合发村，每天早上 9 点，垃圾清理车会伴着音乐，来到各家各户门前收垃圾。“只要听到音乐，就知道收垃圾的来了，我们每天准时出去扔垃圾。”许中国笑着表示。

“以前农药瓶没人要，扔出去会污染环境，现在能换积分了，我们都舍不得扔，全都攒起来到超市兑换日用品。”村民侯福春说。他正带着农药瓶在突泉镇兴隆村“积分争星”超市集中兑换积分。经村妇联主席清点，他带来的 155 个农药瓶共兑换 155 个积分。按照标准，155 个积分可兑换 1 大瓶洗洁精。

据水泉镇党委负责人介绍，将垃圾分类工作与“积分争星”结合起来，是为了让老百姓互相竞争。这种良性竞争，激发了大家共同维护环境、美化环境的动力。看到村屯环境有了很大的改善，大家加深了对垃圾分类重要性的认识，村民渐渐开始主动保护环境，树立起垃圾不乱扔的意识，垃圾分类成为村里的一种风尚。

（六）呼伦贝尔市：推行“厕所革命” 提升农牧民幸福感

在扎兰屯市达斡尔民族乡，满都村小有名气。作为全市人居环境整治试点村，达斡尔民族乡在这个村成立了保洁办，建立起完善的垃圾转运处理系统，村里村外的干净程度堪比城市街巷。当下，这个小村庄正在开展一场人居环境整治的革命——“厕所革命”。

有着 1857 口人的满都村，在达斡尔民族乡是个较大的村子。整齐划一的房屋掩映山间，干净整洁的村道蜿蜒向前，道旁的樱桃

扎兰屯市达斡尔民族乡满都村保洁人员驾驶垃圾中转车清理生活垃圾

树结满了红彤彤的果实，一个个墨绿的垃圾桶成为村里一道独特的风景。

在村中的一个院落里，挖掘机挖出一个两米多的深坑。施工人员介绍，这里正在进行旱厕改水冲厕所施工，马上要填埋化粪池了，再经过安装便器、布设下水管道等工序后，一个水冲厕所就安装完成了。

“一个土坑两块砖，三尺土墙围四边”，这曾是农村厕所留给人们的印象。旱厕没有冲水设备，粪池长期暴露于空气中且易于渗漏，会对地下水、空气、河流造成污染，不仅对群众健康有害，也影响美丽乡村建设。

村民王志新家的卫生间是由屋内一间房改造而成。不到 3 平方米的空间内，有一个冲水式马桶和压力罐。马桶上贴着一张联系卡，上面标有维修人员、监督人员等的电话。半个月前，王志新家的厕所还是夏季臭气熏天，孩子晚上上厕所需要人陪同；冬天，天冷地滑，更是苦不堪言。“现在上厕所又方便又卫生，再也不用为老人和孩子担心了。”王志新说。

与王志新一样，满都村里其他村民也对政府推进的“厕所革命”赞不绝口。过去，有些村民家里甚至连独立的旱厕都没有，只能几户共用一个旱厕。改造厕所时，有些村民外出打工不在家，得知村里在推进这项利民工程时，都委托邻居帮忙改造，等着回家“坐享其成”。

厕所改造工程采取农民自建，政府补贴的形式，实行先建后补。每户补贴标准4000元，政府重点补贴压力罐、玻璃钢化罐、坐便器、管材、挖坑等。农户投工投劳，自建厕所隔断、门窗，负责内部装修，配备洗脸池、热水器等。

满都村党委书记刘廷江介绍，现已完成厕所改造的村民，有一

扎兰屯市达斡尔民族乡满都村保洁人员驾驶扫地车清扫道路

扎兰屯市达斡尔民族乡满都村村貌

半以上安装了热水器，洗澡也方便了，这项惠民工程给老百姓带来了实实在在的好处。村里还有 90 多户因房屋面积小、房屋老化等问题未进行改造，现正在积极采取解决措施，近期家家户户都能用上水冲厕所。

近年来，呼伦贝尔市不断推进农村牧区户用卫生厕所建设，满都村的“厕所革命”，就是呼伦贝尔市农厕改造的一个缩影。

今年，呼伦贝尔市将改造卫生厕所 3.8 万户，全市卫生厕所普及率将达到 40% 以上，主要推进模式为水冲式厕所。各旗市区将年度任务落实到村，各示范村加强厕所革命粪污设备配备，同步实施粪污治理，将“分户改造、集中处理”与单户分散处理相结合，鼓励联户、联村，村镇一体处理，重点与垃圾处理、污水处理、畜禽粪污无害化处理或资源化利用有机结合，实现改厕工作推进到哪个村，粪污抽取、转运和无害化处理设施就覆盖到哪个村。

人居环境整治攻坚战，“厕所革命”是重中之重。“厕所革命”

提升了呼伦贝尔市农牧民的获得感、幸福感。

（七）阿拉善盟阿拉善右旗巴丹吉林镇额肯呼都格嘎查：这里的乡村不“寂寞”

夏日的巴丹吉林沙漠用热情似火的胸怀拥抱着来自八方的游客。与热情的沙漠交相辉映的，是阿拉善右旗巴丹吉林镇额肯呼都格嘎查热闹的场景。

平坦的村路两旁绿树成荫，幢幢风格独特的砖瓦房错落有致地分布着，青砖黛瓦，袅袅炊烟，这里仿佛就是梦中乡村的模样。

置身于嘎查古香古色的农耕博物馆，土墙、大炕、农具一应俱全，一幅农耕生活场景图浮现于脑海。走在嘎查农家乐一条街，“王家大院”“麦香村”“菊梅饭庄”的牌匾分外引人注目，来自宁夏、甘肃、陕西、河南等地的车辆整齐地停放在农家乐门前。

迈入“王家大院”的大门，院里的景象惊呆了刚从沙海中归来的游客。院内植物绿意葱茏，小桥下鱼儿自由地在水中游来游去，数名游客在茶座中享受着安静的时光，似乎从茫茫大漠穿越至热带雨林就是一瞬间的事儿。

老板王润和忙上忙下，黝黑的脸上挂着幸福的笑容。“现在好些城里人喜欢在农家乐聚餐，旺季时，我家饭庄天天爆满，好多人是从网上预定的。”经营生态农家乐以来，王润和家的日子越过越充实，生活水平逐年提高，每年能收入 20 多万元。

据额肯呼都格嘎查党支部书记介绍，近几年来，嘎查确立了以“宜居宜游”为目标，以休闲度假、观光游览、体验农牧家生活为主，发展特色产业，搞活三产的发展新路子。通过发展农家乐，家

“王家大院”农家乐是额肯呼都格嘎查里规模较大的农家乐之一，被自治区旅游局评为四星级乡村旅游接待户

家户户都走上了致富路。此外，嘎查大力推进基础设施建设，建立了环境卫生整治长效机制，打造了干净整洁、绿树成荫、环境优美的人居环境。如今，“走路不沾泥、开车不陷坑、读书条件好、活动更舒畅”是嘎查的真实写照。

离开额肯呼都格嘎查，我们驱车在戈壁公路上继续前行。茫茫戈壁滩上，不知行走了多久，一座整洁干净的村庄映入眼帘。这里是阿拉腾朝格苏木的查干通格嘎查。

一进嘎查，我们就看到了在烈日下忙碌的外来农民邹熙。邹熙来自甘肃，是查干通格嘎查的合伙人。

“嘎查有 40 座暖棚，一直没有充分利用。2019 年，我们引入了

生机勃勃的巴丹吉林镇

秸秆生物反应堆技术，这是一项用秸秆替代化肥、用疫苗替代农药的新技术。通过这项技术种植出来的蔬菜，不但长得快，营养和抗病能力也会大大提升。”查干通格嘎查党支部书记介绍说，“这项技术在甘肃运用得比较成熟，我们与有种植经验的邹熙合作，就是要在我们嘎查广泛应用这项技术。”

产业旺则乡村兴。没有产业的发展，就没有农村牧区生产力的进步，就没有农牧民稳定持久的富裕，也就没有农村牧区可持续发展的未来。

阻击风沙

2019 年 7 月 15 日，习近平总书记在赤峰考察时指出，产业是发展的根基，产业兴旺，乡亲们收入才能稳定增长。要坚持因地制宜、因村施策，宜种则种、宜养则养、宜林则林，把产业发展落到促进农民增收上来。

近年来，阿拉善右旗立足优势资源，大力发展驼产业、旅游业、沙产业等特色产业，构建形成“一苏木一特色，多嘎查多品牌”的产业格局和“一品”突破、“多品”开花的良好态势，引导扶持成立骆驼养殖专业合作社 17 家、挤奶驼养殖户 207 户、沙产业合作社 49 家，建成“大漠人家”品牌旅游驿站 110 个，为农牧区发展注入了新的活力。

此外，针对农牧区“小、散、远、弱”的实际，阿拉善右旗统筹结合脱贫攻坚、美丽乡村建设、生态文明建设，稳步推进乡村振兴各项工作。着力补短板，增强发展后劲，使农牧民享受与城镇居民同等的社会公共服务；大力宣传和弘扬社会主义核心价值观，组织开展“五好文明家庭”“身边好人”等评比活动，涌现出一批生产生活中的道德模范和文明典型；完善村规民约，创新出台嘎查村公共设施后期管护机制，组建嘎查公共设施管护队，保证农牧区基础设施“建得好、管得住、可持续”，农牧区文明创建水平不断提升；在“绿水青山就是金山银山”理念引领下，大力实施退牧还草、公益林生态效益补偿、草原补奖等政策措施，全旗 7000 多万亩草牧场得以“休养生息”，植被覆盖度提高到 22%~24%。

绿草飘香，碧野如茵，漫步在阿拉善右旗农村牧区，一幢幢错落有致、设施齐全的新村舍展现着生活甜蜜、产业兴旺的新图景；步入田间地头和大漠腹地，片片披满新绿的生态绿洲生机勃勃、鸟语花香，勾勒出一派生机盎然的喜人景象。如今，这里的乡村，不再“寂寞”。

（八）通辽市开鲁县：“美家美院”里的好日子

屋前搭着大棚，蔬菜长势喜人；屋后圈地养殖，驴马成群。院里方砖铺地，院外树木成行。走进通辽市开鲁县黑龙坝镇合力村马晓丽家，小院里处处透露出勤劳淳朴的家风。

马晓丽家被评为“美家美院”

“这家是4月份村里评选出的‘美家美院’，获得了荣誉牌匾。”黑龙坝镇党委书记王勇介绍说，“干净的院落里生活着三代人呢。”

“我们很珍惜‘美家美院’的荣誉，村里人参加比赛的热情很高！”马晓丽的母亲——65岁的皮淑杰指着大门口的红色牌匾，一脸自豪。

黑龙坝镇党委书记介绍，“美家美院”评选活动以“家风美、室内美、厨厕美、庭院美、村庄美”为评选内容，以嘎查村（分场）为单位，根据常住户数，每月评选出3到5户。评选出的“美家美院”户可获得“爱心超市”价值50元的清洁礼包，县里还会给统一挂牌。

走进院子里，茄子、辣椒长势正旺，皮淑杰边介绍蔬菜边给我们计算这个小菜园给她家带来的收益：第一茬育辣椒苗，收入6000元；5月份辣椒苗移栽后，接着栽上了茄子和线椒，这两种菜能挣

3000元;9月份再种上香菜、菠菜等叶菜，还能收入2500至3000元。“两个棚子，一年种满三茬，能挣12000元左右。”

除了在屋前搭棚种菜，她家还利用屋后的空地养殖牲畜。“圈里现在有6匹马、10多头驴，饲养2个月左右就能出栏，平均每匹（头）的利润是1000元。”马晓丽说，“按照现有的养殖规模，我家一年的养殖收入能有8万元。”

环顾整个院落，农用物品放置有序，屋前屋后规划合理。与马晓丽家一样，村里每家每户的院落都得到合理利用。站在村里的小路上，远远望去，一户又一户干净整洁的庭院，院中一丛又一丛绿意浓浓的蔬菜，一排又一排整齐挺拔的树木，俨然一幅生机盎然的美丽乡村画卷，这里的每一寸土地都藏着幸福生活的密码。

近年来，开鲁县把发展庭院经济作为推动脱贫攻坚、推进乡村振兴的有力抓手，通过强化政策扶持和物质、精神双激励，引导村民充分利用好屋前屋后土地发展特色产业。在享有“红干椒之都”美誉的开鲁县，万亩红干椒撑起庭院经济“半边天”，红干椒种植面积达到60万亩，已经形成“育秧、栽种、收购、销售、加工”完整的产业链条，年产红干椒30亿斤，产量占全国的22%，亩效益3500元以上，3000多户贫困户依托红干椒产业脱贫致富，种植户年均增收10000元以上。

来到东风镇东七家子村，道路笔直平坦，沿路干净整洁，路两侧的红干椒苗绿意正浓，煞是好看。村民刘殿林和老伴儿正在自家院子里侍弄着红干椒苗。“党的扶贫政策让我们吃穿不愁、看病不难、孩子上学有保障，还扶持我们发展庭院经济。现在，家里有了稳定的收入，不光脱了贫，日子也越过越红火。”61岁的刘殿林乐呵呵地说。

刘殿林在侍弄辣椒苗

刘殿林一家 3 口人，姑娘还在上学，刘殿林肢体残疾，不能从事重体力劳动。2015 年，他家被纳入精准扶贫对象。政府扶持他家搞起了庭院经济，种植和养殖结合，贴心的帮扶让刘殿林一家对生活充满了希望。“党的政策这么好，咱就得好好干！”刘殿林说。

在开鲁县，像刘殿林家这样建档立卡的贫困户发展庭院经济，会“因户制宜”给予庭院经济棚舍和春棚补贴、经济林苗木补贴、电商优惠服务等多项扶持政策。截至目前，已累计发放庭院经济无息贷款 800 余万元，为 136 户贫困户发放春棚补贴 65 万元。庭院经济和屋前屋后人居环境整治达标的建档立卡贫困户，除了能得到 400~1000 元 / 年的奖补资金，每月还可参加“美家美院”评选活动领取积分，再用积分到“爱心超市”兑换清洁用品和生活用品。

开鲁县围绕特色产业抓庭院经济，除红干椒外，还在庭院种植香瓜、春棚葡萄，还将林果经济引入庭院街巷，通过产业政策支

持、扶贫项目拉动、典型示范引路等措施，把发展庭院经济与实施消费扶贫和村屯环境整治结合起来，庭院经济呈现规模化发展态势，集中、连片、统一的庭院经济已经形成，可利用庭院面积达到5万亩以上，为脱贫攻坚注入了强劲动力，成为农民增收致富的新引擎。

六、文明新风　浸润心窝

实现中华民族伟大复兴的中国梦，物质财富要极大丰富，精神财富也要极大丰富。我们要继续锲而不舍、一以贯之抓好社会主义精神文明建设，为全国各族人民不断前进提供坚强的思想保证、强大的精神力量、丰润的道德滋养。

——2015 年 2 月 28 日，习近平总书记在会见第四届全国文明城市、文明村镇、文明单位和未成年人思想道德建设工作先进代表时强调

凝聚奋进新时代的精神力量

党的十八大以来，内蒙古自治区深入学习宣传贯彻习近平新时代中国特色社会主义思想，坚持以人民为中心的发展思想，以培养时代新人、弘扬时代新风为着眼点，大力培育和践行社会主义核心价值观，深化群众性精神文明创建活动，教育引导全社会树立文明观念、提高文明程度、形成文明风尚，为“建设亮丽内蒙古，共圆

伟大中国梦”提供了强大的精神力量。

持续深化文明城市创建工作。人民城市人民建，人民城市为人民。在文明城市创建中，内蒙古十分注重将文明更深层次融入城市肌理、更宽领域融入现代生活，更好地呈现“文明是城市治理最高境界”全景图，不断提升市民幸福感、获得感、安全感。在内蒙古，一座座信仰坚定、崇德向善、文化厚重、和谐宜居、人民满意的文明城市，顺应了人民群众对美好生活的向往，让广大城市居民感受到看得见、摸得着、实实在在的变化和成效。自治区党委办公厅、政府办公厅印发《内蒙古自治区精神文明创建工作管理办法》，创建活动规范化制度化程度进一步提升，文明创建效果明显提升。内蒙古共有全国文明城市 7 个，全国文明城市提名城市 16 个。

文明村镇创建成效显著。文明创建为城市赋能的同时，也让乡村焕发勃勃生机。如今的内蒙古，“善行义举榜”“村规民约”扮靓乡村民居，农村牧区居民的生活环境和生活方式发生巨大变化，村容村貌干净整洁，群众性文化活动深受群众喜爱。内蒙古以文明村镇创建为抓手，落实乡风文明建设重点任务，全区县级及以上文明村镇 8296 个，占全区村镇总数的 70%。

文明单位创建扎实有效。各级文明单位积极履行社会责任，2 个全国文明单位、1510 个自治区文明单位与驻地社区（小区）结对共建，在推动社区（小区）提升管理水平、改善环境面貌、提升文明程度方面下功夫、求实效，精神文明创建基层基础进一步夯实。

文明家庭创建深入开展。认真贯彻落实中央《关于进一步加强家庭家教家风建设的实施意见》，深入开展文明家庭、最美家庭、五好家庭创建活动，着力加强家风建设、家教建设、家庭文化建设和家庭环境建设，举办首届家庭文明展示周集中展示活动，营造了传承家风文化、涵育家庭美德的浓厚氛围。

文明校园创建有序开展。积极探索在社区开展未成年人思想道德建设的有效途径，建立学校、政府、家庭、社会“四位一体”教育网络，在思想道德教育、校园文化建设、活动阵地管理、校园环境建设、教师队伍建设、领导班子建设等方面进一步细化创建内容。制定出台内蒙古自治区文明校园创建系列规章制度，促进文明校园创建科学化、规范化。17 所学校被评为全国文明校园。

凝聚道德力量，闪耀文明之光，共建和谐家园。随着群众性精神文明创建活动的不断深化，内蒙古公民道德素质和社会文明程度不断提高，为全面建成小康社会提供了更加强大的精神动力。

（一）阿拉善盟阿拉善左旗巴彦浩特镇：有“颜值”更有“气质”

走进阿拉善盟阿拉善左旗巴彦浩特镇巴彦霍德嘎查，一条条村道整洁平坦，一幢幢新居宽敞明亮，一个个圈舍羊肥牛壮，一座座温棚生机盎然……

近年来，巴彦霍德嘎查大力发展多种产业，农牧民收入逐年增加，嘎查集体经济不断壮大，陆续建成住宅 404 套，每户配套建设30平方米凉房、50平方米养殖圈舍；为居民区建设小油路17.6公里，架设电力线路 8 公里，铺设供水管线 12 公里……从建设休闲文化广场到设立图书室，从实行集中供热到实现通自来水、电话、有线电视、宽带网络、沼气等“九通一平”，不断完善的软硬件设施和日益亮丽的新家园不仅让人居环境大大改善，更将现代文明的种子

阿拉善左旗巴彦浩特镇俯瞰

深深植入村民心中，一幅生产发展、生活富裕、村容整洁、乡风文明的社会主义新农村画卷在巴彦霍德嘎查徐徐展开。

“以前我们靠天吃饭，住的是土房子，家用电器基本没有。现在我们要啥有啥，闲了还能读书、上网、看电影或参加嘎查组织的文体活动，生活不比城里人差。重要的是，我们学到了新技能，只要好好干，日子肯定会越过越好。”嘎查居民徐前进满意地说。

该嘎查以星级文明示范户创建为抓手，每年开展一次星级文明户评选活动，鼓励大家积极参与，营造了人人争“星”的浓厚氛围。巴彦霍德嘎查依托草原书屋、农牧区电影放映工程、乡村小舞台等载体，不断丰富嘎查群众精神文化生活，提升文明素养。巴彦霍德嘎查先后被列为全区首批新农村新牧区示范点、全区创建“北疆文明大通道”文明生态村建设试点，并获得全国第三批文明村镇、全国民主法治示范村等荣誉。“我们在提高物质文明的同时，还特别注重农牧民素质提升，在嘎查形成勤劳、文明、守法的良好风气。”巴彦霍德嘎查党支部书记说。

巴彦霍德嘎查是巴彦浩特镇文明村镇建设的一个缩影。多年来，巴彦浩特镇党委、镇政府高度重视精神文明建设及全国文明村镇创建工作，把《全国文明村镇测评体系》要求内容纳入年初工作总规划，定期召开专题会议，研究解决文明村镇创建活动中存在的问题。实行“谁主管谁负责”的原则，把具体指标分解到具体环节，落实到具体人员，做到有人管事，使创建活动进一步规范，实现细化、量化、制度化、经常化。

从改善民生入手聚民心凝民力，提升嘎查村貌和文明程度。2018年以来，巴彦浩特镇累计投资7835.58万元，实施“一事一议”财政奖补、扶贫、少数民族发展等项目68个。民生的改善伴随着嘎查文化的发展和居民素养的提升。巴彦浩特镇实施了草原书屋、广播电视“村村通”等一批文化惠民工程，还组织举办了农牧民文艺会演等大型活动。

统筹城乡建设，按照城乡一体化建设的总体目标，结合《巴彦浩特镇布局规划》，合理调整改善镇村布局，提高城镇化水平和镇村建设水平，努力打造生态文明村镇。经过厕所革命、垃圾清理、污水处理等有力举措的实施，农牧区人居环境长效管护机制的建立健全，环境卫生有了显著改善。

党的十九大以来，该镇把大力发展特色产业作为物质文明创建的支撑点，合理调整产业结构，着力培育节水高效绿色农牧业、节能环保型工业、沙产业、旅游业等，形成独具特色的农牧业发展新格局。

文明创建，党组织先行，在全镇24个嘎查（村）推进党群综合服务中心、站建设全覆盖，建设新时代文明实践所（站）25处，统筹群团、社会组织、农牧民群众服务基层。此外，67支志愿服务队在政策宣讲、文化体育、扶贫帮困、人居环境整治等方面发挥着重要作用。

以文明化人、以文明养德，巴彦浩特镇每年组织嘎查（村）评选“道德模范”“社会治理先进集体”“十星级文明户”“最美家庭”等，评先进、树典型、促民风。全镇所有嘎查制定了村规民约，并把德治教育融入村规民约、家规家训中，在嘎查（村）营造了学先进、赶先进、做先进的浓厚氛围。巴彦浩特镇获评自治区级优势特色产业乡镇，希尼套海嘎查荣获“自治区首批乡村旅游重点村”称号，通古勒格淖尔等8个嘎查荣获“自治区卫生嘎查”称号。

巴彦浩特镇相关负责人表示，通过文明村镇创建，农牧区群众生活质量和文明素质进一步提升，广大农牧民群众切切实实体会到文明村镇带来的实惠，获得感和幸福感进一步增强。

（二）赤峰市松山区临潢家园社区：以文化铸魂绘就民族团结“同心圆”

热闹的秧歌，优美的舞蹈，遒劲的书法，灵动的手工……在赤峰市松山区兴安街道临潢家园社区，丰富多彩、形式多样的文化活动为居民的生活增添了一抹亮色。

赤峰市松山区临潢家园社区有蒙古族、壮族、回族等 12 个少数民族，各族居民近 4000 人，是典型的多民族融合聚居社区。为更好地服务各族居民，促进辖区内居民在社区这个大家庭里广泛交往、全面交流、深度交融，临潢家园社区全力构建“民族团结一家亲”的社区环境。多年来，临潢家园社区以“民族融合之家”为载体，以文化为桥梁，同心构筑各族群众共有的精神家园，为社区凝聚和谐发展的力量。

利用文化筑牢民族团结之基

为了让各民族像石榴籽一样紧紧地抱在一起，临潢家园社区一直致力于依托服务阵地开展系列文化活动等方式，打破文化差异这堵影响民族团结的“无形之墙”，增强居民间的文化认同和情感联系。

2016 年，松山区兴安街道依托临潢家园社区党群服务中心，着手打造“少数民族之家”综合服务体；2018 年末，将“少数民族之家”升级打造为“民族融合之家”，增设民族风情展厅、民族融合小课桌、民族技艺传承课堂、公益法律服务角等特色阵地。舞蹈、书法、手工编织等文化活动迸发出活力，各族居民以文化为桥梁，不断扩大“朋友圈”、织密“亲情网”，营造了各族干部群众

"一家人、一家亲"的良好氛围。

临潢家园社区变化喜人

2019 年 7 月 15 日，习近平总书记到赤峰市松山区临潢家园社区参观考察后，临潢家园社区牢记嘱托再出发，对民族融合之家进行功能分区，不断壮大队伍，开展形式多样的文化活动，丰富各族居民的精神文化生活。

小课桌教育浸润童心。"正月十五元宵节是我国传统佳节，每逢这天，我们都要吃汤圆、看花灯，想知道花灯是怎么制作出来的吗？下面跟我一起学习吧！"在临潢家园社区民族融合小课桌，志愿者教师张志超正在教孩子们制作花灯，现场气氛热闹又温馨。自 2019 年赤峰市松山区临潢家园开设民族融合小课桌以来，每逢

民族融合小课桌的老师正在教孩子们制作花灯

周末，7 名像张志超一样的志愿者就会来到这里，开设“同唱一首歌”、民族故事会、手工创意等免费课程，不断增强孩子们的文化自信和对祖国、对民族的热爱。截至目前，参加小课桌活动的学生达 800 余人次。

乌兰牧骑服务居民。时隔三年，兴安乌兰牧骑始终牢记习近平总书记嘱托，坚持从群众中来，到群众中去的发展思路，不断传承传统文化。兴安乌兰牧骑队员边小青表示，她和姐妹们会多排练彰显时代精神、体现地域特色的节目，在丰富居民文化生活的同时，当好民族政策宣传轻骑兵。兴安乌兰牧骑共配备服装道具 200 多套，聘请艺术指导 3 名，自编自导自演的节目 14 个，参加市区两级大型公益演出和社区巡演 30 次。兴安乌兰牧骑已成为兴安街道

兴安乌兰牧骑队员

宣传党的方针政策、促进民族团结、传承弘扬优秀文化、培育社会文明风尚的特色品牌。

多样载体传承技艺。憨态可掬的冰墩墩、呆萌可爱的雪容融……在临潢家园社区民族工艺编织刺绣班上，一个个栩栩如生的编织作品吸引不少人驻足参观。为了传承指尖上的文化，临潢家园社区积极提供教师培训、材料购置、场地等服务，居民们学习编织烟荷包、舞蹈靴、夏凉帽等技艺，先后完成“草原儿女心向党”“民族团结一家亲”等作品，民族工艺传承人员由 5 人增加到 19 人。

结合社区少数民族人口多、民族成分构成复杂的实际，临潢家园社区党委通过开设书法班、民族技艺传承班等，传承弘扬优秀民族文化，增强居民“社区是我家，建设靠大家”的意识。在社区党

书法班教师正在用蒙汉双语创作书法

委和居民的共同努力下，临潢家园社区先后荣获赤峰市文明社区、全国宣传思想文化工作百强社区、全国民族团结进步示范社区等称号。

成绩属于过去，奋进正当其时。临潢家园社区党总支书记表示：“总书记对民族团结一家亲的殷殷嘱托，体察民情、关注民生的深厚情怀，我们时刻牢记着。新的一年，我们将持续夯实各个平台载体，把各族居民团结在社区这个大家庭当中，促进交往交流交融。此外，我们还将继续加强社区治理，为营造和谐团结的社区氛围而努力，让总书记放心，让居民满意。”

（三）鄂尔多斯市：构筑精神高地　凝聚向善力量

精神文明是一座城市的内在魅力，是社会发展进步最深沉、最持久的力量。多年来，鄂尔多斯市始终把精神文明建设作为实现可持续发展的精神支撑和动力源泉，持续扎实推进，以培育和弘扬社会主义核心价值观为根本，把提升市民文明素质作为提升城市整体文明水平的核心，开展了一系列深化创建活动，着力将“文明”内化于心、外化于行。

以“品质”筑城，提升城市品位

“街道上坑洼破损的路面不见了。”“小区里杂乱的‘蜘蛛网’消失了。”“小街小巷的路灯翻修一新，亮起来了。”“管网改造完成后，再也不用担心冬天供暖的问题了。”……这些一点一滴，看得见、摸得着，与群众生产生活息息相关的细微变化总会让居住在鄂尔多斯这座城市的居民感受到民生的“温度”。

景美人和的东胜区一隅

准格尔旗蓝天街道关地塔社区的东华小区是一个老旧小区，曾经小区里私搭乱建、乱停车现象较为严重，环境卫生状况也不容乐观，为了改善小区环境，提升居民生活品质，关地塔社区开展了一系列行之有效的行动：拆除破损自行车棚，重新规划了 21 个停车位；解决了小区 1 号楼到 3 号楼中间道路硬化的难题；整治公共绿地种菜、违规搭建等行为；将公共墙体打造成彩绘文化阵地……“创城以来，到处都变得整整齐齐，连犄角旮旯都变干净了，我们的生活环境真是大变样了！创城真是创到了我们老百姓的心坎里。党和政府改善了我们的居住环境，完善了社区基础设施，我们也要像爱护自己的家一样爱护公共设施和环境卫生。”提到创城带来的变化，东华小区居民个个竖起大拇指。

城乡面貌焕然一新，城市基础配套设施日臻完善，城市功能布局不断优化……从“一处美”变“一片美”，从“环境美”变“生活美”，从“外在美”变“内涵美”，鄂尔多斯市的文明水平越来越高。

新时代文明实践交出精彩“答卷”

“孩子们，你们的新书桌来了！”在鄂尔多斯市东胜区巴音门克街道万盛社区边家渠，一份虽小却实在的礼物满足了一位单亲父亲的小心愿。

2021 年初，东胜区新时代文明实践中心启动“我帮你·汇爱点亮微心愿”志愿服务项目。在前期“微心愿”征集过程中，网格员走访入户，了解到这位单亲父亲独自供养着两个孩子，微薄的工资让他想给孩子们换一个新书桌的心愿一直无法实现。当志愿者将崭新的书桌送到家时，不善言辞的他激动不已，一遍遍地擦拭着桌椅。

一个个被点亮的“微心愿”和一个个被温暖的“微个体”，折射出鄂尔多斯市新时代文明实践的灿烂光华。全市近 2000 支志愿服务队、近 36 万名志愿者参与文明实践。实施“习语金句天天写”“授人以渔”等 100 个文明实践示范项目，培育鄂尔多斯“红褂褂”新时代文明实践品牌，开展 23 场“弘扬乌兰牧骑精神，到人民中间去”基层综合志愿服务活动，举办 160 场“培育良好家风，构建和谐亲子关系”家庭教育公益讲座。各旗区结合实际培育

我是小小志愿者

特色项目，东胜区“百姓宣讲”、伊金霍洛旗“社区暖心事”、杭锦旗“民生集市”、准格尔旗“全民安全防护”等，一个个项目犹如一个个“火炬”，在宣传阐释党的创新理论、巩固壮大主流思想舆论、培育和践行社会主义核心价值观、深化群众性精神文明创建、加强未成年人思想道德建设、推进志愿服务、助力乡村振兴等方面持续用力，凝聚起强大的精神力量。

道德建设滋润“好人之城”

2022 年，单增老人就 86 岁了。他是杭锦旗锡尼镇锡尼布拉格嘎查的牧民，自 2008 年起坚持爱心助学、扶危济困。多年来，他先后给杭锦旗蒙古族中学、鄂尔多斯市蒙古族小学、鄂托克前旗蒙古族中学、鄂托克旗职业中学、杭锦旗蒙古族幼儿园等多所学校共捐赠资金 100 多万元，助力贫困学子完成学业。就是这样的一位耄耋老人，省吃俭用，操劳大半辈子，他为的不是自己，而是帮助他人，这种助人为乐的精神感动了许多人。

2007 年，因建设需要，国家征用了他家部分草牧场，并补偿了资金。单增老人是从苦日子里摸爬滚打长大的，他深知教育对于一个孩子的重要性。手中有了钱，他自己不享受，而是心系教育，把钱用来圆孩子们的读书梦，力所能及地帮助有困难的孩子完成学业。

单增除了倾心于捐资助学的慈善事业外，还十分关心青少年成长，重视下一代思想道德教育。除了为学校无偿捐款，单增还额外资助了 6 名贫困小学生。从一年级到小学毕业，每年 500 元的助学金会及时送到孩子们手中。每年的六一儿童节，他还会额外给孩子们 100 元，以作鼓励。

单增用自己的实际行动诠释了只有人人将爱心的根扎得又深又广，才能结出丰硕美好的慈善之果。近年来，他获得鄂尔多斯好人榜、“中国好人榜”助人为乐好人等多项荣誉。

近年来，鄂尔多斯市共有 225 人获全国全区全市道德模范及提名奖，有全国全区全市身边好人 470 人、全国全区全市文明家庭 117 户。这些凡人善举传递了社会正能量，为全社会树立了榜样和标杆。

文明新风吹拂在鄂尔多斯大地上，城乡面貌焕然一新，志愿服务情暖人心，道德模范引领风尚，新风正气不断积聚，社会主义核心价值观深入人心，共筑中国梦的思想道德基础愈加厚实，全市精神文明建设枝繁叶茂。

（四）乌海市海勃湾区："1+1"结对共建 助推乡村文明建设

乌海市海勃湾区以探索共建志愿服务项目为抓手，以共享文明硕果为目的，开展文明实践活动。新时代文明实践中心依托中心、所、站三级组织，调动各行各业专业力量，创新志愿服务模式，把城区 8 所新时代文明实践站与农区 8 所新时代文明实践站以"1 + 1"模式结对共建，打造结对共建志愿服务品牌，构建文明实践志愿服务体系，打造了一批品牌项目，不遗余力地为所包联的村（社区）群众办实事、解难题，巩固脱贫攻坚成果，做好脱贫攻坚与乡村振兴战略的有机衔接。

聚人心，让村民的心暖起来

为扎实开展党史学习教育，巩固深化"不忘初心、牢记使命"主题教育成果，激励广大党员发挥先锋模范作用，海勃湾区开展"我帮你"志愿服务活动，切实帮助群众解决操心事、烦心事、揪心事。

海馨社区与巴音乌素村均是老年人口居多的社区。根据这一特点，海馨社区新时代文明实践站组织"银发宣讲团"和"妈妈帮帮团"两支志愿服务队到巴音乌素村开展宣讲习近平总书记"七一"重要讲话精神、文艺演出等志愿服务。

千里山镇王元地村把学习党史与履职尽责结合起来，利用村委会对面的闲置房间开设了"我是党员，我帮你"志愿服务站，一批老党员和狮城社区结对共建单位党员轮流值班，及时帮村民解决问题。狮城社区还充分挖掘"乐享党建 + 文化联盟"志愿服务项目的特色，16 支文艺团队经常深入农区开展文艺志愿活动。

办实事，着力解决群众生活难题

文明“1+1”结对共建活动是城乡文明共建的体现，是实现乡村文化振兴、培育和践行社会主义核心价值观的重要举措。结对帮扶社区始终从“行”上做文章，积极发挥自身优势，落实各项帮扶措施，着力解决群众生活难题。

“过去，新丰村巷道路面坑洼，80 岁老人乔金春院内常年因雨水倒灌影响出行。现在，村里大路连小路，小路通农家，出行方便了，这多亏我们村来了一支帮扶队。”新丰村村民说。

在玉米成熟收获的关键期，为解决部分农户玉米收割的难题，海馨社区党委联合其他党支部到结对共建的巴音乌素村帮助低保户秋收。暑假期间，返乡大学生在巴音乌素村开展社会实践志愿服务，为中小学生辅导暑假作业，为困难老党员收拾家、浇地等。

志愿者进农区开展志愿服务

“1+1”结对共建志愿服务队深刻践行了“我为群众办实事、我为群众解民忧”的诺言，以党员的“决心”换取群众的“暖心”。

送温暖，用心帮助困难群众

各新时代文明实践站以结对共建为契机，共同开展乡村文明创建，加强新时代文明实践站建设，为乡村文明创建工作注入活力，打通了宣传群众、教育群众、服务群众、凝聚群众的“最后一公里”。

滨河社区新时代文明实践站针对新和社区辖区老年人居多、地理位置较远的特点，将“天使到家”爱心义诊项目确定为结对帮扶新和社区的常态化项目。海达社区结合千钢社区实际情况，运用爱心服务点、服务热线，为辖区残疾居民及困难老人、留守儿童等提供“上门 + 预约 + 义剪”服务，不断提升志愿服务温度。

志愿者送法进农区

“童心童画公益小课堂”上举办的主题教育活动

从 2021 年 6 月起，城区 8 所新时代文明实践站举办了新时代文明实践结对帮扶“童心童画公益小课堂”，开展了诵读国学、创作硬笔书法、画画、做手工等活动，组织“不忘初心跟党走，童心共绘庆百年”庆祝建党 100 周年主题绘画、手工活动及“平安暑期”安全教育宣传活动。

促振兴，不断促进致富增收

通过文明“1+1”结对帮扶活动示范作用和资源优势的发挥，海勃湾区新时代文明实践示范点的辐射作用进一步增强，很多单位踊跃参加争创文明单位活动，成立了志愿服务队，让新时代文明实践逐渐融入村民日常生活，全面推动精神文明建设工作迈上新台阶。

狮城社区党委与王元地村结合实际情况，不断拓宽服务范围，通过共同学习参观、座谈讨论互动，畅通购买、推广、代销农副产品渠道，增强了村民的获得感，提升了满意度。

“每天晚上，新时代文明实践站会聚集很多人，大人跳舞、小孩到处戏耍，一片欢声笑语。如今，环境好，文化活动多，我们心里更高兴了。”千里山镇一位村民说。各村建设了新时代文明实践站、文化广场、农家书屋等场所，增设了健身器材，成立了广场舞秧歌队，举办了“新农村新生活”妇女培训，开展了“美丽庭院”“好媳妇好婆婆”评选等活动，处处都能让人感受到美丽乡村的无穷魅力。

通过一年的试点工作，海勃湾区新时代文明实践中心形成了以“结对共建”为主题内容的新时代文明实践品牌志愿服务体系。下一步，海勃湾区新时代文明实践中心将突出实践性、互助性，把结对互助作为新时代文明实践中心的重要内容，坚持“中心引导、所站动员、邻里守望”，有效地把群众聚集起来，不断提升群众获得感和认同感。

（五）巴彦淖尔市杭锦后旗蒙海镇:“村规民约”促和谐

为推进“三治融合”，树立良好的村风、民风、家风，巴彦淖尔市杭锦后旗蒙海镇以制定和完善“村规民约”为切入点，突出群众主体，触发参与动力，推动村民小组网格化“微治理”提质增效，为乡村振兴保驾护航。

人居环境“新面貌”

走进杭锦后旗蒙海镇西渠口村党群服务中心，包含 18 条内容

蒙海镇西渠口村村民自发开展环境卫生整治

的"村规民约"抬眼可见，一个个鲜红的手印是村民和自己的"约定"。"村规民约"分环境卫生、投工投劳及义务、私搭乱建损坏公物、村风民俗、制度制约5个部分，涉及乡村"微治理"的方方面面。对此，每位村民不但能道出一二，还对此称赞不已。

近年来，西渠口村党支部把群众获得感、幸福感作为检验农村人居环境整治工作成效的标尺，针对农村环境脏乱差等突出问题和重点区域，先后组织开展了多次人居环境整治行动。为促使制度规范执行，西渠口村成立了村民议事会和志愿服务队，按照"四议两公开"工作法，制定了《西渠口村人居环境评比制度》，各村民小组每季度评比一次。对评比中优秀的典型户通过广播、微信群等形式进行宣传，提升村民信用等级，并给予物质奖励。同时，对不配合人居环境整治的村民开展批评教育，屡教不改和情节严重者，降低村民信用等级，并暂缓发放各项优惠补贴。

“环境比以前好多了，路也都是水泥路，直通家门，门口种了花，家里还修了化粪池，厕所也变干净了。”村民王秀梅指着门外的村道开心地说。

移风易俗“新风尚”

“百里不同俗，千里不同风。”蒙海镇西渠口村党支部从宣传教育入手，将“反对封建迷信、破除陈规旧俗，喜事新办、丧事从俭，反对铺张浪费、大操大办”等写进“村规民约”，营造婚事新办、丧事简办、小事不办、恶俗禁办的社会氛围，引导村民移风易俗。

村红白理事会成员深入群众，积极宣传“婚事新办”“丧事简办”的社会新风尚。充分发挥德治引领作用，凡党员、入党积极分子、村组干部、红白理事会成员办理红白喜庆事宜，均要在事前报告村两委，自觉接受监督。树立“以德化人”理念，评选“党员示范户”“干净人家”“精巴媳妇”等 4 类最美户 10 户，涉及 13 人。通过培育一批“德治带头人”，引导形成向上向善的良好风气。

“自从有了‘村规民约’和红白理事会，村民的思想观念有了很大的提升，特别是大家心里有了一把‘尺子’，盲目攀比的现象也少了，不仅让‘村规民约上了墙’，也让‘村规民约落了地’。”西渠口村党支部书记说。

脱贫致富“新气象”

蒙海镇西渠口村有句顺口溜：“30 年前的先进村，后来停步不前行。地不肥、路不通，凑凑合合过光景。”在以前基础设施不完备的环境下，部分人“等靠要”思想严重，既不出工，也不出资。针对这一现象，西渠口村将“投工投劳及义务”写进“村规民约”，

蒙海镇西渠口村一角

农户有权监督水费分摊，但要按时交纳水费，要按时完成渠道清淤工作任务，如由于身体原因不能出工的需按时出资，以资代劳。

为了进一步激发村民创业致富的热情，村党支部在村民义务中明确要求要“艰苦创业、勤劳致富”，并引进永旺种养殖专业合作社，以每亩每年 800 元的价格流转土地 800 亩建设扶贫产业园区，既保证农户流转土地收益达到日常种植收益水平，又保证农民可以通过在园区打工获得收益。村民刘金凤曾经生活十分困难，她虽然心里急着想改变状况，但因为没有什么技术可以挣钱，只能干着急。2021 年，通过村两委的积极动员引导，刘金凤承包了 2 栋占地 2.6 亩的大棚，加上自己平时打工和养羊等所得，日子越过越红火。

“以前总觉得村里的这些产业园区跟自己没啥关系，现在是想方设法出工出力，想让园区发展得更好。”刘金凤感慨于自己生活上和精神上发生的巨大变化。

如今的西渠口村，自治自理、共建共享的发展理念深入人心，党组织的凝聚力越来越强，党员干部的公信力不断提高，村民的主人翁意识逐步觉醒，干部群众心往一处想、劲往一处使，共同谋划村庄建设发展，产业越来越红火，日子越来越有滋味。

（六）呼和浩特市回民区：在家门口乐享“文化大餐”

为进一步丰富社区文化生活，推动乡村、社区文明建设，向广大村民提供精神文化食粮，振兴乡村文化，营造良好的小康生活氛围，2020 年，送戏曲进乡村、进社区系列群众文化活动在呼和浩特市回民区攸攸板镇厂汉板社区文化广场举行。

活动现场人头攒动，座无虚席。台下坐满了来自附近的村民，他们个个兴高采烈。村民崔大爷满面笑容地说：“听说剧团来咱村演出，大伙可高兴了，我和老伴早早就过来，这戏真是送到乡村百姓的心坎上了。”喜闻乐见的戏曲表演丰富了基层群众文化生活，为厂汉板社区居民营造出健康向上的文化生活氛围，深深地温暖了民心。

戏剧这门传统文化艺术在农村群众中基础广泛，大家爱听爱看，许多村民希望以后能常常在家门口看戏。活动主办方表示，此次开展的送文化下乡活动贴近农村群众生活，群众易于接受，并积极参与，不仅丰富了农村的文化娱乐生活，同时为建设幸福和谐的美丽乡村创造了良好的社会文化环境。

厂汉板社区举办的文化活动

活动现场，铿锵的锣鼓、传统的唱腔和演员们惟妙惟肖的表演让观众大呼过瘾，演出现场的喝彩声、鼓掌声此起彼落，场上场下气氛热烈，群众真正地近距离感受到戏剧的魅力。

最爱看戏的是老人和留守儿童。老人们平时在家带小孩，除了看电视，没有其他娱乐活动，一听说有戏看，别提多开心了。台上表演者们表演得很卖力，台下观众也跟着演员一起笑一起愁，不时发出阵阵笑声和掌声，大家沉浸在欢乐的海洋中。

关注基层民生、关心群众生活，“送文化下乡”活动让老百姓在家门口就能享受到文化大餐，在丰富群众精神世界的同时，提高了群众的文化素养，传播了优秀的传统文化，提升了群众的获得感、幸福感。

厂汉板是蒙古语，“厂汉”意为白色，“板”为“板升”，意为土房子。厂汉板意为白色的土房子。如今，白色的土房子已成为时代记忆，逐步完善的基础设施，拔地而起的幢幢高楼展现出厂汉板的现代风貌，不断提升的居民文化素养彰显出厂汉板精神文明的内涵。

社区是广大居民的落脚点，是物质文明、精神文明和政治文明建设的着眼点。2009 年至 2010 年，村委会先后给符合条件的村民办理了社会养老保险和医疗保险。2011 年，村民陆续搬进配套设施齐全的乾沁源小区。2012 年 9 月，厂汉板社区分三批免费领老年人逛北京。村委会每季度给 55 周岁以上的女性村民、60 周岁以上的男性村民发放 300 元生活补贴，这些人还可免交物业费。每年村委会还会给有承包地的居民补助 720 元采暖费，基本实现了老有

厂汉板乾沁源小区广场

所居、老有所养、老有所医、老有所乐的目标。

（七）乌兰察布市察哈尔右翼中旗华泰村：“传习大院”学习忙

久困于穷，冀以小康。如今，村民们口袋鼓了，如何让精神生活丰富起来，这成为乌兰察布市察哈尔右翼中旗（以下简称察右中旗）广大农村地区面前的一道难题。在新时代文明实践建设过程中，创建“传习大院”成为察右中旗新时代文明实践工作的新模式。

察右中旗科布尔镇华泰村是2003年建成的移民新村，村内移民来自全旗12个苏木乡镇。文化程度较低、对新生事物接受能力不强、文化娱乐生活匮乏，是村民们的普遍现状。村民在农闲时打扑克甚至参与赌博是常事，还有人闹事斗殴，在村里大打出手。

为了解决过去的积弊，修好通往群众心里的路，推动习近平新时代中国特色社会主义思想扎根基层、深入人心，“传习大院”应运而生。

“传习大院”利用农户闲置的房屋和院落修缮改建而成，设置学习榜样、学习讲堂、学习书屋三个功能室，统一配备“学习强国”线下体验电视机、投影仪等讲习设备，思想理论、种植养殖、养生保健等10个类目书籍2000余册，其中有声读物300余册，为村民在家门口“充电”和“补钙”提供便利。

“传习大院”有六大传习员，即理论政策宣讲员、文艺文化辅导员、文明新风监督员、农技科普特派员、健康卫生指导员、评理议事调解员，通过村民自荐及群众投票产生。传习员会定期组织集

乌兰察布市察右中旗华泰村“传习大院”

中学习，讲解习近平总书记重要讲话精神、热点时政要闻、惠民利民政策等，将新思想、新政策一一传输给百姓。

“在‘传习大院’，每天听到的看到的，尽是新鲜东西。”曾荣获“学习强国”学习标兵称号的胡梅花老人说，她是“传习大院”的常客，也是一位理论政策义务宣讲员。

千难万难，问计于民就不难。“传习大院”的志愿者通过心愿箱、入户走访、平台反馈等方式收集群众需求，制定“5+N”工作计划，“5”即每月组织一次集中宣讲、一次义务体检、一次入户帮扶，播放一次公益电影，开展一次文化活动；“N”即根据群众多样化需求，有针对性地开展志愿服务。77 岁的戴荣花老人说：“这里能看电影、能看戏，是个让人心宽的好去处。”

一滴水只有汇入大海，才有磅礴的力量；一个人只有融入时代，才能奏响激扬的乐章。凝聚群众、引导群众，“传习大院”带动华泰村形成文明新风尚。

环境卫生明显改善。通过集中治理、引导做好“门前三包”“干

乌兰察布市察右中旗华泰村“传习大院”表彰先进

净人家”评比等活动，华泰村村容村貌有了明显改观。村民逐渐从依赖政府及村集体投资搞环境卫生变为自己主动参与搞环境卫生。村民逐渐对陌生的移民村产生归属感，发自内心维护村庄的一草一木。

脱贫攻坚动力十足。从党员干部到第一书记、从“土专家”到“田秀才”、从致富能人到道德模范，华泰村变“教什么学什么”为“用什么学什么”，提供点单式服务。只要村民想学，“传习大院”便竭尽所能地教，既“扶智”又“扶志”。村民白天干农活，夜晚来“传习大院”“充电”，学知识、涨技能。

冬季农牧区火灾防范要点、《民法典》解读、如何养羊才能获得最大效益……丰富多彩的课程在“传习大院”的学习讲堂里开讲，负责讲解的六大传习员秉持着接地气、能理解、用得上的原则，为村民讲解这些与生产生活关系紧密的课程，并引导村民将课堂知识应用到实践中。

移风易俗，睦邻友好。在“传习大院”文明清风的习习吹拂

村民在乌兰察布市察右中旗华泰村“传习大院”学习

下，华泰村风气逐渐改变：人情支出减少了，文化活动增多了；陈规陋习减少了，文明习惯增多了；矛盾纠纷减少了，先进典型增多了；谈治理的增多了，议是非的减少了；讲奉献的增多了，争利益的减少了；关爱互助的增多了，人情冷漠的减少了；邻里和睦的增多了，家庭争吵的减少了。

华泰村村民张小戈被村里人亲切地称为“万能老师傅”，他心灵手巧，不图回报，自学了一手修理的好本领。小到手表、家电的修理，大到电动车、三轮车的修理，他无一不精、无一不会。有些接受过他帮助的村民想给他一些修理费，被他婉言谢绝。他说：“都是乡里乡亲，人家有困难找你是对你的信任，有能力就帮一下，帮助他人也是一种美德。”

在“传习大院”阵地的辐射下，华泰村村风民风大为改观。“察右中旗‘传习大院’的模式在自治区内是首例，我们想通过这种模式，将原本松散的移民村村民凝聚起来，形成一个具有集体意识的大家庭，这将是一块富有意义的文明实践阵地，未来这样的阵地会出现在更多的农村牧区。”察右中旗宣传部部长介绍道。

微光点点，聚而成炬；垒土不辍，丘山崇成。小小的“传习大院”是察右中旗广袤农村牧区中挺立的一根根精神支柱，它以习近平新时代中国特色社会主义思想为引领，打通了宣传群众、教育群众、关心群众、服务群众的“最后一公里”。

（八）通辽市霍林郭勒市巴润嘎查：树和谐村风谱最美乡韵

草原书屋里，村民们利用农闲时间围坐在一起看书学习；文化活动室里，文艺爱好者们聚在一起吹拉弹唱赛技艺……寒冬时节，走进通辽市霍林郭勒市达来胡硕苏木巴润嘎查，一幅和谐优美的乡村画卷映入眼帘。

通辽市霍林郭勒市达来胡硕苏木巴润嘎查以社会主义核心价值观为引领，以文明村镇建设为导向，通过拓展新时代文明实践试点工作、开展道德银行建设、推进党史学习教育等，积极培育文明乡风、良好家风、淳朴民风，全力树和谐村风，谱最美乡韵。

文明实践树立乡风文明新形象

依托巴润嘎查新时代文明实践站，巴润党总支以服务群众、服务党员、服务发展为目的，成立“季庆瑞志愿服务队”，下设政策宣讲、技术指导等 8 个“志愿者帮帮团”，两委班子成员分别担任各个帮帮团团长，开展志愿者帮扶活动，切实解决村里百姓愁急难盼的各类问题。同时，以发挥“志愿者帮帮团”作用为抓手，依托网格和网格员队伍，做到“政务事务”专人代办，公开政务服务事项清单，安排专人为困难村民代办新农村合作医疗、养老保险、民政救助等事项1000件次，实现“便民服务”快捷专办，在新文明实践站统一设置便民服务专柜，满足村民困难救助、政策咨询、工具共享、生产技术咨询等需要。目前，“志愿者帮帮团”组织开展“帮困扶弱”助老活动、春耕备耕帮扶活动、美丽庭院建设活动等惠农助农的特色活动8次，充分展现了“一个党组织就是一座堡垒，一名党员就是一面旗帜”的精神面貌。

“道德银行”探索乡风文明新模式

为全面提升基层社会治理能力，霍林郭勒市积极探索党建引领、全民参与、自治法治德治相结合的治理新路径，在巴润嘎查试点运行“道德银行”，开办文明团结超市，通过建立积分兑换制度，对村民日常积极行为进行量化考评，鼓励村民以积分兑换超市物品，鼓励村民以“德”换物，让有“德”者有得，从而充分发挥道德力量在村民自我管理、自我教育中的积极作用，努力营造崇德向善、和谐有序的基层自治环境，以乡风文明全力助推乡村振兴。同时，将“道德银行”建设与好邻居、好媳妇、好公婆评选、寻找“最美家庭”等精神文明创建活动有机结合，建立月评分、季评星、年评模奖励机制，以“村好人榜”“道德红黑榜”等形式进行表彰，向村民清晰传递“好人文化”的价值理念，通过对村民进行精神与物质的双重奖励，充分发挥传统道德涵养人心的作用，为全面实施乡村振兴战略注入强心剂。

党史学习教育为乡风文明注入新养分

党史学习教育开展以来，巴润嘎查党支部立足嘎查实际，灵活运用学习方式，制定自学、集体学习计划，明确学习内容，线上线下齐发力。线下用好“三会一课”“主题党日”“领读党史”“专题

巴润嘎查“技术指导志愿者帮帮团”成员深入育苗服务中心，开展春耕备耕帮扶活动

研讨”等载体，开展集体学习、交流讨论、心得分享、测试等；线上利用“学习强国”学习平台、微信群推送学习链接，用“村村通”广播播放党史学习教育音频和爱国主义歌曲，引导农牧民党员多层面学习，确保党史学习教育覆盖面达到100%。注重将党史学习教育与嘎查工作结合起来，努力将学习成果转化为办实事的实际行动，深入推进“我为群众办实事”实践活动，边学习边收集群众急难问题，及时解决群众最关心、最迫切的生产生活问题，为群众幸福“加码”。

移风易俗培育乡风文明新风尚

巴润嘎查以全面提升新时代农民素质为目标，以调动农民群众内生动力为出发点，健全完善《村规民约》《村训》《村风文明理事会章程》等规章制度，积极开展“红灰黑榜”评议活动，通过逐户

俯瞰巴润嘎查的秋景

评榜、道德评议、审议公示、张榜公布四个环节，对本辖区常住居民进行系统评议，表扬奖励优秀村民带动后进村民，营造比学赶超的浓厚氛围。还将“红灰黑榜”评议活动与村规民约，红白理事会、道德评议会、村民议事会、禁毒禁赌会“一约四会”制度相结合，通过奖红榜、促灰榜、惩黑榜的方式，推动移风易俗，积极培育农村良好的家风、民风和乡风，促进农村精神文明建设。同时，评选典型代表，围绕家庭美德和个人美德，开展最美家庭、最美志愿者、美丽庭院、好婆婆、好媳妇、好党员、好青年和十星级文明示范户等评选活动，通过道德讲堂、周末剧场、群众课堂等载体，邀请嘎查村典型人物“现身说法”，营造“用身边人身边事教育身边人”的浓厚氛围。

七、绿富同兴　小康路宽

生态环境保护和经济发展是辩证统一、相辅相成的，建设生态文明、推动绿色低碳循环发展，不仅可以满足人民日益增长的优美生态环境需要，而且可以推动实现更高质量、更有效率、更加公平、更可持续、更为安全的发展，走出一条生产发展、生活富裕、生态良好的文明发展道路。

——2021 年 4 月 30 日，习近平总书记在主持十九届中共中央政治局第二十九次集体学习时强调

坚持生态优先 推动绿色发展 实现绿富同兴

党的十八大以来，内蒙古自治区牢固树立、深入践行习近平生态文明思想，坚定不移地坚持生态优先、绿色发展导向，厚植生态优势、发展绿色产业、促进增收致富，努力实现农牧业更强、农村牧区更美、农牧民更富的发展目标，让全面小康成色更足、底色更亮。

内蒙古自治区始终保持加强生态文明建设的战略定力，树牢绿

水青山就是金山银山理念，科学把握生态环境保护与产业发展的关系，不断培厚生态环境“含绿量”，提升产业发展的“含金量”，努力实现生态效益、经济效益、社会效益多效并举、相得益彰。

充分发挥内蒙古自治区绿色天然的生态优势，持续推动农牧业绿色发展。优化区域布局，推动农牧业结构调整，加快优势特色产业带和现代粮食产业园区建设。大力推广以控肥、控药、控水、控膜为主的绿色生产技术，大力推广优质专用品种，重点推广玉米、小麦、马铃薯等重点作物的标准化生产技术。坚持持续发展与草原生态保护相适应的畜牧业生产方式，严格落实草畜平衡制度，优化配置草地资源与牛羊存栏规模，科学控制牧区牲畜头数。进一步优化畜种结构，推动牧区少养精养，优化结构。积极落实草原补奖政策，加强棚圈、储草棚等基础设施建设，开展季节性舍饲，保障草牧场休养生息。积极推动草牧场合理流转，加快养殖大户、生态家庭牧场、股份合作社等规模养殖新型经营主体发展，扩大生产经营规模，走出一条以生态优先、绿色发展为导向的农牧业高质量发展新路子。

加强农畜产品品牌建设，做好地区优势产业规划和区域公用品牌规划和建设。以绿色、特色、生态农牧业支柱产业和优势产业为依托，重点培育一批“蒙字号”优质特色农畜产品知名品牌，进一步提高农畜产品附加值。突出企业在品牌建设中的主体地位，鼓励符合条件的农牧业经营主体使用区域公用品牌。发挥草原绿色生态优势和农畜产品纯天然优势，补齐生产加工短板，推动特色农产品、牛羊肉精深加工和民族奶食品特色加工发展，培育更多的区域公用品牌、企业品牌和产品品牌，提升草原农畜产品的品牌价值和产出效益。

广大农牧民坚持生态优先、绿色发展，更新发展理念，转变生产方式，积极治沙造林，改善生态环境，摈弃传统种养模式，加快实现集约化发展，大力发展乡村文化旅游产业，让绿水青山转化成金山银山。发展理念、发展方式的改变，在使生态环境得到保护、修复的同时，让农牧民的腰包也逐渐鼓了起来。不仅如此，广大农牧民还积极践行“先富带后富，共奔小康路”的理念，涌现出许多艰苦奋斗发展产业、互帮互助脱贫致富的小康故事。

（一）赤峰市喀喇沁旗：春到马鞍山

2 月的塞北，春寒料峭。从喀喇沁旗锦山镇驱车向东南行驶，顺着一条平直的公路进入马鞍山村，整洁的道路两旁，砖瓦房错落有致，太阳能路灯依次排开，农家乐、小吃店、超市的招牌一一闪过，一派美丽的新农村风光。

位于燕山山脉七老图山深处的马鞍山村，隶属于内蒙古赤峰市喀喇沁旗河南街道，这里因一座形似马鞍形状的山峰而得名，是革命老区、贫困山区，也是多民族聚居区和生态脆弱区。2019 年 7 月 15 日，习近平总书记来到马鞍山村考察。在村民家的小院里，总书记与基层干部群众围坐在一起，畅谈脱贫攻坚，共话民族团结，给大家加油鼓劲儿。

“总书记来过咱们村”——在马鞍山村党群服务中心，电子屏幕上的标语引人注目，这是马鞍山村全体村民的荣耀和骄傲。从昔日的贫困小山村到“中国最美乡村”“国家森林乡村”“全国旅游示范村”等殊荣加身的富裕村、文明村、网红村，今天的马鞍山村，万象更新！

新思路壮大新产业

马鞍山村的脱贫路是随着山葡萄产业的发展壮大走出来的。

“总书记到村里时，要我们因地制宜、因村施策，宜种则种、宜养则养、宜林则林，把产业发展落到促进农民增收上来。这话讲到了我的心坎儿上。”马鞍山村的老支书张国志说。

过去，马鞍山村是当地有名的贫困村，村里没啥像样的产业，全村 400 多户村民只有 385 万平方米耕地，“一把锄头二亩田，面朝黄土背朝天”，种的主要是玉米、谷子、高粱，收入一直上不去。

2016 年初，驻村工作队来到马鞍山村，为山葡萄产业发展撑腰助力：投入 45 万元扶贫项目资金，盘活了当时正处于亏损状态的葡萄酒公司，联系区内专家为村里的种植户开展技术培训，更换了耐寒、耐旱方面更具优势的品种，实施了总投资 46.6 万元的山

马鞍山村

地灌溉设施项目……一项项帮扶举措，针对的都是产业发展遇到的各种瓶颈。

2019年1月，为了更好地汇聚产业发展合力，驻村工作队与村党总支以融合党建的形式，与旗直单位、企业及周边村的16个党组织共同建立了马鞍山村山葡萄产业联合党委。联合党委把各家的组织优势、服务资源集中起来，根据村里提出的发展需求，成员单位提供力所能及的帮助。通过互联互动、融合共享，联合党委把组织优势转化成发展优势，真正将“自家事自家办”变为“一家事大家办”。

短短几年光景，马鞍山村的山葡萄产业规模扩大了，附加值提高了，产业链延长了。村里建成了集中连片的种植基地，山葡萄种植面积从2016年的133万平方米发展到2020年的233万平方米，占全村耕地面积的一半以上。村里形成了“公司 + 基地 + 农户”“种

马鞍山村的山葡萄

植—加工—销售”的产业发展模式。全村一半以上的村民种植山葡萄，还有四五十名村民利用社交软件做起了葡萄酒微商。村里出产的葡萄酒涵盖不同档次的20多个品种，山下建起了红酒庄园，吸引游客前来观光体验并为客户提供定制服务。通过微商带货，葡萄酒的销路扩展到全国各地。

新理念带来新生机

站在马鞍山村，一眼望去，群山环绕、林海茫茫。2019年，习近平总书记在马鞍山林场留下殷殷嘱托：筑牢祖国北方重要的生态安全屏障，守好这方碧绿、这片蔚蓝、这份纯净。如今，这份嘱托早已成为马鞍山村干部群众内化于心、外化于行的信条。

“靠山吃山”一直是马鞍山村生存与发展的基本形式，而生态资源利用方式是否可持续，让“靠山吃山”这个词在过去与现在的马鞍山村呈现出截然不同的内涵。

“扁担挑、毛驴赶，山上的柴火变成钱。”二十世纪七八十年代以来，村民大量砍柴养羊，当地生态环境一度恶化。马鞍山林场职工王一凡对往事记忆犹新：“我小时候，这儿差不多就是荒山，只要下大雨，村子里就发大水。”山洪一下来，路断了、田毁了，牲畜也时常被冲走。眼看着村里的年景一年不如一年，村民们只能把过上好日子的希望寄托在大山之外，都想着往外搬、到外头闯。

2001年，村里召开了村民代表大会，经过讨论，通过了“谁造谁有”的绿化补植决议。这一做法极大地调动了村民绿化家园的积极性，大家开始在房前屋后、河滩大沟、荒坡野岭栽种树木。党的十八大以来，马鞍山村封山育林200万平方米，人工造林约67万平方米。截至2019年，全村森林覆盖率达90.2%，马鞍山村在

马鞍山的秋色

这一年被评为“国家森林乡村”。绵绵的青山为500公里外的首都北京乃至整个华北平原竖起了一道坚实的生态屏障。村子周边生态环境的改善释放出巨大的经济效益。这几年，村里的旅游业蓬勃发展，游客络绎不绝，农家乐、民宿遍地开花，红酒庄园、汽车营地、射击体验场等纷纷投入运营，村里的葡萄酒、农家特产和山野菜也不愁卖了。

“每到旅游旺季，我们得从大清早一直忙到晚上九十点钟，”马鞍山村农家乐老板王子成乐呵呵地说道，“我们用的都是村里贫困户自家种植、采摘的蔬菜、干果和山野菜，雇用贫困人员，还按照村里统一安排，设置了贫困人员公益岗。一个旅游季下来，大家收益都不错。”

在马鞍山村，生态带动旅游、旅游带动扶贫，已形成一个完整的链条。“在这个链条上，生态可以说是马鞍山村发展的基底，也是我们的‘拳头产品’，”喀喇沁旗派驻马鞍山村第一书记刘叶阳说，“守护绿水青山，在良好生态中汲取源源不断的发展红利，就是马鞍山村脱贫致富的新路子。”

（二）锡林郭勒盟乌拉盖管理区：生态底色美　绿色发展强

夏日的乌拉盖草原绿波千里、花团锦簇，行走在草原上，远眺碧野蓝天，呼吸着纯净的空气，这样的美景令人心旷神怡，流连忘返。草原深处牛羊遍野，如诗如画，一派兴旺景象。

锡林郭勒盟乌拉盖管理区积极践行“绿水青山就是金山银山”理念，坚定不移走绿色可持续发展道路，加强生态保护修复力度，使草原生态环境质量持续改善，群众生态获得感不断增强，“绿色家底”越来越殷实。

综合政策填充生态底色

锡林郭勒盟乌拉盖管理区统筹推进山水林田湖草沙系统治理，坚持保护优先，以自然恢复为主，大力实施京津风沙源治理项目，制定退耕还林、退牧还草、围封转移战略等综合性治理措施，通过开展退化草场改良、盐碱化草地治理、沙化草地治理等多个生态治理项目，充分发挥大自然自身修复能力。截至 2020 年，锡林郭勒盟乌拉盖管理区累计重点区域绿化面积 329.6 万平方米，完成天然草原修复 1.67 亿平方米、沙地治理 200 万平方米，建成区绿化率达到 42.9%，天然草原植被盖度达到 80.4%，居全区前列。

严格落实河湖长制，通过水污染治理、水生态修复、水资源保护“三水共治”的方式，加大管理力度，境内河湖生态环境不断

内蒙古锡林郭勒盟乌拉盖九曲湾蜿蜒曲折，像一条哈达镶嵌在绿色的大地上

改善；推进饮用水水源地规范化建设，加大再生水回用管网建设力度。“十三五”期间，乌拉盖河流域水质稳定在Ⅳ类，集中式饮用水源水质除本底值外，其余所有指标均达到Ⅲ类。

制定了禁休牧、草畜平衡、打贮草等多项管理制度，“十三五”期间累计发放草原补奖资金 2.8 亿元，6 亿多平方米禁牧区实现“零放牧”；建立并严格执行“三线一单”制度，将 50% 以上的土地面积划入生态保护红线范围；大力推进绿色矿山建设，2020 年全年治理面积和资金投入分别为 14 平方千米、2.2 亿元；启动了国家草原自然公园试点建设项目，率先在全盟开展国家生态文明建设示范区创建工作。

绿色发展释放生态效益

锡林郭勒盟乌拉盖管理区以打造生态文明示范区、“两山”实践创新基地为抓手，坚持一二三产融合发展，积极探索绿水青山向金山银山转化路径，实现生态产业化、产业生态化。大力发展全域旅游示范区、现代精品畜牧业等项目，持续推进原之源矿泉水、麦香面粉品牌、肉牛全产业链体系及“天边大草原 · 纯美乌拉盖”旅游品牌建设，并以此为示范引领，加快打造清洁能源、节能环保等产业链，构建起乌拉盖管理区现代绿色产业体系，走出一条以生

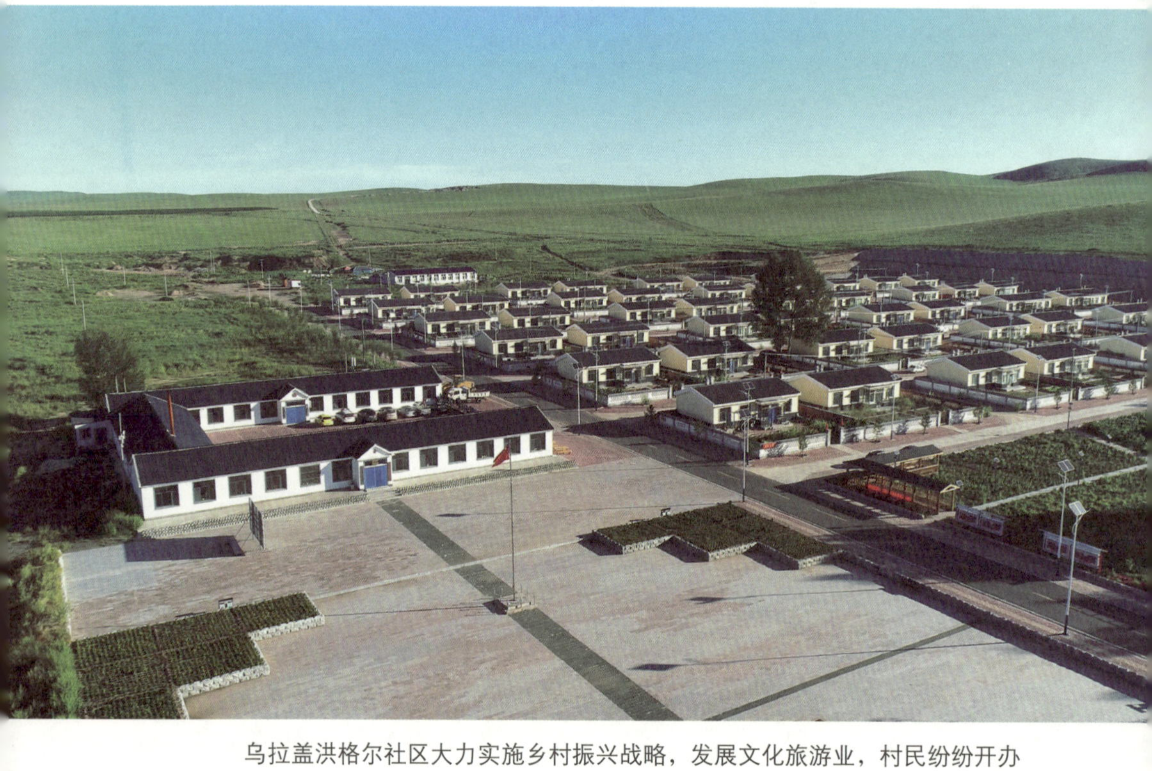

乌拉盖洪格尔社区大力实施乡村振兴战略，发展文化旅游业，村民纷纷开办民宿

态优先、绿色发展为导向的高质量发展新路子。

锡林郭勒盟乌拉盖管理区已建成 AAAA 级景区 2 处、AAA 级景区 1 处，布林泉、野狼谷、九曲弯等品牌景区逐渐享誉全国，旅游人数和收入保持高速增长，旅游业带动传统服务业提档升级，城乡居民人均通过旅游业增收 2400 多元；原之源矿泉水先后获得锡林郭勒盟知名商标和内蒙古自治区著名商标称号；大力推进现代精品畜牧业发展，优质良种肉牛品牌效应日益凸显，个体质量不断提高，牧业年度优质良种肉牛存栏总量突破 7 万头。2020 年，养牛户人均来自肉牛产业的纯收入达到 8.6 万元，较 2016 年增加 5.6 万元。

乌拉盖牧场 AAAA 级景区——布林泉

锡林郭勒盟乌拉盖管理区通过开展生态文明示范创建工作，引导群众走生态路、吃生态饭，人民群众切实享受到绿色发展成果，一幅“天蓝、草绿、水清、人和、业兴”的幸福画卷正在乌拉盖草原上徐徐展开。

（三）兴安盟科尔沁右翼中旗：以绿水青山为底蕴做活“吃生态饭”文章

兴安盟科尔沁右翼中旗积极践行“绿水青山就是金山银山”理念，坚持以生态优先、绿色发展为导向，统筹推进山水林田湖草沙系统治理，实施“生态立旗”战略，使“绿水青山”变成“金山银山”，走出了一条经济发展和生态保护协同并进的绿色发展之路。

绿色“家底”的回归为科尔沁右翼中旗经济发展打下了厚实的生态基础：截至 2021 年末，科尔沁右翼中旗共完成造林 8.33 亿平方米、退耕还林还草 1.2 亿平方米、水土流失治理 1.67 亿平方米；目前，科尔沁右翼中旗森林覆盖率已提高到 18.54%，草原综合植被盖度达到 64%，生态文明建设工作取得了显著成效。2020 年，科尔沁右翼中旗被命名为国家“绿水青山就是金山银山”实践创新基地。

守住生态底色，厚植生态优势

“沙尘暴一年刮一次，一次刮半年”曾用来形容巴彦茫哈苏木哈吐布其嘎查不断恶化的生态环境。巴彦茫哈苏木哈吐布其嘎查地处科尔沁沙地腹地，过去土地荒漠化、盐碱化严重，加上农牧民过度放牧，往年还没到雨水丰沛的季节，草场的草就被牛羊吃没了，恶劣的生态直接影响农牧民的生产生活。

为解决生态环境与农牧业发展之间的矛盾，2017 年，巴彦茫哈苏木按照科尔沁右翼中旗委、旗政府“三禁”（禁牧、禁垦、禁伐）政策和退耕还林、退牧还草、划区轮牧等一系列生态恢复措施，开展生态修复工作。

“现在沙棘林种成之后，我们这里风小了，风里的沙子也少了，环境比以前好多了。”说起生态治理带来的变化，哈吐布其嘎查牧民呼斯乐深有感触。

“饲草配套、种养结合”有力地破解了保护生态和发展畜牧业之间的矛盾，发展思路的转变带来“生态美、百姓富”的良性发展。近年来，在中宣部的推动下，“蚂蚁森林”防沙造林项目在科尔沁右翼中旗落地，覆盖 7 个苏木镇和 3 个国有林场，在科尔沁右

科尔沁右翼中旗巴彦茫哈苏木脱贫对象包额尔敦仓正在给牛喂饲草料

翼中旗筑起绿色生态屏障。

草原增绿、牧业增效也让生态护林员包额尔敦仓的生活越来越富足。

2016年，包额尔敦仓一家被列为建档立卡贫困户。在易地搬迁、教育、医疗等一系列政策的帮扶下，包额尔敦仓治病的医药费报销了90%，还住进了新房。2019年，趁着中宣部机关干部职工捐赠100万平方米生态沙棘林，包额尔敦仓当上了生态护林员，每年守护生态林有1万元的收入。

据包额尔敦仓讲述，他脱贫致富的收入更大一部分来自舍饲养牛。2017年，在苏木党委、苏木政府的扶持下，他利用扶贫产业资金养起了牛，这些牛与后来陆续出生的小牛犊成为家里的主要经济来源。

“跟过去相比，现在过年也感觉不到新鲜了，因为吃穿不愁了。2021年，我卖了10头牛犊，挣了10余万元。为了让牲畜在春节期间有充足的‘口粮’，我准备了30车青贮饲料，加上玉米秸秆，这些饲料能喂到7月份左右。”包额尔敦仓说道。

生态环境的改善更加坚定了科尔沁右翼中旗以绿色引领高质量发展的决心。围绕“吃生态饭、做牛文章、念文旅经”的发展思路，科尔沁右翼中旗委、旗政府一手抓生态环境，一手改变传统的饲养模式，通过实施“减羊增牛”和“粮改饲”政策，引导农牧民采用舍饲圈养肉牛，减轻对草场的破坏，促进农牧民增产增收。

坚持绿色发展，筑牢发展基石

冬日的暖阳照着米黄色的草垛，在额木庭高勒苏木布拉格台嘎查养牛户马喜山一家的院子里，小牛犊正在牛舍中等待着美味的饲草。

科尔沁右翼中旗额木庭高勒苏木布拉格台嘎查长势喜人的紫花苜蓿

问及收益时，马喜山的喜悦之情溢于言表，给我们算起了年终账。他说："2021 年夏天，我打了 6 天的杏，卖了 3000 块钱。嘎查每年会把后山上种的紫花苜蓿打捆分给我们，我们每户可以分得 150 捆，每捆 20 元，可以节省 3000 块钱的饲料钱。紫花苜蓿的优点是蛋白含量高，掺在饲料里面，对牛的生长有好处，出奶率也提高了。农业上，玉米卖了 10 万元，13 头牛犊卖了 10 万元，除去成本，净收入达到 15 万元。"

"2012 年之前，我们嘎查水土流失特别严重，那时候就开始造林，已经造完林地 73 万多平方米，有效地改善了生态环境，产生了非常好的经济效益。"额木庭高勒苏木布拉格台嘎查党支部书记陈国发说。过去这里满山遍野都是草根，结合小流域治理，挖了鱼鳞坑后，利用鱼鳞坑栽植杏树，两个鱼鳞坑之间的空隙用来种紫花苜蓿。这些生态治理方式，既保护了生态环境，又能有效防止山洪的发生。

实施“生态立旗”战略过程中，小流域治理成为科尔沁右翼中旗的“必答题”。2021 年，科尔沁右翼中旗对水土流失严重的流域和侵蚀沟相对集中的区域进行梳理，在吐列毛杜镇新艾勒嘎查、巴仁哲里木镇哈旦阿拉嘎查采取开挖水平坑，在水平坑埂穴播柠条，削坡等方式实施小流域综合治理，共计开挖水平坑 17 万余个，治理水土流失面积达 28 平方公里，有效防止了山洪的发生。

绿色产业筑基，生态富民双赢

临近春节，科尔沁右翼中旗额木庭高勒苏木布拉格台嘎查党支部书记陈国发又当起了嘎查保鲜库的“销售员”，忙着接收订单、装箱、结账……这样的场景自从嘎查保鲜库正式运营后经常出现。

“我家是突泉的，这马上要到春节了，听说这里的龙凤果非常好，都是天然绿色食品，不打农药，所以我特意来这儿买两件龙凤果，回去送亲属，再剩下一部分家里留着吃。”来自突泉的顾客景文祥说道。

近年来，额木庭高勒苏木布拉格台嘎查以生态文明建设为抓手，秉承绿色发展理念，重点加强小流域治理，因地制宜发展特色林果业，采取“采摘＋储存”发展模式，建设了一座占地面积 400 平方米的水果保鲜库，实现了生态效益和经济效益双丰收。

对于未来的发展，陈国发表示，今后要扩大林果种植规模，发展林下经济。此外，还将发展采摘园、乡村旅游，依托良好的生态，带领农牧民将生活越过越好，把“绿水青山”变成农牧民增收的“金山银山”，将这里打造成为人们心中充满诗意的栖居之地。

“绿水青山就是金山银山”，理论到实际，需要认真地贯彻落实、坚定不移地扎实推进。科尔沁右翼中旗正在用实际行动，不断持续提升生态环境质量，以建设祖国北方重要生态安全屏障为目标，深入实施“生态立旗”发展战略，开启科尔沁右翼中旗经济社会高质量发展新征程。

（四）兴安盟阿尔山市白狼镇：放下斧头搞旅游　实现绿色转型

初秋时节，地处内蒙古大兴安岭林区腹地的阿尔山市白狼镇草木繁盛，正迎来一年中的旅游旺季。做马车观光生意的于久江举起马鞭，吆喝着：“坐好了，走咧！”坐在马车上的游客纷纷拿出手机，拍下沿路的美景。

于久江的乡村小马车拉出幸福生活

57 岁的于久江是阿尔山市白狼林业局的一名林业工人。几十年来，从手举伐木斧头，到手握马鞭搞旅游，于久江的个人经历就是内蒙古大兴安岭林区百姓生活变迁的缩影，见证了当地从林业到旅游业的绿色转型。

阿尔山市横跨大兴安岭西南山麓，是我国重要的木材供应地。作为一名“林二代”，19 岁时，于久江加入伐木大军。“那时候起早贪黑上山砍树，两头不见日头，”他回忆说，“当时条件简陋，油

天然清新的大氧吧——阿尔山

锯不够用，就拿弯把锯手工砍木头。有时汽车进不来，要靠手拉肩扛或马车运木头。”

在一次伐木作业中，于久江的左手食指不幸被锯断。“伐木工作苦得很，轻、重伤都受过，避免不了。”于久江说。除了工作艰苦，伐木工人的生活环境也堪忧。那时，于久江一家 4 口住在 50 多平方米的“板夹泥”工棚里，冬天漏风，夏天漏雨，每天砍柴烧火做饭。

更令人不安的是，由于长期过度采伐，当地森林资源难以为继，生态环境逐渐恶化。为守住绿水青山、造福子孙后代，从2012年冬季木材生产期开始，阿尔山市全面停止森林采伐。

放下斧头，路在何方？

“因林而建，也要因林而兴。要让绿水青山，变成真正的金山银山，”白狼镇镇长说，“停伐后，白狼镇成为典型的‘老少边穷’地区。为谋求新生，当地依托林海、冰雪风光和林俗文化，大力发

杜鹃湖畔的杜鹃花竞相绽放

展旅游业，真正实现从‘砍树到看树’的转变。”

如今，在白狼镇林俗村入口处，醒目地写着一句话：“放下斧头当导游，小康生活不用愁。”于久江不仅从一名伐木工变为护林员，还参与乡村旅游，夏天带游客观光，冬天带游客体验冰雪乐趣。

由于游客众多，于久江的旅游生意非常红火，腰包眼见着鼓了起来。2018 年，于久江成立了旅游合作社，带动村里的困难群众脱贫致富。于久江说："受疫情防控影响，旅游收入有所减少，往年生意好的时候，合作社一天最多能赚三四千元。"

为改善老林业工人的居住条件，当地政府实施了棚户区改造。"我家分到一套80多平方米的新楼房，过上了以前想都不敢想的新生活。"于久江满意地说，"搬入楼房后，冬天再也不怕冷了，屋里养了十几盆鲜花和绿植，生活品质明显提升。"

当地像于久江一样脱贫致富的人还有很多。阿尔山市旅游直接从业人员已超1.4万人，2019年旅游人数增长到约500万人次，旅游收入达60余亿元，这里的人们在生态环保和发展绿色经济上走出了一条可持续发展之路。

从伐木到护木，再到发展特色旅游，阿尔山的生态环境越来越好。春天赏杜鹃、夏季玩天池、秋日看林海、冬季泡温泉……一幅美丽的生态转型图景正在内蒙古大兴安岭林区铺展开来。

（五）鄂尔多斯市乌审旗：毛乌素沙地的"明沙"绿了

"明沙"——内蒙古鄂尔多斯市乌审旗地区方言，意为明晃晃的沙地，光秃一片，无边无际。这是在茫茫大漠中挣扎许久的人才能创造、理解的一个词。乌审旗地处3.2万多平方公里的毛乌素沙地的中心，自二十世纪六七十年代起，当地人开始了艰苦卓绝的治沙事业。近60年过去，"明沙"之上，绿色生活蔚然成风……

父亲的沙，儿子的草

"我父亲说'你赶紧回来吧，门都快被沙子挡住了！'"667万平方米草场的深处，坐在现代化的砖房里，吉日嘎拉图大叔回忆起过去。

那个时候，吉日嘎拉图大叔家所在的乌审召镇布日都嘎查，1.13亿平方米的土地，只有1330万平方米有草。“屋前屋后都是‘明沙’，没有一点绿色。我家的草地只够养活十几只羊和一头牛。”吉日嘎拉图大叔说。

难道这万亩土地要让黄沙掩埋吗？

父亲的呼唤让在外打工的夫妻二人毅然回家，他们下定决心，要把“明沙”种绿！

“那个时候哪懂怎么种，一开始种沙蒿，种了5年都种不活。”说起当年的“有勇无谋”，吉日嘎拉图大叔非常无奈，“花了3年时间，活了八成，结果第4年又被‘明沙’埋住了。”

性格刚直的吉日嘎拉图不惧辛苦劳累。沙蒿干死，那就补种；“明沙”会流动，那就换个方向种。就这样一次次尝试，到第5年，大叔终于在黄沙中看到些许绿色。

“到2005年，我家地里的‘明沙’都种上了草。”吉日嘎拉图骄傲地说。

截至2020年，吉日嘎拉图大叔家的草地养了200多只羊、40多头牛，一年纯收入达到18万元。装修好的新房前后草木葱茏，门前的杏树已经结果，果子酸甜可口；长得最高的沙柳丛，牛羊钻进去就看不见了。

沙地藏“宝”

同吉日嘎拉图家一样，贺子华的家也曾被“明沙”围困，他的父亲也曾充满希望地把一株株沙柳种下。

贺子华没想到的是，当年父亲种下的沙柳，如今成为可资利用的宝贝。

鄂尔多斯市乌审旗乌兰什巴台村党支部书记刘二飞说：“沙柳只要按周期采伐，就会一茬又一茬，越长越茂密。”

沙柳有什么用？当地的毛乌素生物质热电公司专门用它来发电。2019 年，这家公司以每吨 400 元的价格，从牧民处收购 25 万吨沙柳，发了 1.6 亿度电，带动周边 5000 多户牧民增收。

除了发电，沙柳还有别的“变宝大招”——可以用来加工成生物质燃料颗粒。沙柳经过干燥、粉碎、压缩等一系列工序，就变成了小拇指大小的一个个圆柱体。这些颗粒小小的一捧，其发热量是同等重量标准煤的 60%。

2018 年，贺子华卖了 14 吨沙柳。在政府帮助下，他还新建了 120 平方米的羊棚，打了一口 150 米的深井。2019 年，他家年收入达到 7 万多元。

“父亲把沙地固住了，我还想在上面种苜蓿，攒钱给儿子娶媳妇。”贺子华胸有成“草”地说。

每抹绿色都是财富和希望

毛乌素沙地干燥少雨、日照漫长，不适合种植水稻、小麦，却是甜味水果生长的天堂。

来自河南安阳的李孔一家，正是看上了这里与新疆水果产地类似的环境，举家迁徙，用 8 年的时间，种起一片约 47 万平方米的枣林。

“枣树对水的需求相对没那么多，好管理，种在沙地上还能起到固水土的作用。”说起枣树的好处，李孔如数家珍。

“600 多平方米 5 年树龄的枣树 1 年产果 1000 斤，保底收入能达到三四千元，”李孔算起账来，“在当地政府支持下，我们还免费向村民提供树苗，有 60 多户贫困户种上了枣树，整个乌审旗已经有 333 万平方米枣林。”

经过几代人的努力，曾经“躁动不安”的毛乌素沙地“安分”下来。沙固住了，就能种草、放牧，长草、卖枝，种树、结果。“明沙”绿了，每抹绿色都是财富。

（六）巴彦淖尔市：让“塞外明珠”绽放更美光华

每年春季，包括疣鼻天鹅在内的成千上万只候鸟会飞回故乡乌梁素海，它们在湖面上嬉戏，好不热闹。

“塞外明珠”乌梁素海是黄河流域最大的淡水湖，也是地球上同一纬度最大的湿地。地理位置的特殊性决定了它功能的重要性。它是绿色屏障，能抵御西边乌兰布和沙漠的风沙；它是生命源泉，东边的阴山、北边的乌拉特草原得益于它的滋润，呈现出一片生机盎然的景象。

习近平总书记十分关心关注乌梁素海综合治理工作，多次对乌梁素海综合治理作出重要指示批示。2021 年 3 月 5 日，习近平总书记在参加十三届全国人大四次会议内蒙古代表团审议时强调：“乌梁素海我作过多次批示。现在看治理取得了明显成效，还要久久为功。”

乌梁素海综合治理任重道远。近年来，巴彦淖尔市牢固树立“绿水青山就是金山银山”理念，坚决贯彻落实习近平总书记关于乌梁素海治理的重要指示批示精神，统筹推进乌梁素海综合治理。

巴彦淖尔市着力加快乌梁素海流域生态环境保护治理法治化进程，出台了乌梁素海湿地水禽保护区等地方性法规，编制了乌梁素

乌梁素海风景如画

海综合治理相关规划，保障生态文明建设依法有序进行。成立了乌梁素海治理专项领导小组，组建乌梁素海生态保护中心，健全完善定期听取汇报、协调调度、督查问效等工作机制，及时研究解决重大事项、重大问题，推动各项任务有效落实；将生态文明建设纳入实绩考核重要内容，逐年加大考核权重。

同时，以实施乌梁素海流域山水林田湖草生态保护修复国家试点工程为抓手，坚持系统思维，围绕沙漠综合治理、乌梁素海湖体水环境保护与修复等 7 个方面开展系统治理。《乌梁素海综合治理

乌梁素海的候鸟

规划（修编）》中的34个项目全部完工，《“十四五”乌梁素海流域生态环境保护治理规划》中的13个重点项目，开工9个。开展“四控两化一整治”行动，有效控制农业面源污染，乌梁素海流域生态环境持续改善。乌兰布和沙漠治理区被评为国家“绿水青山就是金山银山”实践创新基地。

乌梁素海深入推进综合治理，生活在附近的群众是治理成效最直接的见证者——环境越来越美，生活越来越好，让乌梁素海更美已经成为群众的自觉行动。

走进农民刘秀珍家中，只见到处都是盆栽、鲜花，家里生机盎然。这几年，她主动调整种植结构，家中5.3万平方米的土地由种玉米改成种小麦，并且坚持不用化肥、不覆膜，只用畜禽粪便，人工拔草。她说："农田是自家的，但空气是共用的。谁不想自己的家园变得美丽？"据刘秀珍介绍，她家的小麦粉成功申请了绿色食品标志，每年增收4万多元。这种思想观念、生产生活方式的转变，为乌梁素海综合治理注入了持久的动力。

新时代开启新征程，新征程要有新作为。2022年，巴彦淖尔市将制定黄河流域生态保护和高质量发展实施方案，把保护母亲河摆在更加突出的位置；加快推进乌梁素海流域山水林田湖草生态保护修复国家试点工程建设，争取年内完成验收，争创优质工程；高标准实施《"十四五"乌梁素海流域生态环境保护治理规划》，高质量完成年度建设任务；实施乌梁素海"渔民上岸"工程，让湖泊休养生息。

（七）阿拉善盟：特色种养业成为绿富同兴"金产业"

沙海生金，说来容易，但对于阿拉善盟来说，做起来绝非易事。

作为全区土地面积最大的盟市，阿拉善盟的生态环境极其脆弱：27万平方公里的土地上，沙漠、戈壁、荒漠化草原各占1/3，生态脆弱区占到整体面积的94%。

面对这样的立地条件，智慧的阿拉善人没有被吓倒，他们的做法是：因地制宜、绿色发展、扬长补短、沙海淘金，在沙漠中发展特色“金产业”。

多年来，立足特色资源禀赋，阿拉善盟遵循自然规律和生态优先、绿色发展的根本要求，在生态保护建设中将荒漠化防治、防沙治沙与沙产业发展有机融合，聚焦特色优势产业，充分利用沙漠资源，积极培育以肉苁蓉、锁阳、沙地葡萄、双峰驼等为主的特色沙产业，取得了可观的效益。

“十三五”期间，阿拉善盟林沙产业产值达 199.5 亿元，直接和间接从事沙产业的农牧民达 3 万多人，人均年收入 3 万 ~5 万元。

放眼当今的阿拉善，沙变绿，绿生金，绿富同兴。

生态沙生新产业，绿了沙漠富了百姓

来到贺兰山北麓，乌兰布和沙漠南缘，一片东西望不到头的绿色林带挡在沙漠之前，阿拉善左旗宗别立镇内通过退耕还林建设的万亩梭梭林，如同忠诚的卫士携手筑起的防护屏障，牢不可破。

种植梭梭林嫁接肉苁蓉，发展生态沙生新产业，是阿拉善盟牢固树立“绿水青山就是金山银山”发展理念，立足盟情发展绿色产业，实现可持续发展的创新举措。

为了鼓励牧民积极发展生态沙产业，阿拉善盟出台鼓励农牧民种植梭梭林和发展沙产业的优惠政策，确定给予梭梭种植户适当的奖励性补贴，并建立科技特派员制度，实行沙产业片负责制。通过政策扶持，阿拉善盟启动了梭梭肉苁蓉、白刺锁阳、黑果枸杞“三个百万亩”林沙产业基地建设。

阿拉善盟已形成肉苁蓉、锁阳、黑果枸杞、沙地葡萄等多个沙产业基地。如今，“阿拉善肉苁蓉”“阿拉善锁阳”被国家市场监督管理总局批准注册为地理标志著名商标。阿拉善盟也被中国野生植物保护协会授予“中国肉苁蓉之乡”称号。

生态沙生新产业的发展，同样离不开龙头企业的带动。

在内蒙古宏魁苁蓉集团梭梭林基地，只见一片片梭梭林迎风而立，铺向天际。该集团是阿拉善盟较早发展沙产业的企业，目前已发展成为集梭梭种植、苁蓉接种以及相关产品研发、生产、销售于一体的龙头企业。

为了加快培育沙产业，同时让更多农牧民加入产业化发展的链条，集团于 2011 年建立了农牧业产业化肉苁蓉—梭梭基地，成立了宏魁沙产业合作社，由企业无偿给合作社农牧民提供技术、设备、种子和苗木，规范种植梭梭嫁接肉苁蓉和锁阳。农牧民收获后，企业以市场价收购农牧产品并进行深加工。

为使生态沙生产业形成规模，阿拉善盟以“沙地绿起来、企业强起来、牧民富起来”为目标，依托肉苁蓉、锁阳等资源，培育和引进 48 家企业投资沙产业，大力实施“企业 + 基地 + 科研 + 合作社 + 农牧民”的产业化模式发展沙产业，不仅有效保障了农牧民发展沙产业的收入，提高了沙产业深加工的附加值，而且有利于沙产业产业化发展模式的构造。

蓬勃发展的生态沙产业如今已成为农牧民增收致富的钱袋子。阿拉善盟通过“公司 + 基地 + 科研 + 合作社 + 农牧户”的模式走上了“沙漠增绿、产业增值、企业增效、农牧民增收”的可持续发展之路。

“沙漠之舟”承载健康产业新使命

作为全国双峰驼的主产地，阿拉善盟被誉为“骆驼之乡”，全盟骆驼存栏数曾一度占到全国骆驼总数的一半以上。然而，随着骆驼在沙漠地区传统的驮骑等功能被现代交通工具所取代，加之受骆驼繁殖周期长、养殖效益低等因素影响，牧民养驼积极性普遍下降，双峰驼在阿拉善盟一度濒临灭绝。

为了唤醒这份沉睡的资源，阿拉善盟将驼产业作为兴边富民的自主产业，全力抓好落实，通过政策引导、资金支持、协调服务等方式，加大对驼产业的培育扶持力度，让“沙漠之舟”承载着健康产业新使命，再踏新征程，续写新传奇。

从高空俯瞰阿拉善右旗巴丹吉林镇，雄浑奇特的大漠风光中，内蒙古沙漠之神生物科技有限公司白墙蓝瓦的建筑吸引了众人的目光。在其生产车间内，一桶接一桶新鲜的驼奶正在被倒进保鲜罐里。经过生产线的高速运转，新鲜的驼奶被加工成驼乳粉、驼奶片等产品推向市场。

不仅如此，阿拉善盟以科技创新为引擎，依托产业园区建设，加大产品研发和产业培育力度，将传统的骆驼养殖转化为新兴的健康产业发展优势。

阿拉善盟累计投入少数民族发展资金3986.4万元，实施驼产业类项目40个。建成全区首个骆驼产业科技园、全国首家骆驼研究院，推动驼产业产学研一体化发展。重点对骆驼基因、骆驼生物制药、骆驼良种化繁育及驼乳制品等进行科研攻关，致力打造驼产业精深加工产业链，不断推出骆驼奶食品、驼肉食品、驼胶保健品、骆驼系列高端纺织品以及生物制药等产品。

阿拉善盟将骆驼非物质文化与沙漠文化、旅游文化深度融合，形成别具特色、交融发展的民族文化发展新格局，打造骆驼文化品牌。

（八）通辽市扎鲁特旗：走现代畜牧业发展的“绿富”双赢之路

5月的内蒙古通辽市扎鲁特草原微微泛绿，牧群和洁白的蒙古包散落在茫茫的草原上，景色宜人。

王喜良家住在通辽市扎鲁特旗查布嘎图苏木查布嘎图嘎查，经营着家庭牧场。说起王喜良，周围的牧民都竖起大拇指，他是远近闻名的养牛能手。王喜良虽然只有小学文化，但靠着勤劳的双手，成为嘎查的“致富带头人”。

王喜良驾驶着撒料机喂牛

近年来，王喜良探索开拓出一条从粗放到集约，从分散到集中，兼顾生态效益和经济效益的科学畜牧业发展道路。王喜良介绍说，自己刚开始经营养殖业时，家中只有5头牛，经过不断发展，到2016年达到100多头牛。

王喜良说："前几年，传统畜牧业粗放经营的弊端逐步显现，品种质量低和一味发展数量导致草场沙化，且畜牧产业化水平低，产值不高，直接影响经济效益。"针对此问题，他通过学习，认识到科学养殖是增加收入的唯一途径，也是提高生产、发展养殖业的最快途径。

王喜良的家庭牧场现有草牧场约164万平方米，其中打草场40万平方米、放牧场124万平方米。2020年，为科学利用草牧场，更好地保护草原生态环境，王喜良在原有1600平方米养殖敞棚和1000立方米青储窖的基础上，新建了300平方米养殖暖棚和500平方米草料库，走上了规模化、集约化养殖道路。

和王喜良一样，通辽市扎鲁特旗乌力吉木仁苏木查干淖尔嘎查牧民赛音乌力吉也是远近闻名的养牛大户。以前，赛音乌力吉家曾养过200多头牛，其中牛犊近百头，但大规模的养殖给草场带来了巨大的压力。赛音乌力吉说："以前春天一刮风就有沙尘暴，山上刮风起黑土，刮起来路也看不清楚。"

近年来，扎鲁特旗出台了"草畜平衡"政策，赛音乌力吉从自家经济收入、草场保护和人工等方面考虑，转变养殖理念，在少养精养、提质增效上下功夫，不追求牲畜数量，而是专注于畜群质量，走上了一条少养精养、保护草原的畜牧业可持续发展之路。

"过去由于粗放型的畜牧生产，草场沙化退化严重，草畜平衡被打破。既要保护草场，又要养畜，就得想更好的办法。"赛音乌

草原牧歌

力吉说。从2013年开始，赛音乌力吉将老弱病残牛和公牛犊全部出栏，家里牲畜的数量控制在100头左右，并对牛进行改良，利用人工授精技术。

没过几年，迎来了可喜的变化，草场植被一天天恢复，经济收益也一年比一年高，这更加坚定了他少养精养、保护生态的决心。2020年秋季，赛音乌力吉家的牛犊膘肥体壮，每一头都卖出了好价钱，家庭年收入达到40余万元。

王喜良看着肥壮的牛高兴不已

畜牧业经济占据扎鲁特旗经济的"半壁江山"。多年来，牧民们将养牛作为主导产业，不断充实着自己的"钱袋子"。可是，如今传统畜牧业即将走到尽头，在"进"与"退"艰难抉择的关键节点上，扎鲁特旗委、旗政府把推进"产业富民"战略的重点放在发展生态型、效益型现代畜牧业上。

让牧民增收，为草原减压。近年来，扎鲁特旗严格管理约 46 亿平方米全年禁牧区和 72 亿平方米草畜平衡区，对全旗所有小畜实行全年禁牧、舍饲养殖，对大畜实行舍饲或半舍饲、划区轮牧。持续推进“减羊增牛、强牛兴牧、提质增效”发展战略，继续压缩小畜养殖数量，扩大草原黄牛养殖规模，在全力打造通辽市草原肉牛之都核心区的同时，坚持以草定畜、增草增畜，推进以现代生态家庭牧场和专业合作社为主的草原畜牧业的发展。

如今，行走在辽阔无垠的扎鲁特草原上，处处生机盎然。从转变传统畜牧业生产经营方式，采取围封禁牧、划区轮牧、舍饲禁牧等一系列措施，到推广家庭生态牧场、培育新型牧业经营主体，扎鲁特旗走出了一条畜牧业绿色发展的新路径。

八、稳岗就业　增收致富

要依靠产业带动和必要的政策激励，鼓励创业、扩大就业，努力增加城乡居民收入。要抓住群众最关心的教育、医疗、社会保障、食品安全等问题，实打实地做，循序渐进地推。要通过推进就业创业，发展社会事业，打好扶贫开发攻坚战，不断打通民生保障和经济发展相得益彰的路子。

——2015年6月16日—18日，习近平总书记在贵州调研时强调

促进就业保障民生 发展产业增收致富

就业是民生之本，产业是发展之基。改革开放40多年来，特别是党的十八大以来，内蒙古自治区抓就业促民生、抓产业促发展，形成了就业形势稳定、就业质量提升、产业发展兴旺的良好局面。

内蒙古实施就业优先战略和积极就业政策，坚持劳动者自主择业、市场调节就业、政府促进就业和鼓励创业的方针，强化各类政

策协同机制，优化社会资本带动机制，完善就业创业服务机制，健全劳动关系协调机制，构建就业形势综合监测机制，不断扩大就业规模，优化就业结构，实现更高质量和更充分就业。

坚持经济发展与扩大就业良性互动，推进经济结构战略调整和产业转型升级，制定并实施扩大就业的财政、金融、产业等政策，建立健全公共投资和重大项目带动就业的考核评估机制。围绕建设现代化经济体系，着力培育新的就业增长点。拓展职业农牧民就业空间，通过推进农牧业产业化、标准化和品牌化发展，吸引农畜产品加工企业向园区集聚，创造更多职业农牧民就业机会。

“十三五”期间，自治区制定出台了促进就业工作的 20 个综合性政策文件，建立经济增长与扩大就业联动机制，加强产业政策与就业政策的配套衔接，主要就业指标任务均圆满完成。其中，全区累计城镇新增就业 128.4 万人，完成规划目标的 102.8%；累计城镇失业人员再就业 36.9 万人，完成规划目标的 147.6%；累计安置就业困难人员就业 31.1 万人，完成规划目标的 124.4%；累计农牧民转移就业 1264.3 万人次，完成规划目标的 103.2%。城镇登记失业率始终控制在 4.0% 以内。

立足资源优势，围绕产业链条，发展优质特色农牧业产业，加快形成现代农牧业产业体系。通过农牧业产业化带动绿色农畜产品生产加工输出基地的建设，形成“以农牧业产业化为抓手，促进一二三产联动发展”的全产业链发展模式。提高农牧民组织化程度，扩大职业农牧民就业规模，加快培育专业大户、家庭农牧场、农牧民专业合作社、龙头企业等新型农牧业经营主体，构建稳定的利益联结机制，骨干龙头企业和知名品牌群体不断壮大，带动了县域经济发展和农牧民收入增加。内蒙古农牧民人均可支配收入增长迅速，增速连续多年超过城镇居民收入增速。2020 年，内蒙古城镇常住居民人均可支配收入为 41353 元，增长 1.4%; 农村牧区常住居民人均可支配收入 16567 元，增长 8.4%。

（一）呼伦贝尔市：端稳就业“饭碗”

“十三五”时期，呼伦贝尔市累计城镇新增就业 13.2 万人，其中失业人员再就业 3.93 万人，城镇登记失业率始终控制在 4% 以内。

呼伦贝尔市全面落实社会保险费减收、缓收政策，着力减轻企业负担，截至 2021 年初，累计减收约 110289.36 万元。

2021 年，扎兰屯市成吉思汗镇马家村举行建档立卡贫困户技能培训班

这些数据见证着呼伦贝尔市就业工作取得的丰硕成果。“十三五”时期，呼伦贝尔市牢固树立“以人为本”理念，努力稳岗就业、保障民生，不断增强经济社会发展行稳致远的底气与信心。

做好援企稳岗工作——筑牢就业之基

稳就业关键在于稳企业。2020 年初，一场突如其来的新冠肺炎疫情席卷全国，全国各地的企业稳岗压力加大，尤其是中小微企业。面对疫情，呼伦贝尔市进一步释放利好政策，打出了“免减缓返补”的政策组合拳，助力中小微企业再乘“东风”，为稳就业打下坚实基础。

内蒙古众合广告传媒有限公司是首批入驻呼伦贝尔创业园的企业之一，6 年来累计得到政府扶持资金 310 万元。目前，公司间接带动就业 1150 人。疫情初始期间，公司业务几乎停滞，企业资金周转困难，员工的工资发放一时间成了问题。呼伦贝尔市就业局收到创业园的反馈后，给予公司 170 万元的担保贷款，有效地缓解了公司经营困难的局面，使得公司各项业务稳中有升。人社局针对企业员工社保缴纳困难的情况，对公司 34 名员工，实施社保减半的政策，加上大学生人员储备补贴，大大降低了公司的经营成本。另外，公司累计获得援企稳岗补贴 12346 元、以工代训补贴 69000 元，财政压力减轻很多。

只有企业保持稳定，稳就业才会有坚实的基础。2020 年，呼伦贝尔市推出的降低社保费政策较之前力度更大、针对性更强，让企业有更多的政策获得感。市人社局深入开展失业保险援企稳岗行动，降低政策门槛，扩大中小微企业受益面，积极落实失业保险扩围政策，通过政策宣传、系统比对、线上办理等措施，推动政策的落实。

多渠道开发岗位——拓宽就业渠道

打赢脱贫攻坚战，是全面建成小康社会的标志性指标。作为拓宽贫困劳动力增收渠道，巩固脱贫成效的重要手段，就业在其中的作用尤为重要。呼伦贝尔市把稳就业工作摆在突出位置，在做好稳岗工作的基础上，积极开发就业岗位，提升就业承载能力，全力确保就业形势稳定。

“嗒嗒嗒、嗒嗒、嗒嗒嗒……”在鄂温克族自治旗巴彦塔拉达斡尔民族乡布拉尔嘎查就业扶贫车间，缝纫机清脆的声音连成一片，缝纫师傅们埋头忙碌着。她们已经接到好几笔订单，正忙着赶制订单产品。“原本觉得发愁，受疫情防控形势影响，出门打工困难，现在可好了，家门口就有扶贫车间，我们做的民族服装和手工艺品给我们增加了收入，而且干活儿的地方离家近，不耽误做家务活儿。”贫困人员萨茹拉边忙活手中的活计边开心地说。

“十三五”期间，呼伦贝尔市向贫困劳动力推送就业岗位 2.3 万次，建成就业扶贫车间 17 家，吸纳贫困劳动力就业 2296 人。通过开展“春风行动”“民营企业招聘周”等公共就业服务，多渠道保障高校毕业生就业“不掉线”。组织全市企业招工，进场招聘的各类企业达 3144 家次，累计提供就业岗位约 40.6 万个，帮助约 1.4 万人就业。

“我找到工作了 !”呼伦贝尔职业技术学院毕业生王彦刚开心地说。他通过“呼伦贝尔职业技术学院 2020 届毕业生春季网络双选会”, 向心仪的单位投递了简历 , 经过考试审核 , 最终被录用。

2020 年，面对疫情给就业工作带来的不利影响，呼伦贝尔市坚持减负、稳岗、扩就业多措并举，就业局势总体保持稳定。截

呼伦贝尔市 2019 年“送培训 · 送岗位就业扶贫招聘周”活动现场

至 2020 年 10 月底，全市城镇新增就业 21874 人，完成全年任务的 99.43%。

针对性开展培训——提升就业技能

授之以鱼不如授之以渔，以贫困劳动力为重点，开展有针对性的技能培训，是呼伦贝尔市人社部门工作的重点之一。

巴彦塔拉达斡尔民族乡布拉尔嘎查的斯琴今年 47 岁，她家是 2016 年的建档立卡贫困户。她到目前，已经参与 5 次不同的就业培训，热爱手工制作的她，一直在巴彦托海镇从事餐厅服务员的工作。2020 年 10 月，斯琴被嘎查的扶贫车间聘为车间管理人员，不仅拿着和镇里居民一样的工资，还能在家门口从事自己喜欢的工作，斯琴心里乐开了花。

近年来，呼伦贝尔市把技能培训作为就业扶贫的重要举措之

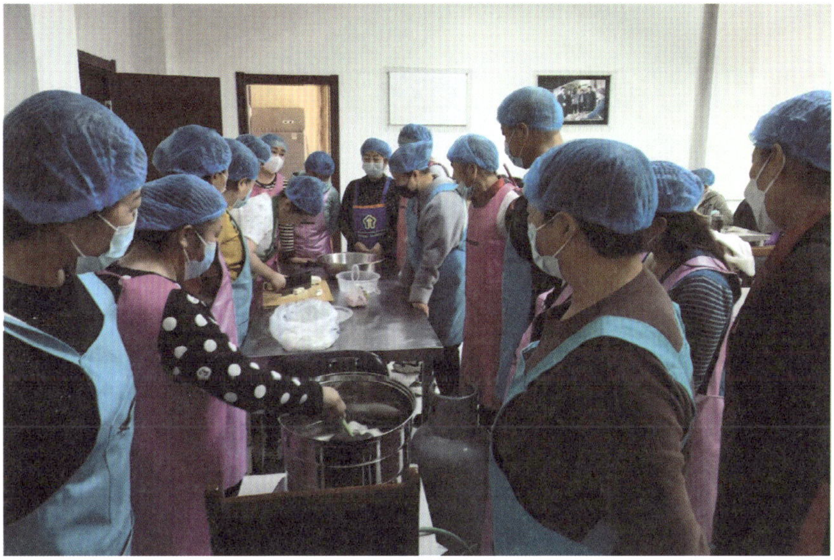

额尔古纳市就业服务中心于2022年2月16日举办了本年度第一期中式面点技能培训班

一，坚持“扶智”与“扶技”并行，按照“一户一策、一人一技”的要求和因人而异、靶向施教的原则，坚持以“培训一人，就业一人，脱贫一户，带动一片”为目标，紧紧围绕产业、就业、创业开展培训。

在培训过程中，根据市场用工需求和贫困人员意愿，选择中式面点、家政服务、电焊工等十余个与市场供求对路的培训工种，按照群众需求开展灵活多样的劳动力技能培训。

一技在身，一证在手，一条致富成才路在脚下铺就。据统计资料显示，“十三五”期间，呼伦贝尔市举办创业培训班429期，培训10886人，培训后成功创业6424人，带动就业21209人。农牧民就业技能培训19829人，落实就业16028人；城镇就业技能培训36302人，培训后实现就业31512人。

（二）呼和浩特市玉泉区："五彩农业"绘就乡村振兴新画卷

近年来，呼和浩特市玉泉区立足实际，坚持生态优先绿色发展，着眼资源禀赋，因地制宜，按照"党建引领、统筹规划、整合资源"的原则，聚焦发展特色农产品种植和休闲文化旅游，由村级党组织牵头，通过农牧、水利、文旅、市场、国土、金融、宣传、销售企业等相关单位党组织联建共建，形成以"党建联合体"引领，服务"产业联合体"的发展模式，推进乡村产业有序快速发展。

"党建链"带动"产业链"

"以前，这几亩地只够解决温饱，现在却成了我们家的'摇钱

游客在大棚里采摘

树’，我的棚里种了5种不同品种的葡萄，我拿的这串是乒乓葡萄，不仅色泽鲜艳，而且口感酸甜，每天有许多游客前来观光采摘。”站在自家温室大棚外的玉泉区南台什村村民宋跃绰高兴地说。以前到葡萄成熟的时候，宋跃绰需要到集市上售卖或者等小贩来收购。这两年，在村党支部引领和“党建联合体＋产业联合体”的帮助下，他转变了思路，通过微信、抖音等平台宣传销售，现在他种的葡萄70%是顾客上门来采摘，在家门口就能轻松地把钱赚到手。

产业振兴的背后是党建引领产业化发展共同体带来的原动力。呼和浩特市玉泉区各村精准把握地处城郊接合部的区域优势，由村党支部牵头，发展特色农业，建成集生态农业、蔬菜种植、观光旅游于一体的现代农业综合体项目，蹚出了一条农业转型发展、提质增效的产业发展新路子，点亮了村民们的多彩生活，实现了产销两旺。

2021年9月23日，呼和浩特市玉泉区连家营村农民在采收辣椒

2021年10月12日，呼和浩特市玉泉区农技人员尚丽娜（左）在达赖庄村为村民传授葡萄种植技术

“产业链”拉动“致富链”

过去，连家营村农业种植一直以玉米为主，为了带动村里种植业产业升级，带动村民共同致富，村里成立的农业合作社引进芦笋、辣椒等种植企业，通过提供种子、技术和销售渠道等带动周边村民参与种植。通过种植业升级，连家营村推动农业产业化经营，进一步转变农民观念，引导农民从小生产步入大市场，增强农民的市场意识和科技意识，让农民搭上致富快车。

“我们通过外出考察、实地调研等方式，积极学习先进做法、种植经验，并经过充分的论证分析，成立农业合作社，结合地理位置、环境、资源等优势，发展符合自身实际的特色产业。同时，改善以往产品、产业单一的状况，优化村集体经济结构，并由党员村干部带头参与产业发展，带动农民增收致富。”玉泉区小黑河镇连家营村党支部书记介绍说。

“每天的工作都是合作社帮我们联系好了的，省事、省心，收入还稳定。以前哪能想到在家门口就能务工挣钱！”连家营村村民连文奎对村里的合作社赞不绝口。

在村级党组织的引领下，农业合作社积极鼓励村民参与产业发展，就近雇用当地或附近村民，同时加强与区农牧和科技局、合作公司的联络，邀请农业专家为村民提供新型经济作物的种植技巧、病虫害防治、水肥管理以及经济效益等方面的知识培训和技术指导，通过学技术助脱贫，积累种植、养殖经验，提高农民的专业技能，激发他们增收致富的能量，助力村集体经济发展壮大。

连家营村是呼和浩特市玉泉区农村党建与经济发展相融共进、互促双赢的一个典型。

求变者通，善建者行。呼和浩特市玉泉区持续发展壮大村集体经济，推进高质量特色产业发展，因地制宜，多形式、多渠道破解村集体经济发展难题，采取“党组织+公司/合作社/村集体/农户”模式，切实解决力量分散、各自为战等问题，创新经营模式，拓宽发展路径，做大做强特色优势产业，真正把自身优势发挥好，把村集体经济发展与现代农业发展相结合，形成村企发展、集体壮大、农民增收的多方共赢新格局。

（三）赤峰市松山区太平地镇：小小北虫草 致富是个宝

在赤峰市松山区太平地镇，北虫草的名号可谓是家喻户晓。多年来，这里的村民依靠北虫草走上了致富路。如今，借着乡村振兴的“东风”，太平地镇的北虫草更是进入发展的快车道，村民们的收入翻了番。

在太平地镇牤牛营子自然村北虫草产业园区，村民姜宏波的种植基地颇具规模。进入棚内，眼镜瞬间蒙上了一层薄薄的雾气，不一会儿就感到热浪包裹全身。大棚内并列摆放着一排排铁架子，铁架子和大棚顶端垂直连接着一根根拇指粗的发光灯，铁架子上面整齐地摆放着许多白色塑料盆，盆上面覆盖着一层塑料薄膜。走近

成熟的北虫草

太平地镇牤牛营子自然村北虫草产业园区航拍图

看，盆里一株株黄色的北虫草长势喜人。

“北虫草种植对温度、日照的要求非常严格，”姜宏波一边将一盆盆北虫草推出基地，一边说，“北虫草 70 天可收获一茬，眼下即将进入第二茬北虫草收获季，这几天正忙着采摘、烘干、包装。自家人忙不过来，就雇同村的村民帮忙。别看北虫草个儿小，经济效益可高着呢。”在北虫草的烘干车间，三位村民将北虫草从盆内取出，整齐地摆放在特制的木框内，压紧后送入烘干机。“烘烤北虫草时一定要掌握好时间，时间短有水分，时间长则容易烤煳。”姜宏波介绍。经过包装，小小的北虫草被封装进塑料袋内，等待全国各地客商上门收购。

随着种植北虫草的村民越来越多，太平地镇党委、政府开始多方考察，发现北虫草产业具备占地面积小、高投入高产出、投资回报快、市场前景好等优点，遂将北虫草产业作为该镇特色重点产业。2012 年，太平地镇第一个北虫草产业园区在牤牛营子自然村建立，姜宏波成为最早入驻园区的种植人员之一。2021 年，姜宏波收获了 8 吨干北虫草，当年北虫草的市场平均价是每公斤 75 元，去除各种成本，他的纯收入达到 25 万元。“要是早些年就有这个产业，我才不出去打工呢，不过现在赶上了，也不晚……”41 岁的姜宏波乐呵呵地说。

种植北虫草与发展庭院经济相得益彰，像牤牛营子自然村村民宋会就没有入驻园区，而是在自己的土地上建起 400 平方米的大棚种植北虫草,2021 年纯收入也达到 25 万多元。“早些年种地、养猪、开饭店、打工，什么活儿都干，收入也不高。自从种植北虫草，收入噌噌地上涨。”宋会喜笑颜开地说。

北虫草不仅让村民致富，还衍生出许多就业岗位。68 岁的纪桂兰常年在姜宏波的种植基地打工。“1 天 80 块钱，风吹不着、雨淋不着，工作轻松，而且守家在地，简直是一举三得！”纪桂兰笑着说。“每个棚怎么也得 3 个人工，俺们村有 130 多个大棚，不少村民在棚里打工，这可是一笔不小的收入。”牤牛营子自然村党支部书记说道。牤牛营子自然村共有 430 户常住户，其中 80 多户种植北虫草，北虫草种植大棚面积共有 3 万多平方米，全村年产干北虫草近 350 吨。

为了更优更快发展北虫草产业，2018 年，太平地镇政府联合赤峰丰收路种养殖专业合作社，在三分地村建立了北虫草扶贫产业园区，并与沈阳农业大学合作，引进国内最先进的设备，建立了菌种研发中心，并注册“绿天赤叶”商标，产品获得国家绿色食品 A 级认证。“我们既可以为种植户提供优质菌种，发展订单种植，又可以为种植户统一烘干和销售，让种植户摆脱受制于小商贩的困境，减轻种植户的投资压力，最大限度降低他们的经营风险。”北虫草扶贫产业园区负责人宋广辉介绍。如今，北虫草产业已经成为太平地镇的立镇特色主导产业，形成了“1 个主园区抓总 +5 个分园区带动 + 广大种植户参与”的扇形发展模式，辐射带动周边 300 余户农户从事北虫草种植，年均增收 10 万 ~15 万元。

（四）鄂尔多斯市鄂托克前旗敖勒召其镇：“地里淘金”谋振兴

2021 年以来，敖勒召其镇重构农牧业版图，以推进供给侧结构性改革为主线，优化区域布局，调整产业结构，不断增加“地里淘金”的净收益，为这片希望的沃土注入无限生机和活力。

特色产业成为主引擎

在敖勒召其嘎查的田野里，西兰花、朝天椒等蔬菜在蓝天白云

敖勒召其镇集体经济联合体农产品深加工项目

鄂尔多斯高原冷菜示范种植基地

下随风摇曳，一片生机勃勃的景象。

鄂尔多斯高原冷菜是敖勒召其镇调整产业结构、促进农牧民增收致富的首位产业。近年来，敖勒召其镇下大力气推进鄂尔多斯高原冷菜发展，建成了鄂尔多斯高原冷菜示范种植基地，建立了从生产源头到加工配送全程可追溯控制体系。2021 年，农牧民种植冷菜约 93 万平方米，产品销往广东、香港等地，深受广大消费者青睐。

鄂尔多斯高原冷菜示范种植基地建设以来，探索推行“1143”发展模式，即充分发挥党支部这一基层组织的引领示范作用，牵头打造一个基地，通过提供香菇种植技术、菌棒生产、菌种培育以及对接市场等多项服务，带动企业、合作社发展，让农牧民走上发家致富之路。2020 年，该示范种植基地带动就业 210 余人次，收入 20 多万元。

在三段地村旭辉鸵鸟养殖场，只见成群的鸵鸟跑来跑去，这些鸵鸟一般有一人多高，看到陌生人靠近，一点儿也不害怕，伸着长长的脖子，好像在同客人打招呼。忙完手里的活儿，旭辉鸵鸟养殖场负责人陈聪说："现在场里有400多只鸵鸟，一只鸵鸟一年就可以出栏，第二年就开始产蛋。"鸵鸟的经济价值非常高，全身上下都是宝，一只鸵鸟能卖到5000元左右，纯利润差不多能达到2000元，在当地市场上供不应求。

敖勒召其镇以农村牧区为主战场，主打"净地农牧业牌"，让净地、净水、净气这些绿色资源"变现"，构建起结构优、产业强、机制活的高质量现代农牧业产业新体系，"净粮""净菜""净肉"收到来自全国各地的订单，特色产业从"遍地开花"到"遍地结果"，成为农牧民增收致富的强大动能。

产业融合激活新动能

从曾经荒芜的沙丘到如今的"绿野仙踪"，从曾经的无人问津到现在的络绎不绝，在敖勒召其镇，一家家"牧家乐"蓬勃发展，创造出诱人的经营业绩，也让年轻人停下了离开的脚步。

27岁的阿云嘎从武警部队复员回到家，看到家乡的变化，他决定不再远走，子承父业，从事绿色乡村旅游业。

阿云嘎拿出自己的转业补贴，父亲卖掉城里的房子，又从银行贷了款，筹集100多万元，建成"八骏牧家生活体验园"。

经过3年多的经营，阿云嘎的"八骏牧家生活体验园"在当地有了相当高的知名度，他还通过线上直播销售农产品，年销售额达十多万元。

"火车一响、黄金万两，互联网一通、转换时空"，谁拥抱互联网，谁就拥抱了未来。

敖勒召其镇把"互联网＋区域经济"作为工作主线，全力打造一二三产融合的网上电商平台，使绿色的、鲜活的农畜产品变为商品，成为“奢侈品”。

在推动电商发展的同时，敖勒召其镇理顺产业体系，推动三次产业深度融合。在马场井村，推行“党委 + 支部 + 龙头企业 + 合作社 + 农牧户”的产业扶贫模式，将 12 个嘎查村的 700 万元产业扶贫资金进行整合，实施嘎查村集体经济联合体产业扶贫农产品深加工项目，逐步提升村集体经济竞争力。在三道泉子村、大沙头村，结合乡村观光、林下休闲、园中采摘、田上农耕等产业发展，大力发展全域农耕文化乡村旅游产业，通过“旅游 + 农业观光”“旅游 + 农耕体验”“旅游 + 农产品”等模式，推进全域化布局、全景观打造、全产业融合、全季节体验。

牵出一根线就能够绣出一幅图，从“农牧业 +”延伸出去，产业融合“接二连三”，农牧业生产与二、三产业交叉融合的现代产业体系日益完善，“全环节升级、全链条升值”的农牧业产业发展新动能被激活。

人才红利提供硬支撑

在敖勒召其镇的田间地头，经常活跃着一支由农牧业专家、技术人员和农村技术能人组成的服务队伍，服务队员会耐心细致地给农民解疑释惑。

敖勒召其嘎查的菜农杨富华经常得到专业技术人员的指点，获益匪浅。他满意地说：“我们一遇到生产问题就打电话咨询，他们随叫随到，提供无偿服务，这样的农技服务真给力。”

敖勒召其镇通过成立综合保障和技术推广中心，构建农业防灾减灾、农牧业科技服务、动物疫病防控、新型农业经营主体培育、电子商务、农产品流通营销等服务体系，形成农牧业综合性的一站

综合保障和技术推广中心科技服务人员指导农户种植西兰花

式服务平台，使服务向园区集中、向企业拓展、向基层延伸。

一张蓝图绘到底，一“业”激活满盘棋。一个充满活力与激情的敖勒召其镇，正用奔跑的加速度，在宽广的天地间奋勇争先、追赶超越。

（五）兴安盟科尔沁右翼中旗：以“一粒米”撬动地方产业发展

科尔沁右翼中旗位于大兴安岭南麓，是“兴安盟大米”的主产地之一，土层深厚、水源充足、昼夜温差大的自然条件使这里的大米口感细腻软糯，有机质含量高。科尔沁右翼中旗利用“兴安盟大米”品牌优势，结合农业产业“规模化、标准化、生态化、现代化”发展方向，在产业兴旺上下功夫，在生态宜居上做功课，以生活富裕为目标，加快推进主导产业提质转型，全面提升标准化粮食

科尔沁右翼中旗举行电商平台直播带货培训

贮藏、加工农业、品牌创建相关设施装备水平和现代农业经营效益水平，探索农村产业融合发展的利益联结共享机制和产业融合模式，形成农民持续增收新模式。

播下“富民”种子

“2021年，我与合作社签订了70亩苗稻2号水稻订单，每亩收入2000余元，总收入达15万元，相比以往，每亩增加收入350元。自从加入合作社，种植方法不断改进、种植技术不断提升，收入显著增长。通过技术指导，我了解了‘绿色’的概念，下一步我还会继续与合作社合作。”科尔沁右翼中旗塔拉艾里农牧林业专业合作社社员吉日木图说。2022年，他又签订了苗稻2号水稻订单回收合同。

吉日木图说的苗稻2号水稻是科尔沁右翼中旗塔拉艾里农牧林

科尔沁右翼中旗杜尔基镇稻米加工助推水稻产业提质增效

业专业合作社负责人巴特尔经过 5 年的时间，通过不断的学习、摸索、试验，最终创造出的优质高产水稻品种。巴特尔说："5 年间的多次试验证明，苗稻 2 号品种非常适合在我们这片土地上种植。"

科技种稻，质效双增

科尔沁右翼中旗爱放牧公司农业技术专家赵立成在稻田施肥作业期间，经常深入田间地头，向稻农讲授最新的施肥技术。"我们正在积极发展绿色有机农业，目前统一使用生物炭基肥，这种肥可以有效减少农药和化肥的使用，是我们从事绿色水稻生产的前提。还有专门的技术老师指导我们科学施肥，相信我们的收入会越来越高。"科尔沁右翼中旗塔拉艾里农牧林业专业合作社负责人巴特尔说道。

生物炭基肥的原料是秸秆，通过技术把秸秆转换成为可利用的

科尔沁右翼中旗杜尔基镇万亩水稻种植基地

有机化合物。这种肥料不仅能解决土壤板、馋、贫、浅、酸、碱、脏、杂等问题，还能提高肥料利用率、减少肥料用量，同时能提高农作物的抗逆性，降低病虫害发生率，在提高土壤肥力、促进作物生长和农业固碳减排等方面具有较大的应用潜力。

创品牌，深加工，促进产业融合发展

代福贵家是科尔沁右翼中旗杜尔基镇双金嘎查的水稻种植大户。2021 年，他种植了 20 万平方米水稻，产量在 40 万斤。在双金嘎查，像他家一样的种植户有几十家。2020 年，他入股合作社，改良种植品种，运用大米生产机械流水线引进合作社的方式，在家门口实现了稻米的深加工，收入比过去增加了很多。他说：“合作社成立加工厂后，大家都转型种植长粒稻谷，以前种植的大都是圆粒或者中长粒稻谷，品质没有长粒的好。长粒的虽然产量低，但价格更高，我们稻农的收入比以往高一些。”

杜尔基镇充分发挥新型经营主体在带动产业发展中的重要作用，积极开展绿色品牌创建，运用智能催芽、水稻钵体育苗、机械摆插等科学种植方式，基本实现从种到收全程机械化生产。杜尔基镇双金嘎查党支部书记韩玉亭说：“现在，我们合作社有自己的品牌，自己进行包装加工，依靠‘兴安盟大米’大品牌，销售我们的小品牌，让杜尔基镇的万亩稻田产业走出去。”

截至 2021 年 12 月底，科尔沁右翼中旗水稻加工企业、合作社共 12 家，其中 4 家企业使用“兴安盟大米”地理标志，水稻年生产加工量在 4 万吨，转化率达 92% 以上。科尔沁右翼中旗认证绿色水稻 3070 万平方米、有机水稻 1730 万平方米，注册的本土大米品牌有“二龙屯”“哈日道卜”“玛拉沁”“袁蒙”等 60 余个。同时，科尔沁右翼中旗与山东水发集团达成初步合作意向，开展水稻精深加工。

“进京 + 村播”联动带货让“流量”成为“销量”

近年来，科尔沁右翼中旗抓住直播带货的契机，通过北京内蒙古协作项目，把兴安盟大米变成了增收致富的“金钥匙”。“直播带货”开启电商助农新模式，科尔沁右翼中旗主动对接北京各界人士，拓宽农产品进京销售渠道，以门店、仓储基地为载体，坚持“爱心北京、消费扶贫”的理念，以共享仓、供应链方式形成配送网络。

截至 2021 年 11 月底，科尔沁右翼中旗已在北京市朝阳区、通州区建设 6 家农产品进京销售店，依托北京消费扶贫双创中心内蒙古中心，与海淀、朝阳、大兴、房山、东城、通州等分中心实现产品互通、渠道共享。科尔沁右翼中旗的产品先后走进首农、品农果蔬、物美、苏宁小店等19家商超，并以“京蒙大集进社区”的方式，推动爱心消费扶贫进乡镇、进街道、进社区。此外，还对接机关、学校、医院、企业等的食堂，承接食堂的大宗米、面、油、肉等订货，形成核心的共享仓物流配送机制。截至2021年11月底，科尔沁右翼中旗21家企业及合作社，线上线下共销售农特产品600余万元。

（六）通辽市奈曼旗东明镇：推进土地规模化经营加快乡村振兴步伐

近年来，通辽市奈曼旗东明镇把推进土地规模化经营作为全镇中心工作，充分发挥镇村两级党组织的引领作用，注重谋划，加强统筹，推动土地向农民合作社、家庭农场、种植大户等新型经营主体适当集中，实现规模化生产、集约化经营、社会化服务，提升现代农业经营水平。

党建引领土地托管

东明镇结合实际，大力推广“党支部＋合作社”模式，由党支部领办合作社，按照“统一经营、统一品种、统一管理、统一生产资料”的“四统一”模式，实行土地集中托管，降低了农业生产成本，解放了富余劳动力，解决了弱势村民种地难的问题。

由村党支部牵头，东明镇成立了村社一体的东顺土地托管种植合作社。在总结近年生产经验的基础上，2021年，合作社继续对全村260户村民的267万平方米耕地进行托管，释放劳动力500人；

东明镇达木嘎筒育秧基地

实施高效节水项目，统筹规模化、标准化生产，每亩地可降低经营性成本 50 元、增产 50~100 公斤；同时，吸纳托管土地农户在合作社务工，农户年均增加工资性收入 3000 元。合作社对每亩地收取托管费用 260 元，用于对托管土地播种、浇水、除草、防虫、追肥、收割等生产服务。

新型农牧业经营主体带动土地流转

东明镇抓住国家放活林地等土地流转政策机遇，将推进土地规模化经营与无立木林地恢复工作有机结合，积极支持和鼓励龙头企业或合作社等新型农牧业经营主体流转无立木林地，探索林果、林药、林经等多种森林复合经营模式。

东明镇种植的辣椒

东明镇英图村采取合作造林模式，引进内蒙古达仁康药材种植公司，建设经济林产业基地 20 万平方米，发展林药经济。公司以每年每亩 200 元的价格流转林地 10 年，栽植扁杏 13 万余棵，实行统一流转、统一造林、统一管护。流转期满后，杏树正值丰产期，亩产杏核 150~200 公斤，亩效益可达 1500~2000 元，而这一建设成果将返还村民。同时，该公司在林下套种 173 万平方米乌拉尔甘草，每亩收益 1400 元左右，在增加经济收入的同时，兼顾了生态效益。此外，该公司还为村民提供就业岗位 50 个，提高了村民的工资性收入。

东明镇的农民正在种植甜菜

培育种植大户，促进土地规模化经营

东明镇坚持把培育种植大户和致富带头人作为引领产业振兴的重要举措，通过政策引导、项目带动等方式，培育扶持种植大户及致富带头人500余人。太吉、东升、苏日格等村的种植大户通过土地租赁承包的形式集中连片流转农户土地，实现统一种植品种、统一水肥管理、统一技术指导、统一机械作业，并结合市场需求调整产业结构、壮大产业规模，形成“流转土地—提高效益—扩大规模”的良性循环，不断提高农业生产的组织化水平，促进农民增收。2021年，通过种植大户规模流转和农户之间小型自发流转，东明镇流转土地2000万平方米以上，其中流转6.7万平方米以上的种植大户达到300余户，解放劳动力3000余人。

（七）包头市九原区：新产业让农民更有奔头

盛夏时节，走进九原区哈业胡同镇打不素村，绿油油的有机蔬菜格外养眼，农民在连片的温室大棚里忙碌着。

过去这里可不是这样。哈业胡同镇打不素村地处包头市最西端，由于临近黄河，这里的地下水位逐年下降，再加上雨水冲刷不足，土地盐碱化严重。立足农情，破解难题，九原区开启了一场“绿色革命”，把盐碱地变成沃土，农民不仅种起了蔬菜，还建起了温室，收入大幅提升。

技术革命带来了希望

“当年包产到户，村里人填饱了肚皮。如今深化改革，我们这里成了‘塞外沃土’，真像做梦一样。”抚今追昔，哈业胡同镇打不素村党支部书记史喜栓感慨道。

改造盐碱地，离不开科技。九原区引进并推广秸秆生物反应堆技术，对土壤进行改良，通过有效利用秸秆，使蔬菜苗和土壤分离，让盐碱地结出了果实。引进技术后，当初的盐碱地全部变成了良田。

2011年，河南信阳人陈连声在打不素村动工兴建了天佑农业生态科技有限责任公司园区，土地除当初承包的66万平方米，又增加了46万平方米，他还在盐碱地上建起了连片的温室。107栋温室成排连片，远远望去，规模宏大。陈连声说：“这里没有污染，水质好，施用农家的有机肥，再加上昼夜温差大，红胶泥地保温的土壤条件，蔬菜、瓜果含糖量高，口感好。久负盛名的黑柳子香瓜、西瓜就产自这附近。”

在哈业胡同镇打不素村，特色加工和电商合作社将劣势转变为优势，利用村里的盐碱地种植 33 万平方米黑小麦，采取石磨加工传统工艺，依托打不素农民工返乡创业电商园，扩大销售渠道，壮大集体经济，走出一条“效益 + 品质”之路。

产业融合让农民有了奔头

传统农业如何才能更有“钱”景？对此，九原区不断探索，推进一二三产业融合。

昔日，农民在哈林格尔镇种田吃不饱肚子，如今镇里已将耧、犁、石碾等农机具全部搬进黄河谣博物馆，打造“旅游 + 民俗”“旅游 + 体验”等田园综合体，村民的日子富了起来。

包头市民到天佑农业生态科技有限责任公司园区游玩

新产业发展迅速，农村牧区的经济活了。截至目前，九原区接待游客 31.41 万人次，实现旅游综合收入 2.08 亿元，许多土特产找到了销售门路。“以前，我们卖农家笨鸡蛋，都是攒到一块儿运到城里卖。现在政府设置了网络平台，我们只需一个手机，就能将产品销往各地。”乌兰计二村村民张玉英说。

在哈林格尔镇，参加“开河节”“冬捕节”活动的游客络绎不绝，集休闲娱乐、农事验等于一体的田园综合体让更多的市民享受到采摘的乐趣。

在阿嘎如泰苏木，各个合作社各显其能，先后打造出阿贵沟草原溜达鸡、溜达猪、土鸡蛋、无污染草鱼、泥鳅等特色产品，绿色产业联合体让农牧民尝到了互惠互利的甜头，也为当地农副产品打开了销售渠道。

如今，在九原区，工作人员正在通过资源整合和科学规划，使每个村都有品牌合作社，每个合作社都有品牌产品，形成错位发展、精细发展的品牌链条，全面提升九原区“菜篮子”“米袋子”“肉案子”的市场竞争力和品牌影响力。

九原区农牧局负责人说：“把乡村振兴与脱贫攻坚结合起来，不断深化改革，带动农村新产业、新业态发展，就能让农民有干劲、有奔头。”

（八）锡林郭勒盟镶黄旗：一只羊托起一方产业

初秋的察哈尔草原，天高气爽、芳草如茵。镶黄旗翁贡乌拉苏木阿拉坦毛都嘎查牧民托亚无暇欣赏这金秋草原优美的景色，她急

2020 年 8 月 23 日，镶黄旗第四届金秋草原丰收节暨第六届察哈尔羊节察哈尔羊评比现场

忙赶羊进入羊舍，接着又给近期要出栏和留下过冬的羊群做分类标注。在宽敞、干净、明亮的羊舍，一只只察哈尔羊闲庭信步。托亚家门前整齐停放着打草搂草机、饲料搅拌机、拖拉机、装载机、剪毛机等现代化的畜牧业机械，它们是托亚夫妇的“得力助手”。

托亚家是该旗 203 个察哈尔羊核心群养殖户之一。2021 年，她在 2015 年创办的“托亚家庭牧场”入选全国典型案例。有着多年养牧经验的托亚注重兼顾生态效益和经济效益，坚持以草定畜，发展适度规模经营，通过科学繁育、严格选育、标准化饲养，探索出一条“精养、少养、绿色、高效”的生态可持续草原畜牧业发展之路。

镶黄旗察哈尔羊

多年来，在托亚自家160万平方米草场和流转租赁的73万平方米草场上，留下过冬的察哈尔羊数量从未超过200只。托亚拿出账本计算近年来养牧的收入：2017年，63只2岁母羊以平均每只1250元的价格出栏，16只2岁公羊以平均每只1650元的价格出栏，64只羊羔以平均每只850元的价格出栏，卖羊毛收入1.6万元；2018年，105只察哈尔基础母羊共生下170只羊羔；2019年，不到200只察哈尔羊创收21万元……“对我们来说，养殖肉毛兼用、双羔率极高的察哈尔羊是最好的选择，虽然很辛苦，但近年来牧区基础设施在不断改善，也省了不少工夫。我们打算继续壮大察哈尔羊养殖产业。”托亚说。

为了适应当地自然资源条件，满足市场需求，从20世纪90年

镶黄旗察哈尔羊

代初开始，镶黄旗党委、政府和广大牧民群众共同努力，以内蒙古细毛羊为母本、德国肉用美利奴羊为父本进行杂交育种，培育出体形外貌基本一致、抗逆性强、肉用性能良好、繁殖率高、遗传性能稳定的优质肉毛兼用羊——察哈尔羊。2012 年，“察哈尔羊品种标准”审定颁布；2014 年 1 月，“察哈尔羊”作为新品种，被农业部正式命名；2016 年，“察哈尔羊肉”成为国家地理标志保护产品。

调整优化畜种结构、培育和扶持良种察哈尔羊产业，是镶黄旗“十三五”期间实现畜牧业提质提效稳增收的重要举措。结合人均草场面积较小的实际，镶黄旗按照少养精养、保护生态的定位，稳步推进畜牧业高质量发展：稳定控制养殖数量，同时保证养殖质量，通过科学确定察哈尔羊养殖区域，建成自治区级察哈尔羊种羊场，充分发挥“察哈尔羊肉”国家地理标志保护产品品牌效应，推进规模化养殖、集约化经营，初步形成现代畜牧业生产经营体系。2020年，全旗察哈尔羊存栏量达到19.5万只，比2015年末增加6.5万只。

乡村牧区全面振兴，产业支撑最为关键。在完成自治区草原确权登记试点工作的基础上，镶黄旗全面推进草牧场所有权、承包权、经营权“三权分置”改革试点工作，建成旗、苏木镇、嘎查三级草牧场流转平台，全国草牧场承包经营权抵押贷款试点工作有序开展。同时，不断完善畜牧业基础设施建设，2017—2021年，累计建设标准化棚圈46万平方米、储草棚4.5万平方米、青储窖1.2万立方米。实施饲草料交易市场升级改造项目，分别在该旗巴音塔拉镇和翁贡乌拉苏木政府所在地建设9000平方米储草棚，新建3200平方米草颗粒加工车间，进一步增强防灾减灾能力，为现代畜牧业持续健康高质量发展提供必备的条件。

九、民生兜底　幸福加码

按照兜底线、织密网、建机制的要求，全面建成覆盖全民、城乡统筹、权责清晰、保障适度、可持续的多层次社会保障体系。

——2017年10月18日，习近平在中国共产党第十九次全国代表大会上的报告

民生兜底托起“稳稳的幸福”

天地之大，黎元为先。悠悠万事，民生为大。改革开放40多年，特别是党的十八大以来，内蒙古自治区坚持以人民为中心、为人民谋幸福，一项项民生新政、一桩桩民生实事，落地生根、开花结果，民生答卷写满百姓的获得感、幸福感。

坚决履行基本民生保障职责。扛起巩固拓展脱贫攻坚兜底保障成果同乡村振兴有效衔接的政治责任，保持现有兜底保障政策的连续性、稳定性，持续完善农村牧区低收入人口动态监测和常态化帮扶机制，坚决守住不发生规模性返贫的底线。

持续扩大社会保险覆盖面。不断健全覆盖全民、城乡统筹、公

平统一、可持续的多层次社会保障体系，深入实施全民参保计划，建立多层次、多支柱养老保险体系，落实企业职工基本养老保险全国统筹，推进工伤保险、失业保险自治区级统筹，强化社保基金风险防控，确保各项社会保险待遇按时足额发放到位。

积极推动社会救助改革。不断健全分层分类、城乡统筹的社会救助体系，分类实施基本生活救助、专项救助、急难救助，探索开展服务类救助，统筹做好未成年人保护、困难残疾人保障等工作，加快形成多元化社会救助格局，切实保障好困难群众的基本生活。

更好履行基本社会服务职责。聚焦积极应对人口老龄化国家战略，加快推进居家和社区养老服务设施建设，大力推动养老服务机构提质增效，积极推进医养康养融合发展，全面落实老年人福利补贴政策，协调推进养老护理员职业体系建设，构建居家社区机构相协调、医养康养相结合的养老服务体系。

切实加强基层社会治理。持续健全社区与社会组织、社会工作者、社区志愿者、社会慈善资源的联动机制，积极鼓励引导社会组织、市场主体等各方面力量参与社会治理，激发基层社会治理活力。

提升人社公共服务能力和水平。以群众需求为导向，以标准化、信息化、一体化为支撑，全面提升人社公共服务水平，实现线上“一网通”、线下“一窗办”、服务“一卡通”，为群众办事生活提供便利。

全区现行标准下，157 万贫困人口全部脱贫，57 个贫困旗县全部摘帽，3681 个贫困嘎查村全部出列；城市、农村牧区低保平均标准每人分别达到 772 元 / 月、6731 元 / 年，城市、农村牧区特困人员平均保障标准分别达到 1308 元 / 月、10533 元 / 年，城乡低保连续 16 年增长；基本医疗保险参保人数 2183.9 万人，参保率达到 95% 以上；职工和城乡居民医保政策范围内住院费用支付比例稳定在 85% 和 75% 左右；基本养老保险参保人数 1570.6 万人，养老保险制度基本实现全覆盖。一串串令人振奋的数字，是内蒙古顺应各族人民对美好生活新期待的最好注脚。

在全面建成小康社会的同时，一张以社会保险、社会救助、社会福利为基础，以基本养老、基本医疗、最低生活保障为重点的社会保障网不断编密织牢，民生兜底托起“稳稳的幸福”。

（一）兴安盟：打通全民参保“最后一公里”

基本养老保险是民生之基，关系着千家万户，与群众生活息息相关。2021 年以来，兴安盟社会保险事业服务中心按照“全民参保”的总体要求，创新工作举措，狠抓任务落实，全力推进基本养老保险全覆盖工程，基本养老保险由制度全覆盖向适龄人群全覆盖快速迈进，广大城乡参保群众的获得感和幸福感不断增强。2021 年，全盟基本养老保险参保人数已达 109 万人，覆盖率 94.63%，超过自治区平均水平。

明确目标，全民参保不落一户

全民参保是落实《中华人民共和国社会保险法》的重要举措，是推进民生工程实施、完善社会保障体系的重要途径。2021 年初，兴安盟社会保险事业服务中心结合自治区党委、政府和兴安盟委、盟行政公署工作要求，在全盟范围内持续开展全民参保计划扩面专项行动。兴安盟社会保险事业服务中心以公安部门户籍数据为基

科尔沁右翼中旗社保中心的工作人员用双语宣传参加城乡居民养老保险的好处和重要性

准，通过多次信息比对与筛查，核清未参保人员底数，了解未参保原因，掌握全面、准确、完整的基础数据；对参保对象和未参保人员进行动态管理，针对不同未参保人群，采取精准扩面举措，推动扩面行动全面铺开。

兴安盟突泉县宝石镇宝兴村村民姚一（化名）就是该行动的受益人之一。姚一外出务工多年，因与村里联系较少，一直未能参保。在扩面行动中，工作人员通过对系统内参保人员信息与公安方面提供的信息进行对比，发现姚一已到60周岁。宝兴村协理员通过姚一的亲属联系到他，对他详细宣传了养老保险政策。姚一听后，决定立即参保并补齐之前的费用。在协理员的代办下，姚一当月就完成了补办手续。

落实政策，百姓办理业务“足不出村”

为进一步推进兴安盟基本养老保险工作，兴安盟社会保险事业

科尔沁右翼中旗医疗保障局不断完善便民服务措施

服务中心通过“线上＋线下”的宣传形式，宣传最新政策。利用网络新媒体平台进行政策宣传，同时组织工作人员开展现场宣传活动，发放社保宣传折页资料；联合街道社区和乡镇工作人员，为居民“面对面”讲解社保政策，“手把手”传授认证技巧，收集群众关心的社保问题并予以解答，进一步提升了社保政策知晓率，让群众“看得懂政策，算得清待遇”，打通了为群众服务的“最后一公里”。

“我们年纪都大了，又没有智能手机，实在不知道该怎么帮助母亲年检。老人家心思重，怕领不到养老金，前些日子还在偷偷抹眼泪。感谢你们能上门为我们解决难题。”94 岁的兴安盟乌兰浩特市退休老人张玉（化名）领到养老金后，照顾老人的子女感激地说。张玉行动不便，家中年轻人都已外出务工，照顾老人的子女也已 70 多岁，如何完成老人的养老金待遇资格认证年检成了让老人及其家人头疼的大难题。兴安盟社会保险事业服务中心工作人员得

为方便参保人更好地理解政策，科尔沁右翼中旗社会保险事业服务中心的工作人员用双语宣传参加城乡居民养老保险的好处和重要性

知此事后，上门核实老人身份信息，通过内蒙古人社“12333”帮助老人进行了认证。

为提高全民参保政策知晓率和全民参保覆盖率，2021 年 3 月以来，兴安盟社会保险事业服务中心定期组织工作人员深入企业和乡镇走访，宣传社保政策，解决社保方面的问题，不仅保障了应参保人的合法权益、密切了干群关系、提升了工作质量，还在走访中帮助老年群众和行动不便人员完成养老认证，一举数得。

强化服务，调动群众参保积极性

“原来参保还有这么多好处呢，现在每年缴纳 200 元，以后养老就有保障了，感谢党的好政策。”兴安盟科尔沁右翼中旗巴彦茫哈苏木的香某对科尔沁右翼中旗社会保险事业服务中心开展城乡居民基本养老保险宣传的工作人员说。42 岁的香某多年来一直靠打零工维持生活，以前不知道社会养老保险政策的好处，一直没参保。2021 年，科尔沁右翼中旗社会保险事业服务中心的工作人员用汉语和蒙古语宣传参加城乡居民养老保险的好处和重要性。在工作人员的帮助下，香某缴纳了一年的社会养老保险金。

为扩大全民参保影响力，兴安盟社会保险事业服务中心不断创新服务方式，结合党史学习教育，多角度为群众提供服务。在业务经办方面，简化整合业务流程，逐步把经办服务延伸到群众家门口。同时，兴安盟各旗县市社会保险事业服务中心均用汉语和蒙古语提供服务，让少数民族群众无障碍了解政策内容。为保障基金安全运行，推动“点单式”智能服务生存资格认证系统的使用，兴安盟各旗县市社会保险事业服务中心纷纷组织干部职工进小区为老人讲解使用流程，现场为未年检的老人面对面进行年检，得到了群众的高度认可。

今后，兴安盟社会保险事业服务中心将继续扩大基本养老保险参保覆盖面，严格落实养老保险待遇调整政策，进一步提高机关事业单位、企业离退休职工和城乡居民养老保险待遇水平，深化“线上一网通办 + 线下综合柜员制”，全面提升人社服务与管理水平。

（二）通辽市：社会保障“兜底”　群众幸福“有底”

为织密扎牢社会保障网，通辽市通过扩大养老、工伤、失业保险覆盖面，提高各项社会保险待遇，确保社会保险基金安全，优化办事流程等举措，努力实现应保尽保，按时足额发社保，兜牢民生底线。

扩大社会保险覆盖面

通辽市以特定人群为重点，进一步提升参保扩面质效，不断扩大社会保险覆盖范围，基本实现法定人员全覆盖。按照“四个不摘”要求，为低保对象、特困人员、返贫致贫人口及重度残疾人代缴城乡居民基本养老保险费。通过视频、音频、图片、文字等方式，全方位、多角度宣传社会保险政策法规，增强企业和灵活就业人员参保意识。加强监管力度，联合相关部门对不落实缴纳养老保险责任的企业开展惩戒行动，形成各部门齐抓共管、依法依规缴纳养老保险的局面。

提高社会保险待遇

通辽市提高全市机关事业、企业退休人员基本养老保险待遇，企业退休人员人均增资 132.2 元，实现 17 连涨；机关事业单位退休人员人均增资 183.81 元，实现 6 连调。城乡居民养老保险基础养老金由 133 元提高至 140 元，这是近 10 年内第 9 次提高基础养老金标准，惠及全市 38 万名城乡居民。提高伤残津贴、生活护理费、供养亲属抚恤金工伤保险待遇，补发 36.52 万元，惠及 362 人。首次发放职业年金，2021 年为市本级机关事业单位退休人员累计发放职业年金 2462 万元，惠及 3262 人。

保障社保基金安全

通辽市认真做好基金预算、决算编制工作，提高预决算管理的准确性、科学性。严格落实缺口分担机制，强化对基金运行的分析研判和及时预警。排查经办风险点，列出风险清单，健全风险防控机制。深入推进社会保险基金管理问题专项整治，建立健全防范基

通辽市人社局窗口工作人员正在为市民办理社保业务

金风险的长效机制，巩固专项整治成果。做好待遇领取资格认证工作，大力推行网上认证，减少窗口集中认证，及时有效杜绝社保基金冒领行为。

提升经办服务效能

通辽市推进线下“综合柜员制”，使用内蒙古自治区人力资源社会保障系统业务综合办理平台，建立标准化、精细化、人性化服务流程，实现综合业务“一窗受理”。加强社保经办系统人才队伍建设，全面开展社保经办服务“好差评”工作，做到服务事项、评价对象、服务渠道的评价全覆盖，提升经办队伍的专业化水平。推行人社业务“一网通办”，推广“蒙速办”手机 APP，实现社保业务“掌上办”。扩大企业网厅和机关保网厅的使用范围，增加网厅业务办理事项，提高网厅业务办理效率。建设通辽市人社系统线上线下一体化公共服务平台，推动社保经办公共服务应上尽上。

（三）阿拉善盟：密织社会救助网 兜底保障助脱贫

阿拉善盟阿拉善左旗巴彦浩特镇南环街道学苑东社区居民罗玉琴结束一天的工作后，急急忙忙回到家里为瘫痪的丈夫进行康复训练。在窗明几净的房间内，罗玉琴给丈夫打开电视，为丈夫细心按摩。“自从我爱人干活受伤致高位截瘫，我一直很忧郁，政府提供救助后，再加上他的身体慢慢恢复，我的心态才调整过来。”罗玉琴说。

罗玉琴是一名环卫工人，她的丈夫李培岩在2014年的一次户外施工作业中，不慎从脚手架掉落，导致高位截瘫，她的儿子患有言语4级残疾，但一直非常努力，考上了呼伦贝尔学院。“丈夫出事后，光手术费就花了12万元，基本把家里的存款用完了，康复治疗的费用大多是向亲戚朋友借的。那一年，我们家一下就被拖垮了。”罗玉琴说。

阿拉善左旗学苑东社区工作人员在入户时了解到罗玉琴家的特殊情况后，十分关注，立即向盟民政部门提出申请，通过严格的申报程序，为她申请了4000元的临时救助金和15000元的医疗救助金，孩子上大学时，还申请了每年10000元的教育救助金。2018年，罗玉琴一家三口被列入低保范围，儿子每月能领到806元的低保金，她和丈夫每月能领取383元的低保金，政府每月还为李培岩发放100元的困难残疾人生活补贴。逢年过节，工会、红十字会及

2021 年 9 月 27 日，阿拉善盟民政局机关党支部组织党员志愿者走进学苑东社区困难残疾人家中开展“我是共产党员 我帮你”志愿服务活动

爱心企业、帮扶单位还会为其发放救助金。“感谢党的好政策，还有爱心人士的帮助。”罗玉琴感激地说。

阿拉善盟民政部门持续推进以低保为核心的社会救助体系建设，将符合条件的建档立卡贫困人口纳入社会救助范围。按照“摸清底数、区分类型、精准认定、综合施策”的思路，根据建档立卡贫困人口不同类型的致贫原因实施精准救助，把丧失劳动能力且无法依靠产业扶持和就业帮助脱贫的建档立卡贫困人口纳入农牧区低保范围，将符合条件的突发重特大疾病的因病致贫人口纳入该盟医疗救助范围，将因遭遇火灾、交通事故等意外事件和遭遇突发事件导致基本生活陷入困境的纳入临时救助范围。阿拉善盟民政部门通

2021 年 9 月，阿拉善盟民政局为贫困户送去米、面、油、牛奶等生活必需品

过一系列举措，大力推进社会救助政策与扶贫开发有效衔接，一批像罗玉琴家这样的困难户得到了救助。

与此同时，阿拉善盟民政局还积极配合扶贫、卫生健康、人社部门，落实旗域内定点医疗机构建档立卡贫困人口住院先诊疗后付费和“一站式”即时结算制度。民政部门与“一站式”定点医疗服务机构、医保部门签订合作协议，提前将救助资金预拨到定点医院和医保部门，通过统一结算等措施，实现综合的“一站式”结算，确保建档立卡贫困人口报销比例达到 90%。同时，还将建档立卡贫困人口全部纳入重特大疾病医疗救助范围，患重特大疾病的贫困人口住院治疗后，对于经基本医疗保险、大病保险、商业补充保险报销后个人负担的合规医疗费用，全面取消救助起付线，按照不低于 70% 的比例进行救助。

阿拉善盟民政部门还进一步完善地方低收入对象综合认定指标体系，考虑家庭成员因残疾、患重病、子女就学等刚性支出因素的扣减，综合评估家庭贫困程度，将符合政策条件的建档立卡贫困人口全部纳入农牧区低保范围。同时，还协调扶贫部门根据扶贫开发政策，将符合扶贫条件的农牧区低保对象纳入建档立卡贫困人口范围，确保这部分困难群体依靠产业扶持和就业帮助等享受到相应的政策和项目扶持。

（四）乌海市：社会救助有力度 群众生活有温度

社会救助是提升困难群众生活质量的重要力量。乌海市不断完善政策体系，大力推进社会救助服务信息化改革创新，切实提高精准救助水平，让困难群众及时享受社会救助保障政策。

66 岁的康润如是乌海市海勃湾区林荫街道金裕社区的居民，几年前因为腰伤动了一次手术，老伴儿又在不久后被确诊为癌症，一家人的生活陷入困境。社区了解到这一情况后，及时为康润如申请了每月 800 多元的低保金，同时还为他联系了社区公益岗，每月又为他增加了一部分收入，现在他们一家人的生活大有起色。康润如说：“国家的政策越来越好，给我们这些生活有困难的群体提供了不少帮助，我觉得生活更有奔头了。”

近年来，乌海市持续提高低保保障水平。2021 年，最低生活保障标准由每月 760 元提高到 810 元，位列内蒙古自治区各盟市第三；特困人员照料护理补贴标准中，完全丧失生活自理能力对象照

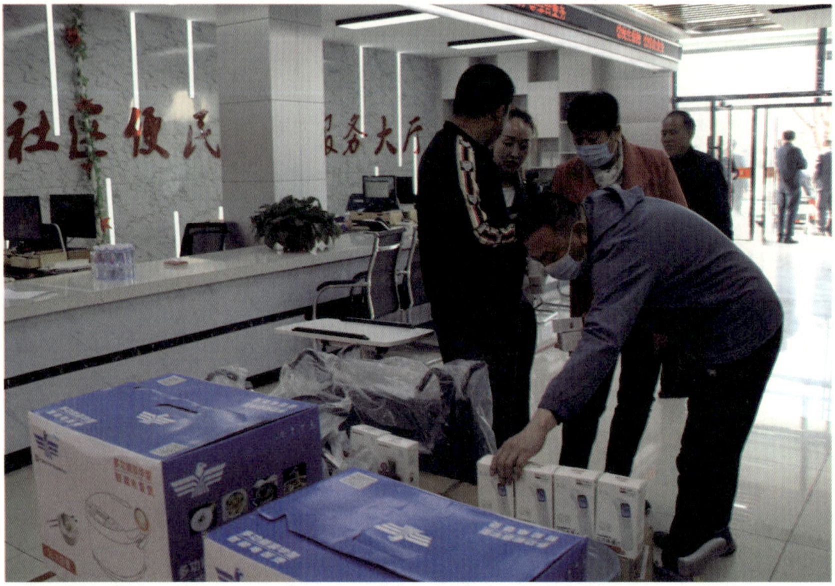

三部门为残疾人家庭送去生活用品

料护理标准从每月 1047 元调整为 1144 元，位列内蒙古自治区各盟市第一。截至 2021 年 5 月，乌海市核定低保对象 4906 户 7724 人，累计发放低保资金 2301.49 万元，月人均补助水平达到 583 元。

与此同时，为进一步提高社会救助的时效性和精准性，乌海市还大力推进社会救助服务信息化改革创新工作。乌海市民政局举办了社会救助信息化工作培训班，市、区民政局分管领导及相关工作人员参加了培训。培训班上，负责系统建设的工程师对乌海市社会救助信息化全流程智能系统的操作规程进行了详细介绍，并向参会的 100 多名社会救助工作人员演示了低保对象生存认证系统、智能申报一体系统和移动办公审核审批系统的使用方法。

培训能够让社会救助工作人员用好社会救助信息化系统，提高了审批审核时效。该系统的建设将实现救助事项“掌上办”“指尖办”，有利于增强社会救助的主动性、精准性和便捷性。尤其在低保生存认证和异地申请救助等方面，可以使困难群众享受“零距离”的救助服务，形成高效便捷的社会救助信息化服务格局，切实推动民生项目落到实处、见到实效，进一步提升广大市民的幸福感和安全感。

（五）锡林郭勒盟锡林浩特市：构建“1+3+N”居家和社区养老服务新模式

为积极应对人口老龄化发展现状，扎实开展好党史学习教育“我为群众办实事”实践活动，锡林浩特市坚持政府引导、社会参与、立足实际、整合资源的原则，采取多种措施打造“1+3+N”居家和社区养老服务新模式，即 1 个智慧养老综合服务平台，锡林浩特市指挥调度中心、街道养老综合服务中心、社区养老服务站 3 级平台服务，N 个居家和社区养老服务组织，加快构建以居家和社区养老服务为主体的养老服务体系，满足锡林浩特市老年人持续增长的多层次、多样化养老服务需求。

精准发力补短板

居家和社区养老服务项目在锡林浩特市原属空白，为统筹推动该项工作，锡林浩特市积极整合资源、依托街居、争取投入，并到先进地区学习交流，开展实地踏勘摸底调研及社区老年服务问卷调查。在全面掌握居家养老服务需求的基础上，结合锡林浩特市实际，制定工作方案，按照自治区年内城镇社区养老服务机构覆盖率达到 50% 以上的要求，于 2021 年打造“一平台、四中心、四站点”，即一个智慧养老综合服务信息平台，四个街道综合养老服务

2021年，锡林郭勒盟锡林浩特市民政局巴彦查干街道综合养老服务中心为老年人开展助餐服务

中心，四个社区养老服务站，有效覆盖杭盖街道、巴彦查干街道、希日塔拉街道、宝力根街道、楚古兰街道、额尔敦街道6个城区街道的20多个社区，为周边2万多名老年人提供居家养老服务。全年，锡林浩特市城镇社区养老服务机构覆盖率达到60%以上。

凝心聚力惠民生

锡林浩特市坚持将提供居家养老服务作为开展党史学习教育“为民办实事”实践活动的重要内容，按照“城市十五分钟”养老服务圈的总体目标，充分发挥政府主导作用，夯实居家养老服务发展基础，充分整合民生项目及街道物业用房，进行装修升级改造，并组织开展重点人群入户调查、智慧平台数据信息采集、护理员招聘、菜单式服务目录制定等工作。同时，锡林浩特市着力保基本、

锡林郭勒盟锡林浩特市民政局爱民社区养老服务站

兜底线，将养老资源向城镇社区倾斜，向失能、贫困、空巢、独居、高龄、计生特困等困难老年群体倾斜。政府拟通过购买服务的方式为65周岁及以上分散特困供养对象、65周岁以上低保家庭中的重度失能失智老人、90周岁及以上老年人等六类特殊困难群体提供居家上门服务和助餐服务，从而形成适度普惠、就近便捷、服务精准、多元供给的居家和社区养老服务新格局。

提质增效强服务

锡林浩特市印发实施《锡林浩特市居家和社区养老服务工作实施方案》。在此基础上，民政部门草拟了《锡林浩特市居家和社区养老服务设施建设及运营实施方案》《锡林浩特市政府购买居家养老服务实施办法》，从顶层设计、制度体系上保障锡林浩特市居家和社区养老服务体系建设高质量、高水平、持续健康发展。为满足社会对居家和社区养老服务的多元化需求，养老服务中心和站点

2021 年，锡林郭勒盟锡林浩特市民政局巴彦查干街道综合养老服务中心组织老年人举办了书画比赛

根据功能需求，分别设置日间照料室、社区诊所、健康驿站、为老餐厅等，为扎实推进居家和社区养老服务高质量发展奠定了良好基础。同时，锡林浩特市考虑到居家和社区养老服务中的助医和助餐需求是热点又是难点，超前谋划医疗养老资源有效融合工作措施，在三个中心设置了社区诊所和为老餐厅，开展慢性病康复、健康指导、家庭医生签约式服务以及助餐和上门送餐服务，进一步完善养老服务内容，补齐民生短板。锡林浩特市还将制定居家和社区养老服务标准、行业规则，开展第三方专业评估，进一步完善养老服务供给制度，重点保障困难和特殊老年群体的基本养老服务需求，促进居家和社区养老服务质量和效率的提升，切实提升老年人的获得感、幸福感和安全感。

（六）乌兰察布市察哈尔右翼前旗平地泉镇花村：互助幸福院里享幸福

70 多间平房组成的互助幸福院在乌兰察布市察哈尔右翼前旗平地泉镇花村格外显眼。下午的阳光斜照在树上，绿荫里，76 岁的傅蓉花正拿着剪刀给 80 多岁的田学珍剪头发。

傅蓉花已经为互助幸福院的老人们免费理了 9 年的头发。虽然她们彼此并不知道对方的真实姓名，但只要邻居有需要，傅蓉花都会倾力帮忙。这就是花村互助幸福院互帮互助精神最直接的体现。（这种养老方式被当地人总结为“互助养老”，该方式体现为“集中居住、分户生活、社区服务、互助养老”，最大特点是居家养老社会化、社会养老居家化。）

花村互助幸福院入住 73 户 114 名老人，入住率 100%。傅蓉花是第一批住进花村互助幸福院的老人，到如今她已在此居住近 9 个年头。说起住在幸福院的感受，傅蓉花反复提到的一个词是方便。老人们居住的房间有 42 平方米和 28 平方米两种户型，每户都配有火炕、厨房、水冲卫生间、太阳能热水器及 1.5 平方米冬季藏窖、5 平方米凉房和 60 平方米菜地。该院还配建了 300 多平方米的公共办公服务区和小型活动广场，设置了文化活动室、医务室、理发室、公共洗衣间和爱心超市等。

老人们免费入住互助幸福院，每年只需要交 60 元的水费，电费按表计收。互助幸福院由专人管理，主要负责管理文化活动室、打扫卫生等。有关部门还经常举办送文化、卫生下乡等活动，帮助院里的老人解决实际困难。

“我和老伴儿的腿脚还算利索，门前这块儿地就是我们的菜地，

76 岁的傅蓉花正拿着剪刀给 80 多岁的田学珍剪头发

今年我们老两口种了点儿马铃薯、黄瓜、豆角、西红柿、玉米，基本上吃不完。”傅蓉花指着窗外的菜园说。

傅蓉花和老伴儿都是低保户，全年享受的低保补贴、年龄补贴等全部加起来有 1 万多元。入住花村互助幸福院的老人每人每年可领取 1800~3000 元年龄补贴和高龄费，每月还有 300 元农村困难生活补贴，且原住地所享受的退耕还林补贴等政策不变。

2012 年，察哈尔右翼前旗本着“民政牵头、乡镇管理、村委会服务、院民互助、政府包底、入住自愿”的原则，整合新农村建设、农村危房改造和扶贫移民等涉农资金 500 万元，将废弃的原花村小学改建成花村互助幸福院，把邻近几个村里生活不便的 65 岁以上老人搬到一起集中居住，分户生活。几年来，全旗整合各类惠农资金 1.95 亿元，累计建成 37 处幸福院，已有 3787 户 6312 名 65

傅蓉花菜园收获的土豆

岁以上偏远地区的农村老人入住互助幸福院。

乌兰察布市农村布局分散，规模小，国家相关涉农危房改造资金配套难、浪费大，基层各方面服务管理成本高、延伸难。从2012年开始，乌兰察布市将农村牧区养老问题同危旧房改造、调整农村产业布局、脱贫攻坚相结合，利用撤并后闲置的学校、乡镇办公场所等现有设施，集中建设生活、医疗、文化设施齐全的互助幸福院，采取“集中居住、分户生活、社区服务、互助养老”的模式，让农村60周岁以上有生活能力、无生产能力的五保户、低保户、贫困户就近搬迁到中心村的幸福院居住。老人既不脱离当地生活环境，又方便政府集中提供服务。

通过建设互助幸福院，老年人可以集中养老，一些空心村、老龄村被撤并，实现了土地和其他生产要素向种养大户和专业合作社

入住平地泉镇花村互助幸福院的老人们

集聚，促进了农村各种资源的优化配置，增加了农牧民财产性收入，还促进了区域性人口集聚。对于撤并的村庄以及撂荒耕地、草牧场进行复垦或种树种草，改善了生态环境，收到了意想不到的效果。

如今，乌兰察布市已建成农村牧区互助幸福院 476 处，入住 44148 户，解决了农村牧区孤寡留守老人、空巢老人、因伤因病丧失劳动能力老人和 60 岁以上贫困老人的集中养老问题，托起幸福“夕阳红”。

（七）呼和浩特市玉泉区：托起特殊群体的“小康梦”

近年来，呼和浩特市玉泉区聚焦建档立卡贫困残疾人，全力打赢残疾人脱贫攻坚战。目前，玉泉区 26 户 53 名建档立卡已脱贫享受政策户中，享受重度护理补贴 9 人，享受残疾人生活困难补贴 12 人，同时享受两项补贴的有 8 人。

贺天来是玉泉区享受残疾扶贫政策帮扶的居民之一。他表示：“如今，助残扶残和脱贫政策让我们享受到很多关爱，比如区里会根据我们的实际情况和要求，给我们家里修建轮椅坡道、改造坐便器、安装室内外扶手等，还会不定时地免费送辅具，为我们免费按摩，并帮扶我们度过贫困期。”为解决残疾人实际困难，提高残疾

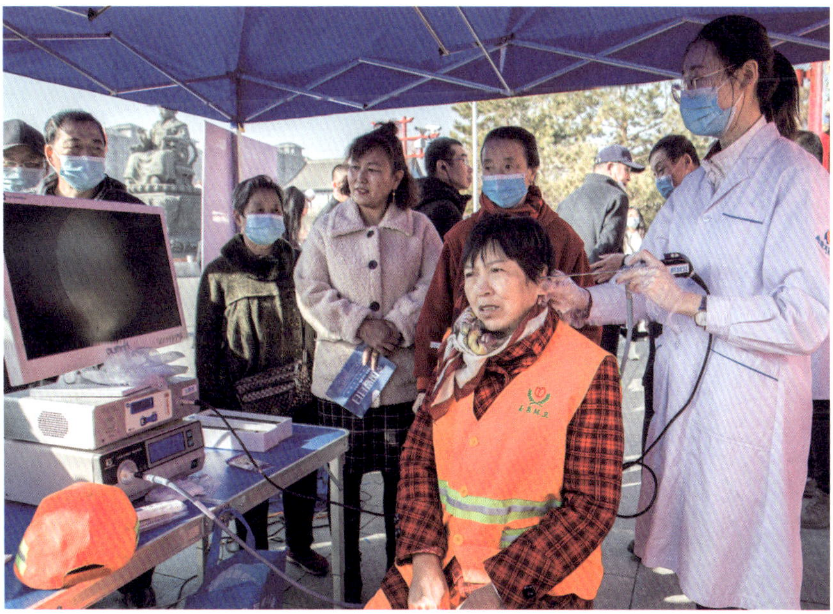

2021 年 3 月 3 日，呼和浩特市玉泉区残联的医护志愿者为听力障碍患者义诊

2021 年 3 月 3 日，呼和浩特市玉泉区残联的工作人员为听力障碍患者免费发放助听器

人生活质量，区残联已为 8 名建档立卡脱贫享受政策残疾人发放辅具。同时，为有需求的建档立卡残疾人提供价值 190 元的理疗按摩服务，共计服务 21 人。

享受政策帮扶的郭月贵说：“区里不仅在生活上给予我们这些特殊群体帮助，在住房安全上也给我们提供了保障。”区残联深入小黑河镇对动态更新系统中鉴定为危房的 11 名残疾人所住房屋和未鉴定为危房的 45 名残疾人所住房屋进行实地摸排走访。通过实地查看、仔细询问、拍摄照片，充分了解被排查残疾人危房类型、面积、残疾类型、家庭成员、经济收入等基本情况，并逐一详细登记，坚持危中选危、贫中选贫，予以帮扶。

区残联主动关注建档立卡已脱贫享受政策残疾人的换证办证问

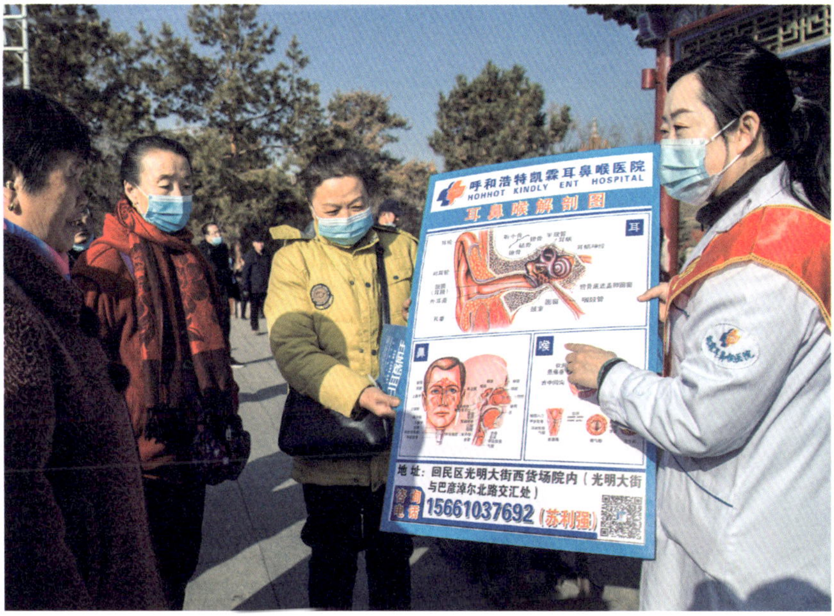

2021 年 3 月 3 日，呼和浩特市玉泉区残联的医护志愿者为市民普及爱耳、护耳常识

题，对出于行动受限、交通不便等原因无法出行更换残疾人证及办理残疾鉴定的人群，积极协调，为他们提供“零距离”服务，让特殊群体感受到来自社会的关爱，托起特殊群体的“小康梦”。

（八）巴彦淖尔市临河区：不让一个残疾人在小康路上掉队

累计为 12859 名符合条件的残疾人免费办理了城镇居民医疗保险；为 16161 名农村三级以上（包括三级）残疾人缴纳医疗保险；为有就业意愿和劳动能力的 550 名城镇残疾人开展了职业技能培训，对 1200 余名农村残疾人进行了实用技术培训；为 400 多名肢体、智力、孤独症等贫困残疾儿童提供了免费康复训练；为562名贫困精神障碍患者提供免费医疗救助……一个个翔实的数据，彰显着巴彦淖尔市临河区残疾人事业的蓬勃发展，让人真切地感受到小康路上不让一个残疾人掉队的温暖和力量。

“十三五”期间，巴彦淖尔市临河区以加快残疾人社会保障和服务体系建设为主线，以“一切为了残疾人”为出发点和落脚点，突出重点，抓住关键，强力推进，全区残疾人的获得感、幸福感、安全感不断提升。

残疾人社会保障水平全面提高

64岁的张秀英家住临河区朗润园，肢体一级残疾，常年瘫痪在床，需长期服药，老伴儿患有脑梗、糖尿病，老两口一直享受残疾人重度护理和生活困难两项补贴。“我们家全靠政府帮助了，除了每个月的低保金外，政府还给我们缴纳医保，住院吃药也能报销，生活上自己也花不了多少钱。没有党和政府，哪还有我们了？”张秀英说。

“十三五”期间，为强化残疾人社会保障，进一步实现弱有所扶，临河区全面落实重度残疾人护理补贴和困难残疾人生活补贴“两项补贴”制度，推进“两项补贴”提标扩面。2017年，困难残疾人生活补贴和重度残疾人护理补贴由每人每年360元和500元提高到每人每年960元。2019年，临河区又将“两项补贴”标准提高到每人每年1200元。重度残疾人参加城乡居民基本养老保险个人缴费部分全部由政府按最低档次200元代缴。5年来，累计为符合条件的12859人次免费办理了城镇居民医疗保险，为16161人次农村三级以上（包括三级）残疾人缴纳医疗保险317.74万元。2020年，实现所有持证残疾人购买意外伤害保险全覆盖，残疾人

临河区残疾人手工编织培训班

基本养老保险和医疗保险参保率明显提高，保障水平全面提高。

残疾人康复服务能力进一步提升

“我无儿无女，身体二级残疾，没有劳动能力，全靠政府帮扶，工作人员还经常打电话问我有没有需要帮助的，只要听说我有困难，就第一时间帮我解决，让我心里暖暖的。”家住临河区山河小镇的胜利说起政府对他的帮助，激动不已。48 岁的胖利于 2016 年享受自治区免费假肢项目，安装右大腿假肢。使用 5 年后，他于 2021 年 10 月更换右大腿假肢，享受残联提供的 1 万元补贴，解决了出行不便的难题。

“十三五”期间，临河区累计投入 500 余万元，为 400 多名肢体、智力、孤独症等贫困残疾儿童提供免费康复训练；为 562 名贫困精神障碍患者提供医疗救助，免费发放轮椅、助听器、助行器等辅助器具及康复器材 1500 余件。同时，利用“爱耳日”“爱眼日”“残疾预防日”等契机，广泛开展残疾预防知识宣传，普及康复知识，使残疾人的自我康复意识显著提高。

残疾人就业教育工作稳中向好

为促进残疾人就业，临河区不断加大残疾人就业创业扶持力度，通过残疾人集中就业、按比例就业、灵活就业、辅助性就业等培训，利用多种方式帮助残疾人就业、增收。39 岁的王丽娜是先锋街道一位肢体二级残疾人。为了让她掌握一技之长，增加收入，街道定期通知她免费参加区残联组织的城镇残疾人技能培训。现在，王丽娜已经熟练掌握了计算机基础知识和手工编织技能，可以足不出户在家完成订单，生活一天天宽裕起来。

“十三五”期间，临河区累计投入资金 130.8 万元，针对有就业意愿和劳动能力的 550 名城镇残疾人开展了职业技能培训；投入资金 25.3 万元，组织 1200 余名农村残疾人进行实用技术培训。同时，走访慰问贫困残疾人 3000 余人，共计发放慰问金 156 万余元，并为临河区 30 多家（户）安置残疾人就业的企业、种养殖示范户和盲人按摩店等残疾人就业、创业单位和个人给予 336 万元的扶持。

此外，临河区还坚持将扶贫与扶“志”、扶“智”相结合，稳步推进残疾人教育工作，不让一名残疾人家庭孩子因家庭贫困而失学。“十三五”期间，临河区共投入资金 32.7 万元，对招收残疾儿童的学前教育机构给予补贴；按照 600 元和 1000 元的标准，对临河区户籍本人或父母持有第二代残疾人证的义务教育阶段和高中、中等教育、职业教育阶段的 404 名贫困残疾学生及残疾人家庭子女进行资助。

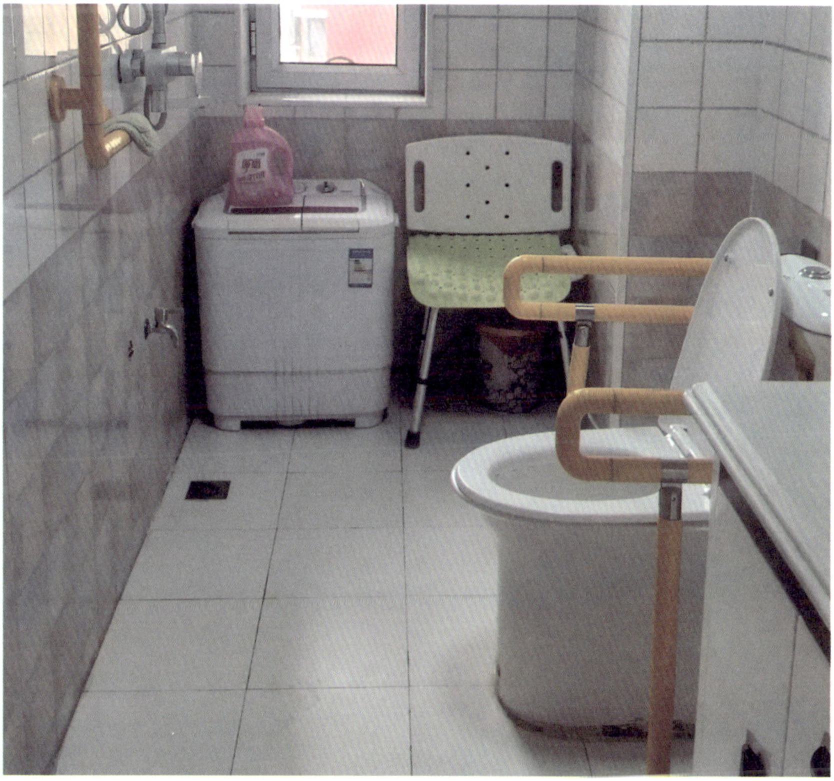

实施残疾人居家无障碍改造

残疾人托养服务体系不断健全

“十三五”期间，为了给残疾人提供康复、就业、文体活动等个性化服务，临河区残联先后创建 7 家残疾人温馨家园。5 年来，共投入资金 59.7 万元，为城镇 740 名精神、智力和重度肢体残疾人提供日间照料、健康护理、居家托养等服务，大大方便了残疾人的生活。家住临河区曙光街附近的 86 岁肢体二级残疾人王玉霞数年前突发脑出血，导致身体无法动弹。2019 年，临河区残联入户筛查，为其量身定做了洗浴扶手、马桶两侧折叠扶手和移动洗澡椅等，方便老人的生活。

为给残疾群众提供更多便利，帮助他们解决实际困难，“十三五”期间，临河区累计投入 100.4 万元，持续实施残疾人居家无障碍改造，251 户重度肢体残疾人家庭进出门坡道、扶手、卫生间、厨房等得到改造，有效解决了他们在洗澡、如厕、出门等日常生活中存在的困难。同时，“12385”残疾人服务热线的开通，畅通了残疾人表达诉求的渠道，维护了残疾人的合法权益。

残疾人事业是爱的事业。在今后的工作中，临河区将继续紧紧围绕残疾人最关心、最直接、最现实的利益问题，以永不懈怠的精神状态，为临河区 3 万多名残疾人做实事、解难题。

十、处处美景 步步入画

依托丰富的红色文化资源和绿色生态资源发展乡村旅游，搞活了农村经济，是振兴乡村的好做法。发展乡村旅游不要搞大拆大建，要因地制宜、因势利导，把传统村落改造好、保护好。

——2019 年 9 月 16 日，习近平总书记在河南省信阳市新县田铺乡田铺大塆考察调研时强调

让乡村旅游更好助力乡村振兴

实施乡村振兴战略，要按照产业兴旺、生态宜居、乡风文明、治理有效、生活富裕的总要求来加快推进农业农村现代化。乡村旅游利用乡村自然资源和人文资源，把农耕活动与休闲农业、传统农业文明与现代乡土文化有机结合起来，有利于推动农民拓宽增收渠道、提高农业附加值、促进农村美丽繁荣，是乡村振兴中的重要引擎。近年来，内蒙古自治区依托丰富的旅游资源，大力发展乡村旅游，走出了一条切合当地发展实际、民族风情浓郁、文化特色突出、充满生机活力的旅游富民之路。

资源禀赋优势为乡村旅游发展奠定了基础。内蒙古拥有丰富的旅游资源和产品，不仅有浓郁的民俗风情、悠久的历史古迹，还有草原、沙漠、森林、湖泊、湿地等壮美的自然风光。内蒙古还是少数民族聚居地区，具有深厚的文化底蕴。游牧、河套、林俗、红山等文化在此交流融汇，马头琴、呼麦、蒙古包、蒙古饮食等风格独特。如此丰富多彩、各具特色的资源禀赋，为发展乡村旅游提供了得天独厚的优势。

乡村旅游发展势头良好。内蒙古自治区抓住乡村旅游火热兴起的机遇，充分发挥草原、沙漠、河湖、湿地、森林等生态优势，以东中西部差异化发展为导向，大力发展生态旅游、文化旅游、休闲旅游、康养旅游等种类繁多的乡村旅游形态。2019—2021 年，呼和浩特市托克托县河口管理委员会郝家窑村和阿拉善盟阿拉善右旗巴丹吉林镇额肯呼都格嘎查等 30 个村（嘎查）入选全国乡村旅游重点村名单。2021 年，通辽市奈曼旗白音他拉苏木、锡林郭勒盟多伦县滦源镇、鄂尔多斯市伊金霍洛旗伊金霍洛镇 3 个镇（苏木）入选第一批全国乡村旅游重点镇（乡）名单。极富特色的内蒙古乡村旅游火“出圈”，吸引着全国各地游客前来“打卡”。

乡村旅游助力乡村振兴成效显著。2018 年，内蒙古出台《内蒙古自治区乡村旅游三年行动计划》，大力发展乡村旅游，积极培育乡村旅游精品工程，建设了多个乡村旅游集群片区和一二三产业融合的乡村旅游园区，培育了一大批特色文化村落。乡村旅游在注重保护自然环境、乡土特色、历史风貌的基础上，推出了特色鲜明的农村牧区旅游产品，在推动乡村基础设施建设和发展乡村经济方面发挥了重要作用。

实施乡村旅游提质工程。《内蒙古自治区“十四五”文化和旅游融合发展规划》进一步对内蒙古的乡村旅游发展进行布局。内蒙古将以“环城、依景、沿线”为布局原则，积极创建全国和自治区乡村旅游重点村镇，培育乡村旅游融合发展示范区，打造星级乡村（牧区）旅游接待户。结合乡村人居环境改善，不断完善乡村文化和旅游公共设施，改善道路、停车设施和旅游厕所等设施。开展乡村精品民宿建设试点示范，以精品民宿引领乡村旅游产品转型升级。推广“景区带村”“能人带户”“民宿增效”“企业＋农户”“合作社＋农户”等发展模式，推动乡村旅游惠民富民。

（一）包头市石拐区：青山村的艺术范儿

“一位北京来的游客称我们这里是镶嵌在大山中的彩色村庄，”站在半山坡，李廷润指着斜阳映照下的村庄说，“我对这个评价非常满意。”

这位北京游客说的“彩色村庄”就是包头市石拐区五当召镇青山村。

曾经，随着煤炭资源枯竭，这里成了出名的穷乡僻壤。

那么，是什么让这个村发生了巨变？

20世纪90年代，为了摆脱贫困，李廷润和村里的其他年轻人一样，早早走出了大山。但他们不论走多远，发展得多好，心里总是惦记着这片生养他们的土地。

几年前，李廷润放弃了发展正好的事业回到家乡，在村民的推举之下进入村委会，担起改变青山村的重任。

如今，李廷润是青山村党支部书记兼村委会主任。

青山村的绘画写生产业方兴未艾

“青山村户籍人口780户1620人，常住人口91户163人，留下的‘老弱病残’辛劳地耕种着964亩水浇地。”谈起最初回村时的情景，李廷润内心五味杂陈，他说，“是党和国家的好政策给了我们回村发展的勇气。”

青山村位于大青山南坡腹地，这里风景优美，宜居宜游，特别是村里有着独特的民居格局，现存石头房屋几十间，保存较为完好的村民居住院落有近百间。房屋依山而建，错落有致，与周边环境相映衬，吸引了不少摄影爱好者和美术爱好者前来拍照和写生。

“既然资源这么丰富，为什么不能把整个村庄变成大青山上的涂鸦世界？”李廷润没用多久就与村“两委”班子成员达成一致意见：走艺术与旅游之路。很快，内蒙古师范大学、包头师范学院、内蒙古农业大学等6所高校的艺术类院系就将他们的写生基地扎根

游客“打卡”青山村

在青山村。

学生们来到这里后，立即被当地的景色所吸引。他们在田地里、山垄上、民居前，用手中的画笔写生，还有的学生索性在青山村院落墙体上画出美丽的图景，山沟沟里瞬间有了艺术气息。

希望的沃野上，黄澄澄的谷穗垂着沉甸甸的头；农家小院里，鲜嫩的蔬菜把畦田遮蔽得严严实实，辛勤劳作了一整个夏天的农民那被太阳晒得发黑的脸上绽放着笑容。这里还有已经关闭的煤矿工业遗存、曾经繁华的包石铁路、独特的石窑民居……经过两年多时间，青山村将美术作品与自然风光融为一体。

在这里，游客可以看到 20 世纪 70 年代青山村依托煤炭资源建立的汽车运输公司，不难想象那些年村集体经济年入百万的辉煌成绩；这里有百余米爬坡的村巷道，游客们可以找回滚铁环、跳山羊的欢乐记忆。

发展旅游业，村民在家门口就可以轻松地挣到钱。陈旧的房屋被改造成特色民宿，新鲜的蔬菜和村民家里的笨鸡、土鸡蛋成了城里人青睐的美食。“以前我的小超市就是挣个油盐酱醋钱，自从写生基地的学生娃娃们来了以后，每天纯收入能达到 300 块钱，可比到外面打工强。”村民程三仁高兴地说。

按照“政府引导、市场运作、社会合作”的原则，青山村依托独特的人文历史和自然资源，着力打造“青山印象”绘画写生基地，形成绘画摄影、艺术涂鸦、红色文化等不同主题的观光区。

“写生基地的蓬勃兴起，带来了人气和活力，催生了‘写生经济’，更多的村民参与其中，在家门口增收致富。”站在全新的绘画作品展厅中，李廷润握着孙涛的手，兴致勃勃地规划着未来。

孙涛是青山村参股成立的青山印象文化发展公司总经理，他说：“我们之所以把公司开到这里，最主要的因素就是这里有独特的涂鸦文化，再加上区位优势，让我们更加坚定了发展文旅事业的信心。”公司先后投入 110 万元，建起了研学基地、红色旅游基地，并与五当召旅游景区合作，在石拐老区与 4A 级旅游景点之间建起一个重要的“驿站”。

看到村里的巨大变化，一些漂泊在外的村民也有了回乡的念头，池才旺就是其中一位。他说：“如今，家乡的环境美了，生活富裕了，我也打算搬回来住了。”

（二）呼伦贝尔市陈巴尔虎旗：赴一场冰雪文化盛宴

一场大雪过后，陈巴尔虎草原被冰雪覆盖，茫茫雪原与天地相连，这里成为“雪域天堂”。冰雪的到来拉开了这里冬季旅游的序幕，这里有浓郁厚重的北方游牧文化、传统古老的那达慕赛事、色香味俱佳的蒙古族美食，还可以在冰天雪地中体验驾驶乐趣。在寒冷与激情的碰撞中，来到这里的人们能够全方位感受“中国那达慕文化之乡”的民俗文化和冰雪魅力。

如今，越来越多人对冰雪项目感兴趣。近年来，呼伦贝尔市陈巴尔虎旗结合地域实际，巧妙运用冰雪资源，将资源优势、文化优势精耕细作，打造“冰雪＋体育”“冰雪＋民俗”“冰雪＋文化”的冬季特色系列旅游产品，形成了独具特色的冰雪旅游品牌。

陈巴尔虎旗是“中国那达慕文化之乡”。作为连续多年的冰雪那达慕承办地，那达慕逐渐成为当地发展冬季旅游的一个重要抓手。近年来，该旗借助“中国（呼伦贝尔）冰雪那达慕”的品牌影响力，积极打造冰雪旅游活动品牌，实现那达慕常态化运营。

悠扬的蒙古族长调回荡在茫茫雪原，身着蒙古袍的牧人骑马乘驼，挥鞭高歌，再现了古老神秘的游牧文化。搏克、射箭、打瑟日等传统竞技项目，不少游客可参与其中，小试身手。呼麦、长调等特色民俗表演让游客领略到民族文化的绚丽多彩与博大精深。

位于巴彦库仁镇东侧的草原小镇那达慕浩特以古老的北方游牧民俗文化、体验式的那达慕传统体育赛事以及丰富多彩的冰雪娱乐项目吸引各地宾客前来。

“‘天天那达慕’是我们园区每天都要举行的活动，包括牧民巡

陈巴尔虎旗冬季那达慕中驼拉爬犁入场

演以及一些那达慕传统项目的展示。除了可以体验民俗文化，游客还可以在园区内体验冰雪汽车试驾、卡丁车驾驶等冰雪活动，全方位、沉浸式享受冰雪文化盛宴。”陈巴尔虎旗草原小镇那达慕浩特运营经理张明浩说。

在逐渐完备的基础设施的基础上，陈巴尔虎旗草原小镇那达慕浩特还将增设牧民社区、餐饮住宿及寓教于乐的雪地小小驾校、雪地女士驾校等娱乐服务项目。同时，陈巴尔虎旗还通过举办年货节、特色产品销售等活动，不断丰富园区内容，打造中国唯一的那

呼伦贝尔大草原上的莫尔格勒河景区正在创建国家 AAAAA 级旅游景区

达慕永久性会址场地，建设草原上的“欢乐谷”，实现常态化运营，创建呼伦贝尔“那达慕浩特”品牌，以此打破制约冬季旅游发展的瓶颈，让呼伦贝尔的冬天更加丰富多彩。

无尽的雪原与遥远的天际相连，洁白的雪道与五彩的风筝相得益彰。风筝滑雪是一项新兴的冬季运动，滑雪者借助风的力量，通过风筝的牵引在雪地或者冰面上滑行，时速可达上百公里。“这项冰雪运动适合各个年龄段的冰雪运动爱好者，可以强身健体。”曾参加“玩转白音哈达，放飞草原梦想”文旅冰雪季·“呼伦贝尔号”

呼伦贝尔市陈巴尔虎旗举办的天天那达慕

文旅杯第三届极限狂人 300 公里风筝滑雪挑战赛的一位年近古稀的参赛选手说道。“与别的赛区相比，这里的风平稳而又持续，还有优质广阔的雪原，为我们提供了更好的比赛环境。”参赛选手对比赛场地白音哈达草原景区给予了高度评价。

看到精彩的风筝滑雪表演后，来自海拉尔的王雷忍不住鼓掌欢呼：“我是第一次了解风筝滑雪这项运动，为选手们的表现感到震撼，领略到了这项运动的魅力，也让我对冰雪运动产生兴趣，萌生了学习风筝滑雪的想法。”

白音哈达草原景区聘请国内优秀的冰雪设计、建设团队，为景区量身打造了多项主题性、趣味性极强的冰雪娱乐项目和大型雪雕建筑群，将独特的文化、民俗、美食、冰雪等元素完美结合，让游客既可以领略白音哈达草原景区的壮美景色，又能感受浓郁的民俗风情。

陈巴尔虎旗依托独特的冰雪资源优势，准确把握“绿水青山是金山银山，冰天雪地也是金山银山”的发展思路，不断挖掘冬季旅游产业发展潜力，逐步破题冬季旅游发展新路径，依托草原生态冰雪、特色民俗风情、冰雪那达慕等旅游资源，拓展冬季旅游项目、延长冬季旅游黄金期，积极推进冬季旅游文化发展，吸引更多人上冰雪、玩冰雪。陈巴尔虎旗的冬季旅游连续多年持续升温，开启了“冰天雪地”的“黄金时代”，让冷资源不断迸发出热效应。

住毡包、喝奶茶，体验牧民生活；骑骏马、看搏克，感受那达慕盛会的欢乐；滑雪圈、坐爬犁，尽享冰雪运动乐趣……丰富多彩的活动让陈巴尔虎草原成为一片欢乐的海洋。这个冬天，陈巴尔虎草原以最热切和诚挚的心，欢迎每一个人到这里领略独具特色的冰雪文化盛宴。

（三）呼和浩特市托克托县：头枕黄河美梦圆

清晨，30 岁的郝福保穿梭在葡萄架间，将一串串成熟的葡萄剪下，无暇顾及从脸颊滚落的汗水。“昨天有人订了 200 斤葡萄，一会儿就要来取。这单葡萄还没剪完，就又有人下单。”郝福保说。

不远处的黄河岸边，一个个鱼塘错落有致，水鸟盘旋在上空，发出声声鸣叫，一把鱼食撒下，密密麻麻的小鱼小虾探出头来争抢食物。鱼塘里南美白对虾等稀罕品种早就被在黄河边经营农家乐的村民们盯上了，准备用来迎接新一轮的游客大军。

初秋时节，历史悠久的呼和浩特市托克托县郝家窑村，绿意盈盈，瓜果飘香，到处洋溢着丰收的喜悦。

郝家窑村，因黄河而起。

清乾隆年间，山西的郝氏兄弟走西口来到托克托县，见黄河岸畔水土丰腴、草木欣荣，便在这里安了家，郝家窑因此得名。

滚滚黄河由西而来，流经托克托县境内，折南入晋陕峡谷而去。这里是黄河上中游的分界处，郝家窑就在黄河东岸。

郝家窑种葡萄的历史和村庄一样悠久。面朝黄河、背靠山梁，独特的小气候使这一带种出的葡萄皮薄、水分大、甜度高。

郝家窑村，因黄河而兴。

每年一入秋，郝家窑的葡萄就供不应求，价格最高的时候能卖到 18 元一斤。可在郝福保的记忆里，葡萄并不是一直这么值钱。

托克托县神泉景区内，游船划开碧波，乘客们欣赏着两岸美丽的风光

“曾经，五毛钱一斤都卖不出去，每到开学，父母都为我们姐弟的学费发愁。”郝福保回忆说。

那时，郝福保家门前是河滩。黄河水落，河滩地现，庄稼长势良好；黄河水涨，则地少粮不足。房后是土坡。1330多万平方米的黄土坡水土流失严重，植被稀少，种啥啥不成。

一刮风，黄土漫天；一下大雨，大家就睡不着觉，担心从土坡上倾泻而下的洪水将葡萄苗连根冲起。

郝家窑村曾为摆脱贫困面貌不断探索。“靠水吃水，1990年左右，村里挖了667万平方米鱼池，发展黄河鲤鱼养殖，可因为环境不好、交通不便、游客稀少，销售跟不上，鱼池最终废弃。”郝福保的三爷爷郝长青一边叹气一边说。

沿黄的居民利用得天独厚的条件开辟鱼塘，养殖黄河鱼

那个时候，郝家窑的村民有两个梦：一个是绿色梦，希望生态环境好起来；一个是致富梦，家家户户能增加收入，过上好日子。

转机终于来了！要想发展，必须首先把生态搞上来。京津风沙源治理工程、天然林保护工程、植被恢复等项目工程陆续实施，郝家窑村搭乘着政策的春风，生态开始好转。

2010 年，依托黄河和库布其沙漠建立起来的国家 AAAA 级旅游景区神泉生态旅游景区开门迎客。“大漠孤烟直，长河落日圆”的壮丽景观吸引了众多游客。

村里抓住机遇打机电井、硬化道路、挖标准鱼池，为村民统一架设葡萄架，曾经废弃的鱼塘又被利用起来，这个黄河边的小村庄开始一点点改变。

“2011 年我考上大学，每回来一次，家乡都有不一样的变化。老乡们住进了新房子，村里建起了新厕所，路灯亮了，还有了垃圾箱。”郝福保感叹道。

郝家窑村，因黄河而富。

生态环境改善，重在久久为功。

近年来，托克托县实行了最严格的生态保护制度，划定了 3.3 公里沿黄生态保护区，推行河长制、湖长制，严格执行 24 小时入黄水质监管；建设起沿黄生态廊道，沿黄公路两边一排排防护林拔地而起，家家户户房前屋后种满了葡萄和果树；屋后的黄土坡变成了水上乐园、观光生态园和绿博园。

好生态、好环境吸引大批游客，开启了郝家窑人的好日子。

2015 年，在外打工的郝福保果断回到家乡，扩大葡萄种植面积，跟父母一起开办了农家乐，多的时候年收入能达到七八十万。“以前家家户户种三五棵葡萄自己吃，现在家家户户房前屋后都是葡萄。曾经卖不出去的葡萄，现在种多少都不愁卖。”他笑呵呵地说。

“十几年前我们来过郝家窑，那时候路边零星有几个小鱼塘，鱼塘边上支起三四个简陋的铁皮棚。游客来了，往铁皮棚里一坐，一锅黄河鱼就是最好的招待。现在路两边全是装修精致的农家乐，随便走进一家，黄河鲤鱼、炖笨鸡、油炸糕端上来，那叫一个香！”从呼和浩特市来的游客刘三格说。

“目前，全村有167万平方米的葡萄，65家农家乐，近200万平方米的鱼塘，人均年收入达到2.6万元。”郝家窑村党支部书记郝争平介绍。

依托黄河，走过几百年历史的郝家窑村渐入发展佳境；依托黄河，郝家窑人多年美梦今已圆。这个黄河岸边的小村庄正随着奔涌的黄河水，一路向前。

托克托县的葡萄种植业远近闻名

（四）阿拉善盟：文旅融合活力四射

登上阿拉善盟阿拉善右旗巴彦高勒苏木额日布盖山，金秋时分牧草的清香扑面而来，远远望去，建在山里的一顶顶洁白的蒙古包与碧草、蓝天、白云交相融汇，构成了一幅生动的牧野画卷，这是牧民那仁达来在自家草场上建起的“杭盖牧家游”。

“‘杭盖牧家游’就建在原生态的草场上，游客能充分体验到现代与原生态交织的牧家新生活。眼下正是牧场最美的时节，每到周末有许多城里人来游玩。”那仁达来和家人一边忙着招待游客一边说。

那仁达来是巴彦高勒苏木乌兰塔塔拉嘎查的牧民，随着近年来阿拉善右旗旅游业的蓬勃发展，他开始思谋着办牧家游致富。2018年，那仁达来依托自家草场优美的环境，投资近70万元，建起5座蒙古包，搞起了牧家游。那仁达来很有经商头脑，眼光也较长远，总能想出一些新点子。那仁达来在2020年曾邀请内蒙古知名乐队组合黑骏马成员乌日格希拉图在草原上举办了个人专辑《梦想成真》的发布会。借助名人的名气，此举既宣传了家乡的美丽风光，又为他家的牧家游打了广告。

“牧家游主要提供景色观光、体验牧民生活、品尝风味美食等服务。凭借当地优美的自然风光和独具特色的民族风情，牧家游自开办以来，吸引了许多游客前来观光旅游。”那仁达来说，“能过上今天的好日子，凭借的是阿拉善盟文化旅游业快速发展提供的致富途径。”

“大漠孤烟直，长河落日圆。”地处内蒙古最西部的阿拉善盟拥

阿拉善右旗额日布盖山

有丰富的旅游资源，有全球唯一以沙漠为主题的世界地质公园，有世界三大沙漠之一的巴丹吉林沙漠、世界三大胡杨林之一的额济纳胡杨林，有世界三大载人航天中心之一的东风航天城，还有贺兰山国家级自然保护区、世界闻名的居延汉简、历史悠久的黑城遗址、美术世界的活化石曼德拉山岩画……这些旅游资源在全区乃至全国都是独一无二的。

阿拉善盟不仅旅游资源富集，还有着深厚而悠久的历史文化。这里是漠西卫拉特蒙古、漠北喀尔喀蒙古、漠南蒙古三大部落文化融合之地，宗教文化、农耕文化、清皇家文化等在这里交融发展；阿拉善盟的岩画堪称我国西北地区古代艺术的宝库，被专家确

巴丹吉林沙漠

定为世界第二、亚洲第一；这里是一代宗师六世达赖喇嘛仓央嘉措圆寂之地，是蒙古文、藏文及古梵文著名学者和佛学大师阿旺丹德尔的故乡，是蒙古族土尔扈特部东归英雄世代生活的家园……由此看，阿拉善盟文化旅游业发展有着深厚的文化底蕴和广阔的发展空间。

为了让富集的文旅资源走向全国、走向世界，近年来，阿拉善盟持续推进文化旅游业高质量发展，以打造“国际旅游目的地”为目标，依托丰富的文化旅游资源，紧紧围绕做大做强“苍天般的阿拉善”旅游品牌，充分发挥文化节庆活动对旅游发展的撬动作用，以全域旅游带动文化发展，以文化促进全域旅游发展，深入挖掘地方特色和文化内涵，实施“旅游+”战略，推动文化旅游产业

阿拉善英雄会

转型升级。

阿拉善盟以发展“旅游+节会”为着力点，成功开展了阿拉善文化旅游节、越野e族阿拉善英雄会、阿拉善奇石节、巴丹吉林沙漠国际文化旅游节、中国·额济纳·金秋胡杨生态旅游节、阿拉善丁香旅游节、骆驼那达慕、卫拉特文化艺术节等一系列旅游文化节庆活动，不仅为旅游爱好者提供了丰盛的旅游大餐，也为阿拉善盟展示旅游文化资源、招商引资搭建了平台。阿拉善盟以发展“旅游+文化”为落脚点，进一步推动文旅融合发展，不断实施文旅融合演艺项目，先后推出《王府盛宴》《和硕特婚礼》《奇石交响乐》《阿拉腾陶来》《神游通湖》等大型实景剧，让游客大饱眼福，有了更好的旅游体验。

多年来，通过文旅融合发展，如今阿拉善盟的文化旅游业已成为对外开放、吸纳游客的金字招牌和“绿色”富民产业，对促进地方经济结构转型升级、带动地区经济社会发展发挥着积极作用。

（五）赤峰市阿鲁科尔沁旗：“中国草都”换新颜

阿鲁科尔沁旗意为“在北方游牧的科尔沁部落”，位于内蒙古自治区中部、赤峰市东北部，这里历史悠久、文化底蕴深厚，有全国保存最完整的原生态游牧系统，享有“中国草都”的美誉。

带着历史留下的耀眼光环，这片神秘而古老的草原正焕发着勃勃生机。

沧海桑田，文明如炬。近年来，阿鲁科尔沁旗围绕纯净、绿色、美丽阿鲁科尔沁定位，按照“高起点规划、高强度投入、高标准建设、高效能管理”的思路，坚持适度超前和宁慢不乱相结合，以牧场、农庄为载体，主打民族特色和纯净绿色牌，有序推进民族特色文化旅游产业发展。

盛夏时节，东南季风越过华北平原和燕山山脉，把温润的空气吹到了阿鲁科尔沁草原，让这里充满生机。

在绍根镇中国草都核心区，4.67 亿平方米集中连片的人工牧草长势喜人。立足赤峰市打造“中国草原自驾游胜地”和阿鲁科尔沁旗建设优质牧草全产业链示范基地的目标，中国草都生态旅游区在这里茁壮成长。按照“农牧业 + 生态 + 旅游”融合发展新模式，这里正努力成为极具竞争力的特色产业游、生态观光游、休闲度假游新地标。

原生态游牧区游牧转场

近年来，阿鲁科尔沁旗依托秀美的自然风光、独特的蒙古族风情，梯次化、标准化开发旗内旅游资源，着力打造经典旅游产品。投资 5.5 亿元完成蒙古汗廷文化园项目非遗文化走廊、生态丘陵、草原景观、入口广场、现代游乐园和家庭宾馆六大主题片区建设。投资 5200 万元完成南部万顷优质牧草体验区的现代草业博物馆、培训中心、停车场、旅游厕所等基础设施建设。累计完成投资 1.25 亿元，启动道尔其格乡土植物博览园、太平庄中药康养休闲度假基地、天海葡萄生态庄园、凤凰山庄扶贫产业园、代白乌苏山水田园度假区、苏鲁鼎游牧体验基地等节点建设，节点主题各有侧重，打造了一条集田园风光、农耕文明、中药康养、宗教文化、游牧文明于一体的乡村旅游路线。

蒙古汗廷文化园

全旗共有国家 AA 级景区 3 个，重点景区 8 个，乡村旅游接待户 46 户，自治区星级乡村旅游接待户 2 家，宾馆酒店 173 家，民族手工艺品企业 172 家，旅游从业人员达 1000 余人。

为进一步增强旅游品牌影响力，阿鲁科尔沁旗通过系列节庆活动、网络推介、专场推介等形式进行集中宣传，成功推进营销策略提档升级，旅游产业发展后劲十足。

阿鲁科尔沁旗成功举办了赤峰市乡村旅游文化节、蒙古汗廷文化节、高格斯台罕乌拉敖包祭祀、那达慕大会、天山口镇天海葡萄采摘节、巴彦花镇代白乌苏杜鹃花节、赛罕塔拉苏木首届奶食节等活动，全面展示了丰富的乡村旅游资源，进一步完善了旅游接待设

塔林花国家草原自然公园

施和旅游产品体系。为促进文化交流与互动，阿鲁科尔沁旗成功举办了哈萨尔敖包文化研讨会、中国北方民族历史文化学术研讨会暨乌桓鲜卑文化学术研讨会、奶食文化节澈格产业论坛等学术交流研讨会，营造了浓厚的蒙古族文化产业发展氛围，进一步推动蒙古族文化在新时代的传承和弘扬。着力打造健身步道、自行车赛道、房车营地、赛马场等体育运动场地，使其与景区相呼应。开展“男儿三艺”等民族传统体育赛事与一系列全民健身活动，促进体育赛事与旅游活动深度融合。

进入新时代，书写新发展。作为全国 200 个重点生态旅游目的地之一，阿鲁科尔沁旗主动融入全市文化旅游产业战略布局，全力建设蒙古族游牧文化特色休闲度假基地，扮靓“纯净”名片，着力打造集文化、生态、休闲、康养等功能于一体的旅游发展新业态。阿鲁科尔沁旗立足构建全域旅游格局，打造“北部原生态游牧度假体验游”“中部文化休闲游”“南部草原自驾观光游”三张特色旅游牌，奋力书写全域旅游发展新篇章。

八月草原草香景美，汗廷金帐熠熠生辉。位于阿鲁科尔沁旗天山镇罕乌拉街道西侧丘陵地带的蒙古汗廷文化园呈现出以汗廷文化为基调，融汇符合时代审美特征的时尚休闲元素的景观，蒙古汗廷文化在这里大放异彩。

1984 年，阿鲁科尔沁旗发现了被誉为“文化活化石”的“蒙古汗廷音乐”，并给予抢救及复原演奏，填补了蒙古宫廷音乐在文化艺术研究领域的一项空白，提高了蒙古汗廷音乐在国内外的知名度和影响力，为打造阿鲁科尔沁旗亮丽的文化旅游品牌迈出了坚实有力的步伐。

除蒙古汗廷音乐外，阿鲁科尔沁旗还有阿日奔苏木婚礼、蒙古族勒勒车制作技艺两项国家级非物质文化遗产项目，有国家级非物质文化遗产传承人两人。近年来，阿鲁科尔沁旗积极加强文旅融合，举办了“拥抱生活、回归自然”主题节假日精品演艺、文创和非遗进景区活动。通过非遗展示展览展演的形式，向游客展示阿鲁科尔沁旗丰富多彩的非遗项目，让非遗文化走进景区、融入百姓的生产生活。

（六）乌兰察布市察哈尔右翼后旗：火山草原迎客来

“阿达日嘎嘎查辖区内有5座火山，嘎查的牧民们利用得天独厚的环境优势来发展‘牧家游’，主要经营蒙古族特色饮食。目前，‘牧家游’发展达到18户，养殖业大户20户，每户人均年收入约2万元。”乌兰察布市察哈尔右翼后旗乌兰哈达苏木阿达日嘎嘎查党支部书记丁克尔扎布说，“近几年，随着乌兰哈达火山地质公园知名度逐步提升，游客逐年增多。我们在这里开‘牧家游’，游客可以来这里体验火山的壮美、民宿的安逸、蒙古族的美食。”

阿达日嘎嘎查位于火山脚下，面积110平方公里，辖8个浩特，以养殖业、“牧家游”为主导产业。为进一步壮大特色产业，嘎查争取300余万元资金在庙沟浩特建立15座蒙古包，打造集住宿、休闲、露营于一体的综合旅游度假点。2021年全年，嘎查集体经济收入12万元，走出了一条以游补牧、以游助牧、以游促发展的

鸟瞰乌兰哈达火山

火山地质公园“牧家游”外观

新路子。

同样位于火山脚下的前进村是乌兰哈达苏木政府所在地，辖区有 208 国道、乌科公路、G55 二广高速通道入口、集二铁路线乌兰哈达站，交通区位优势明显。主导产业为“后旗红”马铃薯种植业。所辖的七顷地村先后被农业农村部命名为“全国第六批‘后旗红’一村一品示范村”“中国美丽休闲农村”，2021 年被评选为第二批全国乡村治理示范村。

乌兰哈达火山地质公园位于察哈尔右翼后旗乌兰哈达苏木境内，距北京 400 公里左右，集聚着草原火山群、熔岩地貌及堰塞湖景观，被誉为天然的“火山博物馆”。火山附近土地和水源含有大量微量元素，产出的马铃薯口感佳、产量好、营养价值高，有着独特的“火山风味”，注册为“后旗红”品牌，曾荣获国内外多个奖项。

近年来，前进村党支部致力于打破传统农业发展模式，先后申请在立地条件好的七顷地村建成4座集体经济马铃薯种苗培育日光温室大棚和60座马铃薯防芽网室大棚。大棚建成后，每年可为该村增加10万元的集体经济收益。村党支部与内蒙古壹蒙壹牧电子商务有限公司达成协议，利用农村闲置空房建成了壹蒙壹牧火山民宿，雇用了周边5户农户务工，户均年增收20000元。目前，全村共有大大小小的民宿7家，为乡村振兴奠定了坚实基础。

阿达日嘎嘎查、前进村的发展是乌兰哈达苏木及察哈尔右翼后旗发展乡村旅游、助力高质量发展的缩影。近年来，察哈尔右翼后旗完成草原旅游专项规划、民宿产业发展规划的编制。9个嘎查村入选国家“美丽乡村旅游扶贫重点村”，14家乡村民宿建成运营。乌兰哈达火山获得国家级地质公园建设资格，现已建成AA级旅游景区，成为全国知名的“网红打卡地”，地区知名度、美誉度显著提升。

察哈尔右翼后旗遵循保护优先、合理开发、永续利用、利益共享的原则，加快“旅游+”“+旅游”融合发展，建设火山草原研学康养休闲旅游示范基地。以火山草原为核心，充分整合岩文岩画、天鹅湖、千年古榆等历史文化和自然景观优势资源，推动全景打造，以满足都市客群全景全程体验为目标，构建全域景区联动的旅游发展格局。全力打造民宿产业“经济圈”，围绕火山群和辉腾锡勒草原周边村落，对白音淖尔、红旗庙等21个自然村进行改造，坚持“一村一规划、一村一主题、一村一特色”，建立与农牧民的利益联结机制，促进农牧民增收。坚持与文化、民俗融合，以文塑旅、以旅彰文，开展文化产品、旅游产品研发，努力探索旅游产业与文化、民俗融合发展新路子，真正让火山草原在全区甚至全国火起来，绘就乡村振兴壮美画卷。

（七）锡林郭勒盟多伦县：大美锡林郭勒草原旅游业风生水起

2021 年，锡林郭勒盟多伦县滦源镇成功入选第一批全国乡村旅游重点镇名录。这里拥有国家 AAAA 级景区 1 处，国家 AAA 级景区 3 处，全国旅游乡村重点村 1 个，自治区级乡村旅游重点村 2 个。同时，滦源镇还是锡林郭勒盟着力打造的旅游品牌——千里草原风景大道的重要组成部分。

锡林郭勒千里草原风景大道主干线长 672 公里，从北京出发，驰骋北疆，纵贯全盟 6 个旗县市区，串联 43 个主要景区景点，包括草原、沙地、湖泊等自然景观，设有 37 个旅游驿站，是国道 207 上最长的草原风景线。

近几年，锡林郭勒盟以千里草原风景大道为依托，优化旅游服务，通过市场化运营，使其成为全盟文旅品牌线路的拳头产品，有效辐射带动了全盟旅游业的高质量发展。

作为千里草原风景大道上的一颗璀璨明珠，多伦县滦源镇结合乡村振兴，依托农家大院改造升级，打造极具民俗特色亦不失品质的精品民宿，以此带动旅游业发展。滦源镇温塘河村多仓玖号营就是其中一家以“企业 + 农户”为经营模式的精品高端民宿，这里不仅有将草原尽收眼底的观景房，还有独具特色的土特产品，更有为游客量身打造的原生态牧场，提供观光、摄影、骑马、野营、垂钓等形式多样的旅游度假服务。在滦源镇，自然村民宿建设各具特色。位于多伦湖景区内的老渔夫休闲度假庄园是滦源镇大河口村集餐饮、住宿、休闲娱乐于一体的原生态农家院。该度假庄园自 2017 年开业以来，每年收入 30 万元左右。

多伦湖草原花海景区

近几年，通过引导扶持，滦源镇村民已经走出传统农耕、放牧的生活方式，将生产生活同旅游产业紧密结合起来，目前有千余居民参与到旅游产业中。

滦源镇立足自然资源优势，发挥特色，不断加大投入力度，全面改善基础设施条件，强化对外宣传，文旅产业取得长足发展，产业体系初步形成。现在，滦源镇每年旅游接待人数平均达到 79.5 万人次。随着观光式旅游向深度体验度假型旅游的转变，旅游产业附加值也水涨船高，旅游业整体收入每年可达 8 亿元。

近年来，锡林郭勒盟持续推动旅游业高质量发展，着力提升文化和旅游品牌核心竞争力，推动草原旅游由观光型向深度体验度假型转变。全盟现拥有全国乡村旅游重点村 2 个、全国乡村旅游重点镇 1 个、自治区级乡村旅游重点村 5 个，乡村旅游精品化、整村化、

多伦湖景色

融合化发展格局已初步形成。

蜿蜒的河流、碧绿的原野、丰富的野生动植物资源，人与自然和谐相处的美好图景是锡林郭勒草原发展旅游业的底气和优势所在。这其中乌拉盖草原无疑是国内首屈一指的原生态草原旅游目的地。

乌拉盖管理区紧紧围绕“天边大草原 · 纯美乌拉盖”形象定位和旅游品牌，深入实施“全域旅游”战略，着力推动旅游与多产业融合发展，不断丰富旅游新业态，以创建国家和自治区级全域旅游示范区为目标，提速推进九曲弯、布林泉、野狼谷、芍药谷等品牌景区基础设施建设，完善全域旅游总体规划和全域旅游标识系统，优化旅游服务质量。乌拉盖管理区已建成 AAAA 级景区 2 处、AAA 级景区 1 处，年接待国内外游客 100 万人次以上。

（八）鄂尔多斯市乌审旗：春风又绿河湖畔

峥嵘草木芳菲秀，陌上花开又一春。春风和煦，草木萌发，伴着河湖苏醒的脚步，鄂尔多斯市乌审旗持续推进河湖保护和治理，努力提升水生态环境，在推动黄河流域高质量发展中展现乌审责任和担当，筑牢最美的生态底色。

春风吹皱一湖春水，湖畔的小草探出头来，草的青、水的绿、沙的黄，一色接着一色，让镶嵌在毛乌素沙地腹部的达瓦淖尔湖美不胜收。

在达瓦淖尔湖畔，湖长高慧打开“河长通”APP，点击“开始巡湖”，开启了一天的巡湖工作。

“每次来都会绕湖走一圈，看看湖边环境、湖水水质和过境栖息候鸟的情况等。每次来巡湖，看着平静的湖水清晰地倒映出蓝的天、白的云，心情也随之平静下来，总觉得自己不是在工作，而是在经历一次放空心灵的旅行。”乌审召镇达瓦淖尔湖湖长说。

达瓦淖尔湖位于乌审旗乌审召镇布日都嘎查，水域总面积 232 万平方米，是集沙漠、绿洲、湖泊天然景观为一体的淡水湖。这里有着得天独厚的自然条件和地理环境，每年有 10 多种候鸟来此逗留、嬉戏、觅食，成为当地一道亮丽的风景线。

近年来，乌审召镇认真落实河湖长制各项工作，成立了乌审召镇河湖长制工作领导机构和河湖长制办公室，落实镇级、嘎查村级河湖长制，积极开展“一河一策”“清四乱”行动，使得境内河湖环境质量显著提升。

青草吐嫩蕊，绿树抽新芽。行走在图克镇蒙陕生态长廊，清风

无定河

徐来，湖水泛起波澜，清脆的鸟鸣声唤醒了春天沉寂的大地。蒙陕生态长廊的生态环境优良，拥有水域千余亩、湿地万余亩，周边群众习惯称这里为“千岛湖”，每年有百余种鸟类在此栖息。全旗境内河流 28 条、湖泊 32 个，每河每湖皆风景，每河每湖的美都能治愈心灵。

湖如画，景如诗，一半山水一半城。乌审旗持续深化河湖“清四乱”整治行动，打造良好水环境和优美水生态。2021 年，乌审旗加大力度推进河湖管理保护“春季”行动、“百日攻坚”行动、河湖管理保护“秋季”行动，共排查发现河湖“四乱”问题 18 个，已全部在规定的时间节点内完成整改。以此为契机，乌审旗有效推进黄河流域有关问题排查整治，集中对全旗范围内 28 条河流与 32 个湖泊管理范围内的“人”“房”“地”“林”“污”等情况进行了全面摸排，共排查发现 38 处疑似“渗池”，已全部整改完成。如今，这里水清、岸绿、景美，美丽河湖串联美丽乡村，乌审这方水土变

多伦湖景色

得更加秀丽。

在乌审旗图克镇巴音淖尔湖畔，巡湖志愿服务队成员正沿岸开展巡湖工作，将最美“志愿红”留在碧绿的湖畔。

图克镇针对境内湖泊，推行“一湖一策”，构建起“分级管理、责任明确、监管严格、保护有力”的河湖管理保护机制，探索推进行政河湖长、企业河湖卫士及民间河湖长三方同治保护模式，涌现出“马背湖长”、巡河湖志愿服务队等诸多巡湖群众代表和组织，合力构建美丽河湖、健康河湖。

“巡河，一看河道有没有被水冲毁的现象，二看河岸有无乱堆乱放现象、河道水质是否清洁、有无漂浮物、有无私拉渔网、有无排污口影响水质等情况，并做好相关记录，留存好影像资料。”乌审旗无定河镇无定河村级河长冯殿孝介绍道。

初见冯殿孝时，他正与巡河员一起巡查无定河。无定河属黄河一级支流，流经无定河村 10 余公里，冯殿孝每月都会与巡河员不定期进行巡河。

“河长制不是‘冠名制’，是实实在在的‘责任田’，村里是河道管护的‘最后一米’。作为河长，我将继续担负好巡河使命，当好河道‘安全员’，做到责任不留死角、防守不留空白。”冯殿孝说。

河湖长、巡河（湖）员、巡河（湖）志愿者、农牧民……乌审旗各族干部群众正合力践行着维护河湖“清澈见底”的初心使命。

近年来，乌审旗深入践行“绿水青山就是金山银山”理念，始终坚持以生态优先、绿色发展为导向，积极开展水域岸线绿化和河湖生态修复工作，推进美丽幸福河湖建设，严格落实河湖长制，常态化开展巡河巡湖工作，形成了全民参与、部门联治、社会共治的河湖水生态保护治理社会氛围和工作机制。截至 2021 年底，落实旗、镇、嘎查村三级河湖长 108 名、巡河（湖）员 74 名，实现了河湖长制“全区域、全流域、全水域、全覆盖”，全旗各级河湖长开展常态化巡河巡湖 1100 余次。河湖长制从“见河长”到“见行动”，从“有名”到“有实”，真正实现了河湖有人管、管得住、管得好，全力打造河畅水清、生态优美、人水相亲的美丽河湖。

护一泓清水，享生态福利。如今，一条条河流焕发出新的生命力，一幅幅天蓝水清地绿的生态画卷徐徐开展，扮靓了绿色乌审。

十一、为民服务 解忧除困

既要立足眼前、解决群众“急难愁盼”的具体问题，又要着眼长远、完善解决民生问题的体制机制，增强人民群众获得感、幸福感、安全感。

——2021 年 2 月 20 日，习近平在党史学习教育动员大会上强调

让人民群众有更多获得感、幸福感、安全感

党的十八大以来，特别是党史学习教育开展以来，自治区聚焦发展改革亟待解决的痛点难点和人民群众的急难愁盼问题，拿出实招硬招，以一个个“小切口”，解决了一项项民生大问题，让人民群众的获得感更加充足、幸福感更可持续、安全感更有保障。

聚焦巩固拓展脱贫攻坚成果办实事，推进乡村振兴。坚持将脱贫攻坚与乡村振兴战略同步谋划、同步实施、同步推进，实施农村牧区道路畅通、供水保障、电网巩固提升、数字乡村建设、健康乡村建设等工程，完善乡村公共基础设施，有序推进乡村建设行动，

鼓励引导人才扎根基层，全面提升农村牧区基本公共服务水平。2021 年，所有脱贫嘎查村全部通动力电，所有脱贫户全部通生活用电，99% 以上的脱贫嘎查村通了宽带和光纤，扶贫直播间、云超市等平台让百姓的特产走出乡村……

聚焦保障基本民生需求办实事，解决好群众急难愁盼问题。针对“一老一小”“革命老区群众”“英烈后代”“生活困难党员”等重点群体，各地区、各部门、各单位有针对性地制定服务项目，办好就业、教育、社保、医疗、养老、托幼、住房等民生实事，推动幼有所育、学有所教、劳有所得、病有所医、老有所养、住有所居、弱有所扶取得新进展。比如，2021 年，全区有公办养老机构 281 家、社会办养老机构 450 家，养老床位达到 8.5 万张；有农村互助幸福院 1609 家、牧区老年公寓 7 家；已建成街道综合养老服务中心 104 个、社区养老服务站 197 个，惠及 100 万名老年人。

聚焦深化政务服务改革便民利民办实事，让数据替群众跑腿。针对群众和企业普遍关注、需求集中的领域，推出“互联网 + 政务服务”，从线上线下两端发力，线上重点推动“一网办、掌上办”，线下着力开展“一次办、帮您办”，实现医保社保、疫情防控、人才就业等更多政务服务事项通过网上可查、可办，让“数据多跑路、群众少跑腿”，以“智慧化改革”解决老百姓的操心事、烦心事、揪心事。截至 2021 年 9 月，自治区、盟市、旗县纵向三级网络覆盖率已实现 100%，乡镇接入率达到 96%，自治区、盟市、旗县的 3800 多个部门以及 1600 多个苏木乡镇、嘎查村的事项已全部入驻网上政务服务大厅，审批效率大幅提升。

聚焦推进基层治理体系和治理能力现代化办实事，提高社会治理效能。不断健全党组织领导的自治、法治、德治相结合的城乡基层治理体系，坚持社会治理重心向基层下移，把更多资源、服务、管理下沉到城乡社区，深入推进“五社联动”，健全完善“五级联动”的党建引领基层治理责任体系，畅通党员群众参与基层治理的制度化渠道，优化完善党群服务中心体系，构建起市、县、乡、村四级党群服务中心联盟，推动服务群众横到边、纵到底、全覆盖，形成党组织领导的共建共治共享的城乡基层治理新格局。

（一）包头市昆都仑区：厚植为民情怀 做群众的贴心人

群众利益无小事，一枝一叶总关情。那些看上去细微的“小事”，实际上都是影响群众幸福感的“大事”。

党史学习教育开展以来，包头市昆都仑区聚焦群众反映强烈的

反诈宣传进企业

昆都仑区法院诉讼服务中心内，导诉人员正耐心地为某企业法人代表答疑

突出问题，认真倾听群众声音，将一份份“需求清单”转化成为民办实事的“便民清单”。

瞄准“需”，做社情民意“联络员”

昆都仑区检察院检察官走进内蒙古鑫元硅材料项目现场，与项目负责人共同召开征求意见恳谈会，为助力项目顺利落地提供“靶向”检察服务。恳谈会上，企业负责人就征地拆迁、项目启动、知识产权等方面的法律问题进行了咨询，工作人员现场进行解答。

开门纳谏，倾听民声，昆都仑区政法机关以“请进来+走出去”的方式倾听群众诉求，通过警民结对，开放日体验，“大走访、大调研、大调处”等活动，为群众提供诉讼引导、立案调解、信访接待等“一站式”服务，与群众零距离沟通，打通服务群众“最后一公里”。

昆都仑区公安民警进社区宣传反诈知识

守护“安”，做社会和谐稳定“护航员”

“警察同志，谢谢你们啊，要不是这两个同志不停地劝我，我真糊里糊涂地转钱了！”马大爷紧紧握着民警的手感激地说。

昆都仑区公安分局值班人员接到了反诈预警通报，称在某建行内一老人正准备向陌生银行账号汇款，疑似接到诈骗电话。值班民警迅速赶往银行劝阻。原来，马大爷接到陌生电话声称其儿子欠对方钱，要求马上还钱。老人一时联系不上在外求学的儿子，情急之下才前往银行给对方汇款。两位民警耐心劝解老人，成功保住了老人的血汗钱。

为守护好群众的“钱袋子”，昆都仑区公安分局坚持“打防结合、预防为先”，建立“包头反诈联盟”，录制公益短视频，利用各新媒体平台加强普法宣传，全方位加强“打防管控”电信网络诈骗各项措施，构建昆都仑区反诈新格局，受到了广大群众的欢迎和好评。

坚持“优”，做优化营商环境“服务员”

在昆都仑区法院，一场特殊的视频调解正在进行中。某轮胎公司要求四被告支付货款，法院立案庭委派驻院民商事调解中心对这四起案件进行调解。鉴于四被告均在外地且因疫情无法到场，调解中心通过电话及视频进行调解，仅用半个月便使当事人互相达成协议，并当场通过网络谈话方式进行了司法确认。案件得到成功解决，为原告企业挽回了 60 多万元的经济损失，平息了各方之间多年的纠纷。

调解结束后，原告企业负责人激动地说：“在企业如此困难的情况下，法院通过诉前调解将我们认为不可能解决的问题圆满及时地予以解决，化解了企业的危机，真是太感谢了。”没有到场的四起案件的被告方也对法院在线调解方式的方便快捷十分满意。

为了向更多这样的企业提供方便，昆都仑区着力深化“放管服”改革，在提高诉讼效率、交通管理、治安管理、出入境、网上立案、证明事项告知承诺、法律服务等方面推出新举措，不断完善办事工作机制，优化办事流程，提高办事质效，推动政法公共服务便民利民惠民。

着力“送”，做公共法律服务“宣传员”

在法治公园的公共法律服务站内，智能大屏幕实时滚动播放法治微电影、法治微动漫等，随时对群众进行普法宣传。工作人员周玲正在为前来咨询的群众解答法律问题。

为更好满足广大人民群众日益增长的对优质法律服务的需求，昆都仑区大力开展“进企业、进社区、进村居、进学校、进单位”普法宣讲，组织司法工作人员、律师、法律服务志愿者为市民提供法律咨询、法律援助、人民调解等服务，大力构建“值班律师＋无人律所＋普法机器人”的公共法律服务新模式，借助智能化、信息化手段，不断提高群众法律意识、法律素养，为企业和人民群众提供更加便捷高效的服务。

昆都仑区聚焦人民群众新期待，用心用情用力解决好关系人民群众切身利益的操心事、烦心事、揪心事，让社会更加安定和谐，人民生活更加幸福。

（二）乌海市：“我为群众办实事”深入推进 做实做大“民生蛋糕”

破解办证难题让群众拿到期盼的房本，老旧小区改造让群众生活更加舒心、安心，深化“放管服”改革让“一次办”“一窗办”成为现实……如今在乌海市，像这样的民生实事正在加速落地，在温暖民心之余，让“民生蛋糕”越做越大。

63件民生实事增进民生福祉　收获群众点赞

“拿到‘红本本’，心里既高兴又踏实。”对于家住乌海市海勃湾区鹏泰家园小区的刘强来说，最高兴的事莫过于终于拿到了期盼已久的房产证。

长期以来，“办证难”一直是群众反映强烈的问题。2021年，乌海市相关部门结合“我为群众办实事”实践活动，打出一系列“组合拳”，破解不动产登记历史遗留问题。该市出台《关于加快房屋所有权证书历史遗留问题不动产分户登记工作的意见》，并在市不动产登记中心办事大厅开设专柜，集中收取不动产历史遗留问题要件。为使房本办理提速增效，特别开展“周末办”服务，为符

“双减”政策减轻学生负担，提高教学质量

合条件的历史遗留问题小区加快办理业务。

乌海市把开展“三问”活动作为“我为群众办实事”的第一步，各区、各部门单位通过服务热线、门户网站、微信公众号和实地走访等形式，广泛听取意见建议、了解群众需求、解决实际问题。聚焦“办要事”，乌海市对标对照中央要求和自治区层面“办实事”项目清单，梳理公布市级层面重点民生项目 63 项，采取市级领导领办、责任部门主办、巡回指导组督办等方式，有力有序推进项目实施。

“发展壮大村集体经济，带动农区居民致富”是乌海市确定的市级层面重点民生项目之一。为推进好这项工作，乌海市围绕葡萄种植、蔬菜种植等特色产业，大力推广“企业 + 农户”“合作社 + 农户”等模式，进一步完善农企利益联结机制，推进特色文化旅

开展“周末办”，解决不动产办证难题

游全产业链融合发展。在这一过程中，乌海市各村镇还以党建为引领，精准施策、量体裁衣，通过“一村一品”“一村一业”的产业发展模式，进一步在村级集体经济产业支撑、品牌培育上下功夫。

“五个着力”破解民生难题　助推开新局

在乌海市政务服务中心二楼人社综合受理窗口，一家企业的人事行政部工作人员朱学玲正在办理企业社保业务。“过去，办理一项业务需要去好几个窗口，环节多，时间长。现在，办理业务特别方便，一个窗口就可以办理很多业务，环节少了，效率自然也高了。”朱学玲说。

2021 年，乌海市人社局聚焦深化政务服务改革，便民利民办实事，全面整合养老保险、工伤保险、劳动关系、就业服务等高频服务事项，构建网上办事大厅，推行人社综合柜员制服务“一窗办”模式，有力打通服务群众“最后一公里”。

2021年，乌海市聚焦破解民生难题、发展短板，紧紧围绕着力贯彻新发展理念、着力巩固拓展脱贫攻坚成果等“五个着力”，谋划为民办实事项目，以思想破冰引领发展突围，助推开新局。

为深化政务服务改革便民利民，打造一流营商环境，乌海市成立由市委书记和市长担任“双组长”的优化营商环境工作领导小组，制定规范政商交往正负面清单，建立企业家诉求直达反馈机制，聘请17名企业负责人担任优化营商环境监督员，集中兑现市本级政策承诺60家企业、3000万元，有效激发市场主体活力。

教育、医疗是群众最关心、最直接、最现实的利益问题。

2021年，乌海市各学校积极作为，通过强化课堂主阵地的作用，全面提升课堂质量，深化课堂改革，让学生在课上吃饱、吃好、吃透，做到“真减负”。全市中小学全部按“5+2”（每周5天，每天2小时左右）的要求开展课后服务工作。根据学生自愿的原则，针对性推出“基本课程+素养课程”的“1+N菜单式”课程体系，选取部分课程实行“走班制”。

乌海市还以健康乌海建设为统揽，进一步优化城市公立医院规划布局，形成了以市人民医院三级甲等综合医院为龙头，市蒙医中医医院等5家专科医院功能互应、错位发展，4家区级医院为骨干，16家基层医疗机构为网底的“1+5+4+16”区域医疗卫生服务体系。扎实推进家庭医生签约服务，组建家庭医生签约团队92个，共签约22.88万人，为群众就近提供健康管理服务。

着眼满足群众高品质生活需求，该市突出抓好以老旧小区改造为重点的城市更新，并计划利用3年时间完成全市186个老旧小区改造任务，同时高标准推进滨河二期建设，省道217线海勃湾绕城段等重点交通项目稳步推进。树立“绣花式”城市管理理念，启动“城市大脑”综合管理应用平台建设，推行“马路办公”“街长制”“路长制”，推动城市管理实现“八个一样”。

（三）兴安盟扎赉特旗：2095个“移动探头”为村民发声

拥有40万人口的兴安盟扎赉特旗曾是大兴安岭南麓集中连片特困地区旗县，2019年4月退出国贫旗县序列后，当地旗委、旗政府并没有松懈，反而更加紧迫地行进在防返贫致贫的路上。

扎赉特旗按照“多网合一、全域覆盖”的理念，将全旗197个嘎查村、11个城镇社区、6个驻旗单位和6个林场划分为1019个

防返贫动态监测研判

防返贫动态监测入户

网格，在全旗配备 2095 名网格员，通过分片包干、日常巡查，把每年定期开展的动态调查和防返贫监测变成每周 2 次的实时动态监测。“每一名网格员就是一枚‘移动探头’，确保及时发现并上报返贫致贫风险，以便相关部门快速响应、精准帮扶。”旗社会治理中心主任宋雅娜说。

扎赉特旗阿拉达尔吐苏木沙日格台嘎查村民白德力格尔一家被确定为边缘易致贫户，他家的情况就是当地网格员入户巡查监测时发现的。

白德力格尔有 1.2 万平方米耕地，主要种植玉米，年收入约 5.4 万元，在当地算是富裕户。然而，一场突如其来的变故改变了这个普通的家庭。2021 年 6 月，白德力格尔的爱人海香桃突感身体不适，经医院诊断为结肠癌。经过 53 天的入院治疗，医疗费用共计 25 万余元，虽然医疗保险报销了很大一部分，但毕竟基数大，自费产生的 7 万多元仍旧让他们喘不过气。“出院后，妻子每天长吁短叹，每次我都躲着她，一个人偷偷哭。”白德力格尔说。

就在他们一筹莫展时，网格员阿拉木斯上门了。他详细了解情况后，迅速通过“10 · 17”防返贫监测和帮扶系统上报，并在第一时间联系苏木乡村振兴办公室说明情况。随后，组织驻村工作队成员、嘎查“两委”、帮扶专干、村民代表召开了防返贫监测动态管理研判会。经过研判商讨，白德力格尔一家被纳入边缘易致贫户。

“被纳入边缘易致贫户后，我获得 5 万元的防贫保保险赔付。嘎查村委会还给我安排了保洁员的工作，每年 6000 元工资。村委会的同志们还自筹 1500 元，给我家买了 1 吨煤。没有党和政府的好政策，我们这个家早就破碎了。”白德力格尔说。

通过网格员入户巡查被纳入边缘易致贫户的还有巴达尔胡镇塔本毛都嘎查村民佟玉山一家。佟玉山去年做了心脏搭桥手术，负债 5 万元。“嘎查村委会给我妻子安排了公益岗，每年 6000 元工资，又给我们一家三口办理了低保，每年补助 1.5 万元，还落实了医疗临时救助资金 8000 元。”说起这些帮扶政策，佟玉山泪眼婆娑。网格员吴金花入户巡查时，佟玉山向吴金花表达了发展养殖业的愿望。随后，嘎查村委会为他协调申请了信用社贴息贷款。“有政府帮助，加上自食其力，我们的日子会越过越红火！”佟玉山说。

“入户就像是串门儿，村民和我们聊天时从不藏着掖着，在唠嗑中就把问题解决了。”好力保镇五家子村三家屯网格员于振波说。37 岁的于振波是村委会妇联主席，兼任网格员已经 2 年多。她负责三家屯 45 户 124 人的日常巡查工作，每周 2 次入户巡查是她常态化的工作。

由于与村民走得最近，基层网格员成为各级党委、政府政策“最后一公里”的传递员。好力保镇古庙村第一网格的网格长张洪来说起网格化工作时感触颇深：“刚开始入户时，困难确实挺多，很多人不相信网格员能解决问题。通过耐心讲解和实打实的帮扶政策，现在，所有人都信服我们，大事小情都愿意找网格员。”

40 岁的张洪来在扎赉特旗网格员队伍中算“老人”了。如今，一批“90 后”网格员正活跃在当地十余个苏木乡镇之中，他们多是村里走出来的大学生。“能为家乡做点实事，感到很荣幸。”29 岁的网格员吴金花表示。

截至 2022 年 1 月，扎赉特旗网格员共采集村民的标准地址，实有房屋、实有人口、实有单位“一标三实”信息 41.7 万余条，上报事件 6581 件，已办结 6464 件。其中，因病、因灾、因意外导致生活发生明显变化的 610 户农户全部得到及时精准的帮扶。

“每一名网格员都是村民的‘代言人’，村民有任何事情都可以找网格员办理。”旗乡村振兴局局长耿立军说。

（四）乌兰察布市丰镇市：数字赋能办实事 智慧城市惠民生

党史学习教育开展以来，丰镇市把“我为群众办实事”实践活动作为党史学习教育的重要内容和突出抓手，围绕智慧城市建设“大文章”，不断加快推进城市管理数字化升级，探索数字管理与人性化服务深度融合，使城市管理迈入科学化、精细化轨道。

刘二龙是东巨墙社区的一名网格员。一天清晨，他发现辖区突然多出来一堆垃圾没有及时处理，便立即通过“丰镇微城管”微信公众号的“随手拍”菜单上报了这个问题。不一会儿，丰川环卫公司的环卫工人就赶到现场清理了垃圾。“这个智慧平台太好了，用手机拍一下上传就轻松解决了问题，为我们网格员节省了时间、节约了成本。”刘二龙说。

事实上，解决这个问题能如此迅速，离不开智慧城市平台这个隐形的“交通员”。丰镇市智慧城市平台建设项目于2022年1月底完成项目招标，中标金额479.67万元，建有指挥中心、机房。该项目涉及城区92路视频监控及配套工程建设，依托职能部门力量支撑，线上突出数字化、智能化，线下突出联勤联动、高效处置，真正做到对城市管理事项全程监控、对职能单位远程管理，基本实现了“一屏知全城、一网管全市”。

丰镇市城管局指挥中心主任说：“截止到目前，共计上报案件310件，结案300件，整体的结案率达到96%，绝大部分群众举报的问题得到了有效及时的解决。”

在丰镇市智慧城市平台上，可以看到城区735个单元责任网格划分情况，每一位网格员上传的乱扔垃圾、私搭乱建等问题的现场图片，都可以实时看到。中心据此及时调度、快速处置。智慧城市平台以治理数字化场景为牵引，以运行管理一体化、技术平台一体化为导向，通过信息收集、案卷建立、任务派遣、任务处理、处理反馈、核实结案和综合评价七个环节的闭环流程，实现信息技术与城市管理应用的有机结合，达到精细化、规范化与全面覆盖管理城市的效果。

智慧城市平台的运行，不仅提供了精细化、智能化城市治理的范式，也大大提高了人民的参与度。新城区的贾先生发现自家小区的一个井盖打开后未合拢，通过“微城管”解决了该问题，之后还

在丰镇市智慧城管指挥中心，工作人员利用智慧城管系统处理问题

在平台的积分商城兑领到奖品。“市民可以靠平时反映问题积累的积分换取相应的奖品，小到一块香皂，大到床单被套、米面油等一应俱全，极大地激发了群众反映问题的积极性，达到了‘诉’递速决的效果。”城管局的负责人说。

在发动广大群众积极参与的基础上，丰镇市构建了由公安、城管、志愿者、网格员等力量共同参与的城市运行联勤联动处置机制，真心实意为群众办好事、办实事、解难题，让“死数字”向“活数据”转变，以相对最小成本，解决最突出的问题，取得最佳的综合效应，不断推动党史学习教育取得实效。

同时，丰镇市还将党史学习教育课堂与智慧城市数字平台有机融合，利用智慧城市的载体“微城管”微信公众号开设了“百年党史天天读”“我为群众办实事”等一系列贴近一线、贴近党员群众生活的党史学习教育专栏，让普通群众成为党史知识的传播者和分享者，使群众能够随来随学，真正让党史学习教育下基层，不“打烊”，使全市各界群众坚定信仰之心、忠诚之心、赤子之心，做到学史明理、学史增信、学史崇德、学史力行。

丰镇市城管局负责人表示，要以党的十九届六中全会为指引，进一步加大智慧城市建设力度，结合惠民服务和市民参与，深化“我为群众办实事”，强化舆论宣传，总结提炼好典型经验，真正打造“人民城市人民管、管好城市为人民”的“全民城”新模式，引领党史学习教育走深走实，取得实实在在的成效。

（五）巴彦淖尔市五原县：一个黄河畔小镇的“微治理”样板

天吉泰镇地处河套平原腹地，位于巴彦淖尔市五原县西南部。这个镶嵌在黄河“几”字弯上的小镇安静秀美，地理位置优越。全镇常住人口3520户9280人。近几年，天吉泰镇创新基层“微治理”模式，努力打造善治引领、乡风文明、村民富裕的美丽乡村，并成功入选第二批全国乡村治理示范乡镇。

“前些年，家家户户的垃圾都在院门口堆着，尤其是正月，垃圾满村跑。”天吉泰镇毛家桥村村民陈春丽正在清扫家庭聚会后产生的厨余垃圾，她一边干活一边说，“你再看看如今，村子里多干净啊，村民们早就养成不随手丢弃垃圾的习惯了。”

“近年来，镇里在各村民小组全面推行以网格化为架构、‘微治理’为手段的基层治理新模式，通过组建‘微组织’、开展‘微服务’、实行‘微管理’、推行‘微教育’、强化‘微监督’的‘五微’模式，走出一条‘党建引领、网格治理、党群互动、便捷高效’的乡村治理新路子，乡亲们的参与感和获得感进一步增强。”毛家桥村党支部书记说。

2021年，天吉泰镇将全镇9个村划分为79个网格，由镇党委书记、村支部书记、村“两委”班子成员或村民党小组组长担任各级网格长，并选派政治素质好、工作能力强的党员或预备党员、村民代表等79人担任网格员，通过分片包干、日常巡查，及时收集并解决群众反映的问题，实现“微组织”有效治理。

毛家桥村村民在村党组织的带领下成立了志愿服务队，哪里有困难，哪里就有“微服务”，志愿者的身影活跃在乡村的每一个角落，他们帮助弱势群体、维护村庄环境卫生、帮助困难群众垫缴水电费……陈春丽就是村巾帼志愿服务队队员，她常年义务清扫片区环境卫生。在她的带动和影响下，全体村民逐渐养成了垃圾入池、爱护环境的好习惯，实现了村庄长效管理。“现在不光是志愿队伍里的39个人，全村人都参与进来了，谁需要帮助，大家都一起上。”陈春丽满脸自豪地说。

“在志愿者的带动下，村民的邻里关系更加和睦了，大家保护环境的意识也增强了，团结友爱、邻里互助的风气越来越浓厚了。”毛家桥村妇联主席张秀花说。

乡风文明是乡村建设的灵魂，治理有效是乡村善治的核心。天吉泰镇通过诚信村民积分管理、道德评议激励、诚信“红黑榜”等“微管理”举措，规范村民日常行为。村民党小组、理事会根据诚信评价标准按户打分，对孝敬老人、爱护环境等表现突出户给予红榜表扬，将诚信缺失且不肯改进的村民列入诚信“黑名单”，在项

天吉泰村党群活动中心

目争取、政策扶持、临时救助等方面予以限制，促使村民遵规守约。

“实行诚信村民管理办法以来，村里比学赶超的氛围越来越浓了，大家都在一个村，每天抬头不见低头见，一说不及格要上榜，大家谁都不愿意。”镇党委副书记霍瑞琴笑着说。

天吉泰镇依托“北疆先锋大讲堂”“村村响”、流动党校等载体大力推行“微教育”，引导村民讲文明树新风。“我们成立了‘毛家桥村文化学习群’，大家利用空闲时间，学习传统文化和党史知识，努力提高党员干部的文化素质和群众的思想觉悟。”天吉泰村巾帼志愿服务队队长其其格说。同时，镇村两级积极发挥村民主动性，强化“微监督”，落实党务、村务、财务“三公开”制度，将村务监督委员会职能向村民小组延伸，发挥网格员村务监督作用，

巾帼志愿者助力美丽庭院建设

对征地拆迁、集体资金管理使用等重大事项进行全程监督，及时向群众反馈相关情况，回应群众关切，落实群众知情权、监督权，让权力在阳光下运行。

（六）呼伦贝尔市阿荣旗：凝心聚力强担当 办好实事暖民心

全心全意为人民服务是我们党不变的宗旨，呼伦贝尔市阿荣旗以“我为群众办实事”为抓手，办好群众急难愁盼问题，把党史学习教育成果转化成为民办实事、解难事的实际行动，在阿荣大地书描绘人民群众美好生活的幸福画卷。

倾听群众诉求，办好民生实事。一年来，阿荣旗紧紧围绕产业发展带动就业、污水管网改造、社区养老服务等群众急难愁盼问题，共认领实事 1504 项，完成率 100%，件件惠民生、处处暖人心。

健康是群众最基本的需求，阿荣旗将“保障人民群众健康”作为“我为群众办实事”的具体实践，分批为 65 周岁及以上老年人开展免费健康体检。阿荣旗复兴镇地房子村村民杨维国接受了心电图、口腔、视力等检查，他说：“我们老百姓不用到医院排队挂号，在家门口就能体检，非常方便。”

安全健康是最大的民生，为加快推进新冠疫苗接种工作，尽快建立免疫屏障，自 2021 年 8 月 18 日开始，阿荣旗卫健委启用流动接种车，把新冠疫苗接种服务送到了群众的“家门口”。在新发乡章塔尔村新冠疫苗流动接种点，医护人员按程序为群众接种疫苗。章塔尔村村民常玉萍说出了许多老年人的心声：“我腿脚不方便，现在在村里就能打疫苗，真是好啊。”

暖心实事一件接着一件，阿荣旗交通运输局聚焦“我为群众办实事”实践活动，推进残疾军人和 70 周岁以上的老年人免费乘坐公交车这件民生实事。那吉镇 2 路公交车司机赵勇强说：“现在残疾军人、70 岁以上老人乘车，出示有效证件后就不收钱了。”

群众笑颜感党恩，百姓冷暖挂在心。残疾儿童外出康复贵、康复难是困扰残疾家庭的一道难题。阿荣旗把民生实事抓在手，解决群众的急难愁盼问题。阿荣旗残疾人康复中心负责人辛月斌说：“阿荣旗残疾人康复中心和残健融合幼儿园启用，群众不用外出就能接受到专业的康复训练和学前教育。”

政策落实好不好，群众的评价最实在。为加大“放管服”改革力度，那吉镇为群众提供保姆式“一对一”贴心帮办代办服务，变

“群众办”为“政府办”。那吉镇幸福社区的居民卞凤霞说：“我岁数大了，儿女都不在身边，不会用手机办理业务，社区的干部帮我下载了 APP，服务态度特别好。”

为群众办实事，“帮办代办”有速度，还带有温度。阿荣旗政务服务局协调各进驻窗口为特殊人群提供上门服务、上门审批，为老年人及残障人士设置了无障碍卫生间，协调内蒙古银行延后结账时间，为办事群众提供免费复印服务。这一项项便民利民服务赢得了群众的好口碑。政务大厅办事群众周影说：“各窗口工作人员非常有耐心、责任心和效率，几分钟就办完了。”

不动产统一登记是一项新工作，针对存量数据大、工作人员少的现状，不动产登记中心通过加班加点、优化办事流程和减少非必要前置条件，缩短相关不动产登记业务办结期限。“互联网 + 不动产登记业务”正在组织实施中，高效服务获群众点赞。

阿荣旗创新开展“我为企业办实事”实践活动，推动党史学习教育与优化营商环境深度融合，相关职能部门认领 58 项企业实事并全部完成。

阿荣旗人力资源和社会保障局为企业在失业保险、工伤保险方面降费减负，开通了便民利民服务渠道，与税务部门协调增设税务服务窗口，办事群众享受到了“一窗受理、一站办结”的“综合柜员制”服务，实现了“数据多跑路，群众少跑腿”。呼伦贝尔肉业集团职工王聪说：“我在养老窗口核定基数之后，可以直接到医保窗口核定，然后一站式进行税务费率的缴纳，极大地提高了办事效率。”

阿荣旗不断提升为民服务能力，持续优化营商环境。旗人民法院结合队伍教育整顿工作，深入开展“百名法官进百企”活动，问需于企、问计于企，为企业生产经营提供“面对面”的司法服务。旗人民检察院以让群众满意为出发点和落脚点，着力解决群众的操心事、烦心事和揪心事，在为民办好实事中彰显使命担当。同时，旗人民检察院不断增强未成年人的法治观念和自我防护意识，常态化开展“法治进校园”活动。

以党史学习教育激发干部的担当意识，厚植为民服务情怀。阿荣旗文旅局扎实开展党史宣讲活动，把红色故事讲到干部群众的心坎里。博物馆讲解员张妍说：“我们采用小故事、大道理的方式，向社区居民宣讲党史，让党史学习教育更生动、更灵活，吸引更多社区群众积极参与进来。”

阿荣旗广大党员干部不忘“来时路”、眺望“未来路”、走好“脚下路”，激发为民办实事的奋进之力，想群众安危冷暖，办群众急难愁盼，推动社会发展，增进人民福祉。

（七）鄂尔多斯市康巴什区：社区小治理 汇聚大民心

社区是社会的基本单元，是离百姓最近的党组织服务阵地。鄂尔多斯市康巴什区康新街道悦和社区坚持“全民齐参与 共建共享21℃暖·悦和”的治理理念，动员社区居民志愿者、睦邻党群服务点、在职党员、物业公司、社区社会组织以及共驻共建单位志愿者，积极参与社区议事、睦邻活动、暖心志愿等服务活动。多元主体齐参与，跑出社区治理“加速度”。

“五步四议法”勾画社区治理“路线图”

“建议建一个无障碍通道，以方便残障人士出行。”“一地块8

号楼地下车库电梯出入口声控灯太暗。”……悦和社区召开幸福共治委员联席会议，会上大家纷纷发言，联络员就日常征集到的各类问题，及时与保障性住房建设服务中心及物业公司对接。现场收集问题5类20余个，主要集中在公租房损坏设备更换、小区照明、集中供暖、文明养宠等问题，保障性住房建设服务中心及物业公司负责人对大家提出的问题逐条进行了记录，研究解决方案及举措。

为共同探讨社区的发展，推动和谐社区建设，悦和社区联动党组织、驻区企业、包联单位、居民等多元主体，通过“议什么”“谁来议”“如何议”“如何做”“议成效”五步四议法搭建更大范围、更宽领域、更深层次的共建共治共享社区治理平台——“红色共享联盟”，共同打造温暖和谐、环境优美的“21℃暖”社区。

“睦邻土专家”紧握社区治理“接力棒”

悦和社区从科学化布局入手，拓展服务空间，优化圈层设计，推动形成错落有致的“网格党群服务站＋社区党群服务中心＋楼栋党群服务角＋睦邻党群服务点”四级党群服务体系，将关口前移、中心下沉，补齐社区服务短板，实现服务群众零距离。

每个睦邻党群服务点联络员的家门上都张贴着“睦邻党群服务点”的标识，家里都摆放着社区书记亲手为他们颁发的“睦邻党群联络员聘书”，还有一本“睦邻党群服务点工作台账”、一个红色的志愿服务袖标、一枚代表他们身份的“悦悦”胸针。家里、邻里和小区便是他们的工作场所，他们主动承担起收集民情民意、调解邻里纠纷、组织新时代文明实践活动、为社区治理建言献策等工作任务，真正参与到社区治理中来。

“睦邻土专家”们在自我服务、自我管理的过程中传递着构建美好社区的理念，他们用行动感染着身边的每一个人，同时温暖着

居民通过“多多评 · 码上生活”平台可便捷地与社区网格员、网格民警、物业服务人员等沟通联系

每一个人的心。

“志愿红马甲”当好社区治理“助跑员”

为着力破解机关企事业单位党员在生活圈发挥作用载体较少的问题，悦和社区通过创新平台载体，组建“睦邻共治委员会”，把责任心强、政治素质高的党员作为委员推荐，推动党员在小区治理中发挥重要作用。开展“双亮双促”活动，支持党员担任小区管家、楼栋长，引导党员及其家庭成员参与志愿服务活动，在小区“生活圈”当引领、作表率。开展“党群结对”活动，鼓励党员家庭与群众家庭“结对子”。依托小区“邻里空间”，常态组织“情暖小屋”“暖暖相伴”等活动，促进党员与群众真心交朋友，互融“朋友圈”。

截至 2022 年 1 月，悦和社区针对在职党员进社区系列活动，设置“21℃暖”项目 5 类 18 个、志愿岗位 11 项，开展“悦享幸福

悦和社区创新开展“共享奶奶”“共享爷爷”“共享课堂”等“温暖共享”项目

我帮你”等志愿服务 32 次，办成新增充电车棚、开设老年大学分校、解决供暖问题等居民期待实事 46 件，受益群众 7000 余人次。

（八）通辽市科尔沁区：招商引资不停步 让居民“钱袋子”鼓起来

招商引资是促进地区经济发展的重要因素，通辽市科尔沁区红星街道紧跟科尔沁区委、区政府步伐，积极寻找合作机会，广泛洽谈，发挥优势，抢抓机遇，乘胜追击，把招商引资作为壮大区域经济的主抓手，当好群众的“贴心人”、乡村发展的“领路人”，用心用情用力续写乡村振兴新篇章。

下好组织领导“先手棋”吹响全面招商“集结号”

为充分调动街道上下开展招商引资工作的积极性、主动性，红星街道多次召开招商引资推进会，号召街道、社区、村居干部树立全员招商理念，对于落地的项目，给予单独加分及奖励，并要求相关责任领导时刻思考，立足实情，带着任务、带着责任，做好统筹规划、组织巩固、人心凝聚、资源整合等工作，保持一颗“百姓心”，常怀一份“百姓情”，多办一些“百姓事”，找准适合本辖区发展的路子，积极营造招商声势，扎实推进招商引资工作，确保街道招商引资工作走在前列。

建立优质招商小队伍 推动招商引资出成效

“我们并不是乘凉者，而是要成为开荒者。”这是红星街道党工委书记王巍反复强调的一句话。要以实干为主，把忠诚与担当放在肩头，把幸福和满意写进群众心里。

结合辖区地理位置优势，红星街道建设了一支能招商、会招商、有作为的招商引资队伍，以党工委书记为招商引资组组长，既“挂帅”又“出征”，下设办公室，分管领导为办公室主任，各村居书记为联系人，形成优质的招商小队。街道先后出台了许多招商引资工作实施方案、招商引资奖励办法，抢抓机遇，深挖潜力，营造“大招商，招大商，招好商”的浓厚氛围。此外，街道加大宣传力度、加强招商队伍建设，扎实、深入地宣传和推进招商引资工作，使招商引资工作深入人心。

好项目引进来 推进经济发展

如何振兴辖区经济，让居民的“钱袋子”鼓起来呢？红星街道党工委班子积极探索，充分利用品牌企业，发挥优良企业的优势。

红星街道党工委班子与正在洽谈的通辽市金泰冷饮制品有限公司项目责任人、京吉顺通公司项目责任人、沈阳浑南新区东和包装

红星街道党工委召开招商引资推进会，调动街道上下开展招商引资工作的积极性、主动性

有限责任公司项目责任人交流、沟通，宣传科尔沁区招商引资政策和营商环境。为确保好项目不落、不丢，红星街道多次派人到吉林奥园房地产开发有限公司对接招商引资事宜，并且赴盘锦查看已经开始建设的冷链物流项目，紧盯项目落实。在与优质企业对接中，与北京弘延物流公司通辽子公司（弘延物流）签订了框架协议书。

着眼未来脚踏实地 务实抓项目 聚力谋发展

思路确定了，如何提高招商引资项目进一步落实，是红星街道急需解决的问题。

红星街道在招商引资过程中靠实目标责任，强化督导考评，严查不作为、乱作为，确保每一项政策都能落实、落细，见成效。

红星街道党工委班子将会持续优化营商环境，加大项目跟踪接洽力度，推进“一站式”服务企业以及重点项目，争做企业“贴心人”，为项目提供全方位的服务，用足用活政策，推动招商引资工作。

十二、石榴花开 籽籽同心

各族人民亲如一家，是中华民族伟大复兴必定要实现的根本保证。实现中华民族伟大复兴的中国梦，就要以铸牢中华民族共同体意识为主线，把民族团结进步事业作为基础性事业抓紧抓好。我们要全面贯彻党的民族理论和民族政策，坚持共同团结奋斗、共同繁荣发展，促进各民族像石榴籽一样紧紧拥抱在一起，推动中华民族走向包容性更强、凝聚力更大的命运共同体。

——2019 年 9 月 27 日，习近平在全国民族团结进步表彰大会上强调

让“模范自治区”崇高荣誉永放光彩

作为我国最早成立的民族自治区和民族区域自治制度的发源地，内蒙古有着民族团结的光荣传统，长期以来拥有“模范自治区”的崇高荣誉。“要倍加珍惜、继续坚持民族团结光荣传统和‘模范自治区’崇高荣誉，巩固发展民族团结大局。”内蒙古牢记习近平总书记的殷切嘱托，讲大局、担使命，自觉肩负起、履行好维护

国家统一、民族团结的重大政治责任，持续巩固发展民族团结大局。

紧紧抓住铸牢中华民族共同体意识这条主线。近年来，内蒙古各大中小学持续开展各类形式多样、内容丰富的“铸牢中华民族共同体意识”主题教育活动，民族团结的种子在广大青少年心中生根发芽、开花结果。持续大力推广普及国家通用语言文字，国家统编教材“应推尽推”，国家通用语言保育教育实现幼儿园全覆盖，城市语言文字规范化评估工作总体完成。润物无声，久久为功，铸牢中华民族共同体意识宣传教育已在全区范围内实现常态化、全员化开展。仅 2021 年，全区开展党的民族政策、我身边的民族团结进步故事等主题宣讲 3.5 万余场，受众近 300 万人。同时，自治区主流媒体常年固定开设“铸牢中华民族共同体意识”相关专栏，在农村牧区、大街小巷，醒目的民族团结进步宣传标语随处可见。

坚持和完善民族区域自治制度。作为多民族聚居区，我区 55 个民族中，少数民族人口 598.6 万，平均每 8 个家庭中就有 1 个是多民族家庭。做好民族工作，不仅关系少数民族和民族地区发展，而且关系自治区工作全局。多年来，内蒙古坚持和完善民族区域自治制度，依法治理民族事务，用法治思维和法治方式谋划推进民族工作，定期检查民族政策落实情况，维护民族团结和各民族群众合法权益。稳步推进社会主义民主法治建设，形成了比较完备的民族地区法规规章体系。坚持把加强少数民族干部和人才培养作为贯彻落实民族区域自治制度的重要工作来抓，在公开选拔、录用国家工作人员过程中，形成了一整套有利于少数民族干部脱颖而出的选用机制。

深入持久开展民族团结进步创建。为推动民族团结进步创建工作不断创新发展，内蒙古形成党委领导、政府负责、部门协同、全社会广泛参与的民族团结进步创建工作格局。截至2020年底，全区56个单位被国家民委命名为全国民族团结进步创建示范单位、392个单位被自治区命名为全区民族团结进步创建示范单位。民族团结进步创建走进机关、企业、社区、苏木乡镇、学校、连队、宗教活动场所，“三个离不开”“五个认同”“四个共同”等理念日益深入人心，各民族共同团结奋斗、共同繁荣发展，“建设亮丽内蒙古，共圆伟大中国梦”成为各族群众的共识。

在实现中华民族伟大复兴的新征程上，2400万各族儿女踔厉奋发、笃行不怠，努力开创内蒙古自治区民族团结进步事业新局面，让“模范自治区”的崇高荣誉永放光彩。

（一）阿拉善盟：石榴花开映驼乡

春天是充满希望的季节。绿芽冒出枝头，迎风舒展，散发着生命的活力，孩子们背起书包踏进校园，开启新学期，牧民们照顾着新生的羔羊，农户们为即将到来的春耕春播做足准备……阿拉善大地上，汉族、蒙古族、回族、满族等38个民族共26.24万各族儿女相濡以沫、休戚与共、团结奋斗，一张张笑脸洋溢着浓浓的幸福感。

文化滋润　民族团结绽芳华

来到阿拉善左旗马鬃绕线蒙古唐卡传习所，十几名工作人员手捏针线，制作着精美的唐卡作品。77岁的陶格日勒是这里的负责人，也是内蒙古自治区级非物质文化遗产传承人。她说：“我想力

各族人民团结一家亲

所能及地为民族文化发展做些事情，希望民族文化传承之路可以走得更远、更广、更深。”2015 年以来，陶格日勒无偿传授马鬃绕线蒙古唐卡技艺，制作了一大批展现家乡社会发展、民族团结、文化兴盛的精美作品，带动 400 多人增收致富。

长久以来，阿拉善盟大力支持各民族优秀传统习俗、传统艺术、传统手工艺等的保护传承工作，现有国家级非遗代表性保护项目 9 项、自治区级 56 项、盟级 113 项、旗级 232 项；国家级非遗代表性传承人 7 位、自治区级 88 位、盟级 292 位、旗级 833 位；各级

贺兰山自然保护区生态逐年好转

传承基地 66 个，16 个非遗项目入选盟级“名师带徒工作室”项目；自治区级文化生态保护区 2 个，自治区级文化艺术之乡 5 个。

大漠深处、胡杨林下、戈壁滩上、社区中……阿拉善左旗乌兰牧骑队员的歌声响彻每一个角落，精心编排的舞蹈讲述着阿拉善各族人民守望相助、团结奋斗的故事。《东风——呼啸起》等一大批具有中华文化底蕴、反映阿拉善民族特色的作品以直观的艺术形式将党的声音和关怀传递，将铸牢中华民族共同体意识深深根植于民心。

工作人员正在制作马鬃绕线蒙古唐卡

生态优先　民族团结幸福长

在阿拉善盟有这样一位老人，他原本可以享受退休后安逸闲适的生活，却用生命最后十几年时间为沙化严重的黑城带来绿意，他就是苏和老人。在冬冷夏热、风沙肆虐的沙漠里，苏和老人与老伴儿栽种了10余万株梭梭，在漫漫沙海中造出一片绿洲，有效阻止了流沙侵蚀黑城。2021年6月20日，“时代楷模”苏和老人因病医治无效，在额济纳旗达来呼布镇逝世，享年74岁。苏和老人走了，人们再也看不到大漠中那个顶着艳阳、冒着大风弯腰栽植梭梭的身影，但却能看到茫茫沙海中老人亲手栽种的20万平方米梭梭迎风摇曳，也能看到这里生态环境改善后的美好景象。苏和老人的故事坚定了阿拉善各族儿女治沙的决心，鼓舞着他们继续书写生态建设新篇章。

人民日益增长的优美生态环境需要，最直接的体现是对生活中使用的水、吃的食物和呼吸的空气的质量要求越来越高。多年来，阿拉善盟坚持“全面保护、区域治理、重点突破、整体推进”的指导方针，重点开展腾格里、胡杨林、贺兰山、黑河等的综合治理工程，全力实施飞播造林、退耕还林、退牧还草、天然林保护和三北防护林等一批生态工程，环境治理与保护成果得以巩固。如今，“阿拉善蓝”已成为一道亮丽风景线，阿拉善盟也在不断引导全民参与生态环境建设，倡导绿色消费方式和绿色生活方式，实现了生活水平提高和生态改善双赢。

双拥共建　民族团结春满园

举世瞩目的神舟十三号载人飞船在东风航天城成功发射，在阿拉善民族团结卷轴上再次写下浓墨重彩的一笔。位于额济纳旗的东风航天城书写了中国航天事业的多个第一，每一次成功都离不开阿拉善各族干部群众的无私奉献。从历史上的“三易旗府”到如今的“护航神舟”，阿拉善各族儿女世代传承着时刻为国家奉献的精神。

阿拉善盟各级党委、政府和各族干部群众，始终不忘支持国防和军队建设的初心，不断促进军民融合，努力守护祖国北部边疆；加强政策保障，强化教育、医疗、文化等公共服务，为推进民族地区边境安全稳定发挥了积极作用。

阿拉善盟各民族形成了人心凝聚、团结奋进的强大精神纽带，涌现出一大批全国、全区民族团结进步模范典型。涓滴情意汇江海，春风化雨聚人心。今天的阿拉善，民族团结、社会稳定、边疆安宁，各族人民像石榴籽一样紧紧抱在一起，共同守卫祖国边疆、共同创造美好生活。

（二）兴安盟突泉县：同心浇灌团结花

“之前的日子确实难，每年挣那点钱都不够全家的开销。在驻村工作队和村‘两委’的帮助下，在‘牧业再造突泉’政策的帮扶下，我家养上了牛，日子是一天比一天好了，我现在特别满足。”兴安盟突泉县哈拉沁少数民族特色村寨村民白淑芹说。

白淑芹是蒙古族，夫妻二人都患有慢性病，缺少劳动能力。2015 年，白淑芹一家被识别为建档立卡贫困户，那时的他们生活拮据，仅靠 20 亩田地维持生活。2017 年末，夫妻二人依靠“牧业再造突泉”，贷款购买了 5 头牛。经过几年的精心饲养，如今 5 头牛已经繁殖到 9 头，其中 3 头牛还在待产。现在，白淑芹家每年可增收 4 万元以上，感受到了满满的幸福感和获得感。

哈拉沁少数民族特色村寨村民发展牛产业

为进一步深化全县民族团结进步创建工作，突泉县以铸牢中华民族共同体意识为主线，紧紧围绕“中华民族一家亲，同心共筑中国梦”的总目标，把民族团结进步创建工作放在心上、抓在手上，牢固树立全县“一盘棋”思想，推动全县各民族和睦相处、共同发展，形成了全县各民族团结和睦、经济繁荣发展的良好局面。

培树典型榜样　发挥引领作用

“我们村被评选为自治区级民族团结进步示范单位，这是对我们村之前工作的肯定，更是对我们今后开展民族团结进步工作的激励。我们全村各族群众都会像石榴籽一样紧紧抱在一起，互相信任、互相帮助，共同走向富裕的小康生活。”荣获自治区级民族团结进步示范单位的突泉县突泉镇永宝村党支部书记孙喜说。

为了更好地推动民族团结进步创建工作，永宝村重新修订了“村规民约”，明确了民族团结的要求，给全体村民制定了新的行为规范。同时，以“积分争星”考核的形式来推进“村规民约”的执行，设置了“民族团结星”“助人为乐星”等十个“专项星”，涉及遵纪守法、勤俭节约、孝老敬亲等内容。蒙古族村民孙海波获得“助人为乐星”。据了解，在十个“专项星”获得者中，少数民族村民占一半。

突泉县通过培育先进典型，引领带动各级各领域各行业整体联动，形成以点带线、以线带片、以片带面，特色鲜明的民族团结进步创建工作格局。截至 2021 年 8 月，全县荣获区级示范单位 2 个、盟级示范单位 24 个、县级示范单位 50 个。

注重民生实事　共享发展成果

“我们村的这些帮扶干部真的是办实事，每次开展‘六项实事、六到村户’活动，都会帮助我们解决一些问题，给我们捐衣捐物，帮我们发展产业，带领我们实现了小康。”提起村子里的变化，突泉县六户镇永祥村村民白丽红激动地说。

永祥村是典型的少数民族村屯，少数民族人口占总人口的75%，曾是突泉县典型的重点贫困村。近年来，在各级党委、政府的大力扶持下，在各项扶贫政策的帮扶下，在各级帮扶干部和永祥村民的共同努力下，永祥村一改往日的贫困面貌，街道整齐了、产业发展了、村民致富了、人心更齐了。

为不断深入推进民族团结进步创建工作，突泉县把民族团结进步创建工作与巩固脱贫攻坚成果和乡村振兴有效衔接，集中聚合县、乡镇、村屯干部群众、扶贫帮扶工作队和帮扶干部的力量，持续加大对全县乡村特色种养业的扶持力度，坚持“绿水青山就是金山银山”的绿色发展理念，高标准建设生态文明示范村，为群众营造乡风文明、村容整洁、管理科学的生产生活环境；落实“健康突泉”“控辍保学”“稳就业”等政策，解决了群众的后顾之忧，拓宽了群众致富的渠道。

坚持重心下沉　实现全面覆盖

走进突泉县北厢民族学校，随处可见内容丰富、形象生动、表现形式各异的手抄画报和宣传标语等，向全校师生宣传“中华民族一家亲，同心共筑中国梦”的理念。

“我们都是一家人，我们要像石榴籽一样紧紧抱在一起，彼此互帮互助、共同进步……”在庆祝建党100周年前夕的“歌颂中华大家庭”主题班会上，突泉县北厢民族学校五年级四班班主任王占芬为学生详细地讲解了民族团结的重要性，学生们认真地聆听着。突泉县的中小学校全部举行了这样的主题班会，学校通过这种方式在孩子们的心中播撒各民族和谐相处、和衷共济、和谐发展的“金种子”。

突泉县坚持重心下沉，创新载体形式，以举办专题讲座、读书班、培训班，开展文体活动，举行文艺会演等形式，推动民族团结进步创建进机关、进企业、进乡镇、进社区、进学校、进连队，形成全面覆盖、各具特色的创建格局，多角度、多层次宣传全县经济社会发展成就、民族工作取得的成效和民族团结进步创建活动开展情况。

（三）包钢：民族团结的种子长成参天大树

1959年10月15日，周恩来总理为包钢一号高炉出铁剪彩，内蒙古寸铁不产的历史由此结束。60多年来，包钢为服务国家和自治区经济社会发展、振兴民族地区工业、打造祖国北疆亮丽风景线作出了积极贡献，先后5次被评为“全国民族团结进步模范集体”，2016年被国家民委命名为“全国民族团结进步创建活动示范企业”，同时也是全区唯一一家连续9次被自治区党委、政府授予“全区民族团结进步模范集体”荣誉称号的单位。

包钢的历史就是一部民族团结的进步史。从20世纪50年代全国各地支援包钢建设开始，在包钢，各族儿女心手相连、同舟共济的故事不胜枚举。

1959年1月19日，《人民日报》发表《包钢为全国，全国为包钢》的文章和《保证重点，支援包钢》的社论。为了新中国的钢铁梦，大量援建人员和建设物资从全国各地涌向包头。飞机、火车、汽车甚至马车、驴车组成的运输队伍是包钢建设初期最壮观的场景。据不完全统计，这一时期援建包钢的人数达 8 万人，胡尔宝音就是其中一员。

1957 年，胡尔宝音从部队转业来到白云铁矿，操作穿孔机。当时，白云铁矿条件非常艰苦。穿孔时，必须上山取水。胡尔宝音得踩着碎石，爬到 12 米高的“台阶”上挑水。好几次，他脚下的石头突然塌了，连人带水摔下去……白云鄂博的冬天零下 40 多度，白天，工人们在户外工作，风刮在脸上像刀子一样；晚上，他们只能在简易工棚里休息。工棚是用薄薄一层铁皮搭建起来的，即便围着炉子烤火，也是前胸热、后背冰。

尽管那些年冻伤手、脚、鼻子是常事儿，但胡尔宝音记忆中最深刻的却不是异常寒冷的天气，而是一同奋战在“山上”的各民族兄弟给他的温暖。“师傅真是个好人啊！”当时的胡尔宝音说不好国家通用语言，更听不懂技术要领，师傅就一遍一遍地讲。在师傅和兄弟们的帮助下，胡尔宝音 3 个月出了徒。

大山深处的矿坑记录下各族人民共建包钢的历史，熊熊燃烧的炉火见证着各族职工发展包钢的奇迹。包钢没有忘记草原“安达”的深情厚谊，不遗余力推进民族团结工作。

为了保护牧民的利益，包钢矿区职工立下了“三不准一尊重”铁的纪律：车辆不准随意碾压草场，不准随便开辟道路，不准扰乱牧民生产生活秩序；尊重草原牧民的风俗习惯。牧民病了，白云铁矿医院派医生骑着骆驼去诊疗。仅 1961—1962 年两年间，这家医院就为牧民出诊 1000 余次，接收住院治疗 160 人次，免收费用 7 万多元。

如今，包钢是一个由 18 个民族的职工共同组成的大家庭，每年春节期间都会举办民族团结座谈会，在更高起点上共商民族团结

包钢作为全国唯一入选的国有企业，参加了全国民族团结进步模范事迹报告团，在北京、上海等 12 个省、自治区和直辖市巡回宣讲

大计、共谋和谐发展新篇。

民族团结是包钢稳定生产的前提，也是企业的责任与梦想。60 多年来，包钢所属分、子公司与多个盟市建立战略合作关系，解决了数万人的就业问题；坚持优先采购周边地区原燃材料，拉动包头市和全区十多个部门、行业共同发展。北方稀土“驰影”磁共振诊疗车还免费为农牧民做检查……包钢推进民族团结进步的足迹几乎遍布内蒙古。

近年来，包钢积极融入地方精准扶贫发展大局，帮助贫困地区建设光伏发电集体项目、推进畜种改良项目等，带动各族群众共同富裕。2018 年，包钢乌兰牧骑成立，通过更具表现力的形式展现包钢辉煌成绩的同时，用职工群众喜闻乐见的方式弘扬“中华民族一家亲”。

这颗60多年前播下的民族团结的种子，在祖国北疆长成了参天大树。

包钢累计产钢超2.6亿吨，实现利税830亿元以上，在推进社会主义建设、振兴民族工业、维护国家安全、带动民族地区发展等方面，发挥了重要作用。全球海拔最高的青藏铁路，三分之二的钢轨来自包钢；在“西气东输”工程、各大油田以及钢结构领域，包钢的无缝钢管占据一席之地；“长征”系列运载火箭、“神舟”号系列飞船、“中国探月工程”等国家重点工程中都曾使用包钢稀土产品；国内三分之一以上的高铁线路铺设着包钢钢轨……连同这些一同被载入史册的还有包钢民族团结进步的事迹。

回首过往，踏歌而行。包钢各族职工携手同心奋战在各自的岗位上，用行动铸牢中华民族共同体意识，共同谱写祖国北疆亮丽风景线上民族团结进步的崭新篇章。

（四）呼伦贝尔市：“三少民族”幸福多

在呼伦贝尔市鄂伦春自治旗大杨树镇多布库尔猎民村，几名村民围坐在一起，对着一张照片“较起劲来”——黑白照片里，白雪还未消融的土地上，几座毛坯小屋坐落在山脚下。

哪年拍的？大家你一言我一语，本就暖融融的房间愈发热起来。

“这是1957年拍的嘛。”多布库尔猎民村党支部书记何泽承刚刚进屋，“20世纪50年代，多布库尔河流域的鄂伦春族走出山林，在朝阳猎民村定居，从尖角‘撮罗子’搬进土坯房，直接跨越原始

鄂伦春自治旗大杨树镇多布库尔猎民村

生活，这可了不得！”

生活在呼伦贝尔市的鄂伦春族与鄂温克族、达斡尔族一道，被当地人称为“三少民族”。历史上，他们曾居住于兴安岭山林，从事游牧和渔猎，具有较为接近的文化形态。目前，居住在内蒙古的达斡尔族约 8 万人、鄂温克族 2 万余人、鄂伦春族 2000 多人。

“这张我熟！”村民关丽又拿起一张照片，“这是 1984 年的朝阳猎民村，我就是在这儿长大的。那时虽然住上了砖瓦房，但村庄位置偏远、条件不便。”1996 年，她嫁给了汉族小伙王魏武，她家成了村里的团结户。为了谋生，一家人在镇上做点小买卖。

2005 年，朝阳猎民村整体搬迁至大杨树镇，并更名为多布库尔猎民村。搬到新家后，关丽和王魏武住上了政府提供的免费住房，还开起了民宿和超市，日子过得红红火火。如今，猎民村 69 户居民里有 42 个团结户。

“我们依托鄂伦春民俗特色资源建成了农业生态园、特色养殖区和民俗特色旅游景区。猎民村成了景区，农民成了旅游从业者，农产品成了旅游商品，鄂伦春族村民找到了新出路。”何泽承说。

是啊！“三少民族”早已走出深山，放下猎枪。随着生态移民、产业发展和文化传承，“三少民族”的幸福感越来越多。

融入现代社会，不忘民族文化。过上好日子的“三少民族”一直在继承和创新着自己的民族文化。

耕种、打猎、荡秋千、打曲棍球……在莫力达瓦达斡尔族自治旗青少年活动中心，达斡尔族哈尼卡剪纸技艺传承人苏梅和孩子制作出一个个形态各异的纸偶，塑造出达斡尔族民众的生活场景。

有“东方芭比娃娃”之称的哈尼卡是达斡尔族最具代表性的民间手工艺术。小小的剪纸中蕴藏着生动的达斡尔族生活史。

“达斡尔族有自己的语言，没有文字，很多优秀的民族传统文化面临着流失的困境。哈尼卡就是对孩子进行民族文化教育的载体。”苏梅说。多年来，她走进偏远村落抢救、收集哈尼卡技法和作品，带动各民族的孩子制作哈尼卡。

同样把传承民族文化作为毕生事业的还有吴玲芝。作为鄂伦春族狍角帽和桦树皮制作技艺传承人，她自掏腰包，花费 4 万多元建起了工作室。工作室里，由吴玲芝制作的狍角帽和桦皮桶格外引人注目。几名年轻人围坐在木桌前，手中针线翻飞。经过裁剪、缝制、刺绣等步骤，具有北方狩猎民族特色的皮衣、皮帽等逐渐制作完成。

“我从小在猎民村长大，从四五岁开始，就跟着母亲编线、做手工。”吴玲芝说。这几年，由于原材料短缺，制作的难度越来越大，传承技艺的紧迫感也越来越强。

“现在还有几位80多岁的老艺人健在，他们可都是‘宝贝’！”让吴玲芝欣慰的是，来工作室学习的年轻人这几年多了起来。

吴玲芝说：“年轻人越热情，我们这些老人就越有动力。民族传统技艺就是要在一针一线的耐心中传承下去。”

（五）锡林郭勒盟苏尼特左旗：企地共建之“水”浇灌民族团结之花

6月末的锡林郭勒大草原即将迎来一年间最葱郁繁茂的季节。2021年6月23日，乌兰牧骑到内蒙古蒙能锡林清洁能源有限公司巴彦杭盖风电场慰问演出。在前一天，清洁能源有限公司党委书记、副经理李著林将这一消息打电话告诉嘎查长恩克巴图，热情邀请嘎查的牧民来现场观看演出。

一大早，李著林就到路口迎接乌兰牧骑的演员们，而牧民们则换上了过节时才穿的蒙古袍，从四面八方赶到风电场观看演出。

清洁能源有限公司党委副书记、经理李成文和党委委员、副经理聂勇忙着招呼牧民们进屋喝茶。几位牧民还专门从家里带来了自制的奶豆腐，请风电场的“亲戚”们品尝。看着眼前的这个场景，恩克巴图深有感触地说：“风电场的兄弟跟嘎查的牧民相处得就像一家人。牧民们有什么困难，他们都无偿帮助解决，我们打心眼里把他们每个人当作我们嘎查的一员。”

由近及远看去，一台台洁白的风机正在工作着。蒙能东苏巴彦杭盖30万千瓦风力发电一期项目于2019年10月15日破土动工，2021年4月30日全容量投入生产运行。这个项目是蒙能集团第一个特高压外送新能源项目，也是蒙能集团装机容量最大的新能源项

乌兰牧骑到锡林清洁能源有限公司巴彦杭盖风电场慰问演出，牧民们换上了过节时才穿的蒙古袍，从四面八方赶到现场观看演出

目。该项目投入运行后，每年上网电量可达8.4亿千瓦时，对支持全旗经济全面发展、振兴苏木嘎查发挥着举足轻重的作用。

风电场场址区域内一共有26户牧民。牧民生活中遇上异常天气，他们就都犯了难。自从风电场进驻后，大家心里有了主心骨，因为他们知道，凡遇到大事小情，风电场的“亲戚”们会第一个上门帮助解决。

2020年冬天，一场罕见的大雪覆盖了巴彦杭盖草原。草原上1米多厚的雪堆积着，牧民们进不来，也出不去。牧民苏日拉嘎家养着500多只羊、50多头牛和20多匹马，眼看着草料不够吃了，他打电话订购了30吨草料。可他家离公路10多公里，车到公路边被

锡林清洁能源有限公司与满都拉图镇党委、巴彦杭盖嘎查党支部联合开展“铸牢中华民族共同体意识”主题党日活动，牧民们身着节日盛装参加活动

积雪阻挡，根本开不到家门口。看着陷在雪里动弹不了的车，心里想着家里饿着肚子的牲畜，苏日拉嘎急得直跺脚。

得知这一情况后，清洁能源有限公司主动协调施工队，利用铲车，直接铲出一条通到他家的路。紧接着，铲车又把其他遇到困难的 4 户牧民家的路疏通。苏日拉嘎从羊圈里拉出两只羊，要宰杀招待“亲戚”们，带队的聂勇赶紧阻止了他，二话没说，跳上铲车消失在风雪中。

78 岁的牧民乌娜是嘎查里年龄最大的，她的老伴车音佩勒 74 岁，老两口儿无儿无女，相依为命。自从清洁能源有限公司进驻后，老两口儿的生活发生了非常大的变化。乌娜家离风电场升压站不足两公里，风电场的人有事没事经常去给他们送些菜、面、油等日常生活物资，节假日还帮助他们打扫卫生。

2021 年 4 月 16 日，草原上突然刮起大风，乌娜家的羊圈围墙被风刮倒，羊在草场里乱跑。李成文和李著林看到大风凶猛地刮起来，心里放心不下这老两口儿，于是就给车音佩勒打电话。得知这一情况后，他们带着轮休员工赶到乌娜家，帮着拢羊，联系施工人员垒砌羊圈……

“人们都说风电场的小伙子们是咱嘎查的‘亲戚’，可他们在我眼里，就像我的儿子一样。”车音佩勒逢人便说。

2021 年 5 月 20 日，25 名牧民党员参加了被他们称为“红色那达慕”的锡林清洁能源有限公司与满都拉图镇党委、巴彦杭盖嘎查党支部联合开展的“铸牢中华民族共同体意识”主题党日活动。牧民们身着节日盛装，畅所欲言。

斯尔吉米都格是 1959 年来到内蒙古的“三千孤儿”中的一员，这么多年过去了，她在当地成了家，过上了幸福的生活。讲起这些年的经历，她发自内心地说：“小时候，草原上的额吉们悉心照料我们这些‘国家的孩子’。现在我们都老了，党又派企业来关心照顾我们的生活。”

千丝万缕化作心头割不断的牵系，凝结成各民族团结一心、守望相助的坚固情谊。

（六）赤峰市宁城县马市营子村：种下一颗“石榴籽”民族团结之花绽放

走进赤峰市宁城县三座店镇马市营子村，俨然进入了一个民族文化的百花园，一排排民族文化墙生动地展现出独特的民风民俗，各民族群众和谐相处、其乐融融……

作为一个少数民族村，马市营子村的变化让人感叹连连。蝶变源自何处？马市营子村党支部书记白翠芝给出了答案：自治区、赤峰市、宁城县、三座店镇各级党委、政府对民族村建设高度重视，村里的各族群众心往一处想、劲往一处使，扎实开展民族团结进步创建工作，如同在各民族群众心中种下了一颗“石榴籽”，绽放出“民族团结之花”。

产业发展助力示范创建

一方的和谐稳定离不开经济发展的支撑。少数民族村经济得以较好地发展，对民族团结是较强的助力。近年来，马市营子村通过党员结对联系群众、振兴产业发展等措施让村民在家门口实现增收，在完成脱贫攻坚任务的同时，为民族团结进步示范创建添砖加瓦。

马市营子村充分落实党员联系服务群众制度，积极发挥党员的帮带作用，做到所有党员都有结对联系的贫困户、都有结对联系的群众。马市营子村建档立卡户 76 户 229 人于 2019 年底全部脱贫出列。2019 年，全村人均纯收入达 8400 元。

马市营子村以促进农业增效、农民增收为目标，发展村域民族经济，拓宽农民增收渠道，在稳定粮食产量、巩固传统产业的基础上，着力培育新的支柱产业。2018 年，依托脱贫攻坚，整合各渠道扶贫资金累计 7500 万元，由宁城县农商银行牵头，成立宁城润益种养殖专业合作社，建立占地约 46 万平方米的科技产业园区。2019 年，村里联系客商，建起了占地约 46 万平方米的双民大樱桃产业园区。

“这两个产业园区建起来后，村民每年除了能获得每亩

800~1000 元的土地流转金外，还可以在园区打工挣钱，目前在园区打工的村民有 50 多人，每人每天工资 100 元。”白翠芝介绍道。除此之外，马市营子村还组织劳务输出。目前，有 200 多人外出务工，每人每年平均打工收入在 4 万元左右，还有部分村民在家搞养殖。全村肉牛存栏 200 头，出栏 150 头，年效益 150 万元。经济的快速发展为民族团结进步示范创建打下了坚实基础。

科学规划彰显民族特色

马市营子村现有人口 1229 人，其中蒙古族 1167 人，被宁城县列为民族团结进步创建工作“进乡镇（村)”点。

在上级政府和各级部门的大力支持下，马市营子村将民族团结进步示范村建设与人居环境提升、移风易俗等融合，实施马市营子村少数民族特色村建设，争取资金打配机电井 21 眼，人畜饮水安全得到保障；实施街巷硬化 8.7 公里，村内交通得到极大改善；实施旧房危房改造 54 户，移民搬迁 2 户，改善了村民的居住环境；实施校舍建设及安全改造 650 平方米，标准化卫生室改造 195.5 平方米，改造便民连锁超市 1 个；对全村用电线路进行农网改造，所有村民小组实现了电视、网络、手机信号全覆盖。投资 350 万元新建了具有民族特色的村委会办公场所和民族文化广场等。铺设水泥路4公里、油漆路4公里，栽植绿化风景树200棵，安装路灯12盏，改造旱厕 170 个。

“以前我们村各家院墙，土墙砖墙都有，现在都是砖墙，外面用涂料把墙刷白，画上蓝天、白云、牛羊等，现在的村子是越来越美了！”村民赵联文指着自家院墙介绍道。

现在的马市营子村，道路宽阔整洁，民族文化广场大气宽敞，民族团结进步的标语大方醒目。“以前的村庄，牛屎马粪成堆，房屋简陋、环境卫生很差，现在的村庄布局合理、村容整洁、环境优美、民族风情浓郁，这一切得益于党委、政府科学编制乡村规划，全体村民渴望建设美丽乡村和民族团结进步示范村，积极对老房子进行拆除重建。美丽的马市营子村能建设起来，这本身就是民族团结进步创建带来的成果。”说起民族团结进步创建工作，白翠芝感慨颇多。

房子好住了、路上干净了、村子更美了，马市营子村的蜕变离不开各级政府及相关部门的支持，也是村里开展民族团结进步示范创建与基层党建工作双推进的成效。该村充分利用党建平台、远程教育、草原书屋等平台，广泛开展理想信念和社会主义核心价值观教育，积极开展“文明村”“星级文明户”“五好家庭”“好媳妇、好儿女、好公婆”等评选表彰活动，有 1 人获得县级道德模范称号，1 人获得县级劳动模范称号。2019 年，马市营子村被评为赤峰市市级“民族团结进步创建先进村”。

（七）甘其毛都口岸：“一棵树”盛开团结花

隆冬时节，在内蒙古甘其毛都口岸，凛冽的寒风裹挟着沙尘和煤灰肆虐，但口岸运煤专用通道依旧是一派热火朝天的场景，一辆辆运煤车辆在边检民警的指引下排成“一字”，缓缓驶入。司机将车辆停稳后，有序办理出入境手续。

甘其毛都口岸位于巴彦淖尔市乌拉特中旗巴音杭盖苏木境内，是我国进口蒙古国煤炭、铜精粉等矿产品重要的运输通道。甘其毛都，蒙古语，意为“一棵树”，这里是蒙古族、回族等十余个民族

甘其毛都口岸边检民警与驻地牧民党员举行重温入党誓词仪式

共同生活的多民族聚居区。多年来，甘其毛都出入境边防检查站深化民族团结进步教育，加强各民族交往交流交融，促进各民族团结和边疆地区经济发展，让民族团结之花在祖国北疆常开长盛。2021年1月19日，该站被命名为第八批全国民族团结进步示范单位。

团结理念入人心

“民族团结就像空气和水，一刻都不能缺。”2021年1月22日，甘其毛都出入境边防检查站与少数民族群众代表在民族团结文化驿站召开“我是一颗石榴籽”座谈会，大家你一言我一语，热烈地讨论着。

为夯实民族团结根基，该站充分挖掘界碑、警史馆等红色文化资源，与驻地政府在执勤现场联合设立民族团结文化驿站，通过印制宣传单、编撰学习手册等形式，开展宣传教育 80 余场次，3000 余人次受到教育，构建了民族团结创建新模式。同时，全方位整合口岸地区党政机关、联检单位等党建资源，建立“一带一路”先锋服务队党建工作机制，先后举办“警民那达慕”、联合党日等活动 20 余次，强化了边疆地区党组织战斗堡垒作用。

语言不通就难以沟通，不沟通就难以相互理解。该站立足蒙古族群众比例较大的实际，从完善民族团结进步工作机制入手，实施蒙古语帮带工程，通过举办蒙古文培训班、编印蒙古语会话指南等方式，使近 90% 的汉族民警能与少数民族群众进行日常交流。

警民鱼水一家亲

2021 年 1 月 4 日，寒假临近，甘其毛都口岸学校的“爱心书屋”里挤满了排队借阅书籍的学生。2020 年 10 月，甘其毛都出入境边防检查站与联创联建单位共同筹建了“爱心书屋”，累计投入 5 万余元，为边疆民族地区学生营造了舒心的阅读环境。

长期以来，该站始终坚持发扬警民鱼水一家亲的传统，组织开展爱心助学、帮扶贫困家庭等活动，进一步巩固了边疆警民关系。2014 年，在一次与驻地爱心基金会工作人员聊天中，执勤二队副队长那仁满达与战友了解到薛一馨、杨琰贞两个家庭的生活十分困难。他们随即决定对这两个孩子的家庭进行资助。每逢春节、儿童节等节日，民警们会来到这两个孩子家中，送去米、面、油等生活用品。为了凝聚更多的爱心，该站设立了“国门卫士情”专项基

在民族团结文化驿站，边检民警与牧民代表召开“我是一颗石榴籽”座谈会

金，定期开展“边检关爱行”等扶贫帮困活动。多年来，该站先后与驻地 9 个困难牧民家庭认亲结对，累计为少数民族贫困学生捐款捐物 3.27 万元，帮助 4 名贫困学子圆梦大学校园。

“中华民族是一个大家庭，一家人都要过上好日子。”该站积极支持扶贫工作，与口岸地区附近嘎查结成共建帮扶对子，协调有关部门，免费为附近嘎查发放农牧书籍、开通有线电视，邀请农牧专家进嘎查开展科学养殖培训，推动牧民群众年均增收 2000 余元，让脱贫致富奔小康的道路越走越宽广。

边疆发展更美好

甘其毛都口岸日均出入境车辆 2200 余辆次，单日过货量最高为 16.15 万吨，是内蒙古自治区首个单日过货量突破 16 万吨的公路口岸，再次刷新了“甘其毛都速度”……2020 年，甘其毛都出入境边防检查站积极应对疫情防控和维稳管控带来的双重压力，不断创新服务举措，努力打造安全、顺畅的通关环境。

发展的目的是让人民过上更美好的生活。甘其毛都口岸作为推进“一带一路”倡议和打造中蒙经济走廊的重要支点，在促进边疆地区经济社会发展方面具有得天独厚的地缘优势。该站强化警企精准对接，实行专用通道验放等 20 余项通关提速措施，出台警力下沉、错峰支援等 10 余项工作举措，确保“八进七出”15 条货运通道全量开通。2020 年，口岸进出口贸易量突破 1500 万吨。从 2008 年到 2019 年，口岸过货量以年均增长 47.3% 的“甘其毛都速度”，极大地带动驻地经济跨越式发展。

边疆安全稳定是民族团结工作的基石。该站持续深化管边治边效果，优化“5+X”军警民强边固防模式，建成以三维电子地区显示调度为中心、周界智能防护等系统为保障的智能管控闭环，构建起全时段、全链条的立体化防控网，口岸地区各族群众的安全感逐年提升。

（八）乌兰察布市四子王旗：多彩“第二课堂”丰富校园生活

学校作为培养人才的主阵地，在文化传承中起着举足轻重的作用。近年来，乌兰察布市四子王旗把提高教学质量作为教育改革发展的核心任务，把促进人的全面发展作为保证教育质量的根本标准，树立以提高教学质量为核心的教育发展观，注重教育内涵发展。四子王旗各中小学将德育教育与学生的兴趣爱好相结合，把

“第二课堂”开展得有声有色，促进学生身心健康发展。

“第二课堂”是学校课堂教学的延伸、补充和发展，可以丰富学生的精神生活，提高学生的组织能力，培养学生的兴趣爱好，有利于进一步深化教育教学改革，全面推进素质教育。

在四子王旗第三小学，学生们正在老师的带领下，体验“第二课堂”带来的乐趣，课堂氛围轻松活跃，充满活力。学生们在这里开阔视野、学习知识、增长智慧，不仅有利于巩固课堂所学知识，还能培养创新精神和实践能力，使学生们实现德智体美劳全面发展。

四子王旗第三小学学生武钰边做手工边说：“我从一年级就开始学陶艺，四年来学到了很多东西，尤其是提高了动手能力，培养了创新思维。”

“学校从 2017 年开设陶艺班，主要目的是培养孩子们的动手能力和对传统文化的热爱。这门课程的开设，不仅丰富了孩子们的生活，还培养了孩子们的动手能力和合作能力，同时有利于传统文化的传承与发展。”四子王旗第三小学美术教师闫强说。

四子王旗把“第二课堂”作为素质教育的主阵地，重视研发“第二课堂”的校本课程，让学生通过“第二课堂”获得许多在课堂上学不到的知识、技能。根据学生需求和办学条件，四子王旗各中小学开设了科学、美术、体育、器乐等兴趣课程。

今后，四子王旗会继续坚守“立德树人”的教育责任，以实际行动办好人民满意的教育，为教育高质量发展贡献力量。

后 记

全面建成小康社会，既是国家发展巨变的雄壮交响，也是人民笑颜绽放的鲜活故事。回望过往的奋斗路，内蒙古各地各部门和广大党员干部群众坚持深入学习贯彻习近平新时代中国特色社会主义思想，牢固树立以人民为中心的发展思想，坚定不移走以生态优先、绿色发展为导向的高质量发展新路子，稳中求进，推动经济高质量发展，用心用情用力保障和改善民生，保质保量完成“全面建成小康社会，一个不能少；共同富裕路上，一个不能掉队”的艰巨任务。

本书聚焦住房、交通、教育、医疗、生活环境、精神文明建设、生态文明建设、就业创业、社会保障、文化旅游、社会治理、民族团结 12 个与民生息息相关的领域，通过对时代变迁的描摹，充分反映全面建成小康社会给内蒙古各族人民带来的获得感、幸福感、安全感，全面、立体、鲜活地为读者展现了内蒙古建设小康社会取得的重大成就。书中记录了易地搬迁建设新家园的创举，扶贫先扶智、阻断贫困代际传递的远见，发展旅游业，将“绿水青山”转化为“金山银山”的探索，还有党员带头为民服务的典范……

王登华、特古斯任本书主编，负责全书的策划和审核等工作；

温都苏巴图、吕亚娟、李贵文为本书副主编，负责统筹具体编写工作，设计编写提纲，拟定各篇章编写要求和规范，明确写作分工，并承担了前期资料搜集和统稿等工作。参加编写的人员有王丹、刘秉承、许美芳、刘佳、张晶、高旭天、王婷、祁敏、戈文慧、史泽奇、鲁茜。其中，王丹负责后期统稿工作和各篇章的修改完善，刘秉承、鲁茜承担图片搜集、整理和筛选工作。

本书参考了《人民日报》《内蒙古日报》等中央和地方媒体的相关报道，在此向所有给予本书帮助支持的单位和同志表示衷心感谢。由于水平有限，书中难免有不当之处，敬请批评指正。

编　者

2022 年 6 月